2020年度广西高等教育本科教学改革工程项目《基于"产出导向"的小学教育专业实践教学体系重构》(2020JGZ143)资助研究成果

师范类专业认证背景下
小学教育专业实践教学体系的重构

谭伟冰　著

新 华 出 版 社

图书在版编目（CIP）数据

师范类专业认证背景下小学教育专业实践教学体系的重构 / 谭伟冰著 .
— 北京：新华出版社 , 2023.7
ISBN 978-7-5166-6907-5

Ⅰ . ①师… Ⅱ . ①谭… Ⅲ . ①小学教师 – 师资培养 –
研究 Ⅳ . ① G625.1

中国国家版本馆 CIP 数据核字（2023）第 134225 号

师范类专业认证背景下小学教育专业实践教学体系的重构

作　　者：谭伟冰

责任编辑：蒋小云　　　　　　　　封面设计：马静静

出版发行：新华出版社
地　　址：北京石景山区京原路 8 号　邮　　编：100040
网　　址：http://www.xinhuapub.com
经　　销：新华书店
　　　　　新华出版社天猫旗舰店、京东旗舰店及各大网店
购书热线：010-63077122　　　中国新闻书店购书热线：010-63072012

照　　排：北京亚吉飞数码科技有限公司
印　　刷：北京亚吉飞数码科技有限公司

成品尺寸：170mm×240mm　　　1/16
印　　张：15.75　　　　　　　　字　　数：249 千字
版　　次：2024 年 3 月第一版　　印　　次：2024 年 3 月第一次印刷

书　　号：ISBN 978-7-5166-6907-5
定　　价：86.00 元

前　言

2020 年 10 月 29 日中国共产党第十九届中央委员会第五次全体会议通过《中共中央关于制定国民经济和社会发展第十四个五年规划和二〇三五年远景目标的建议》，提出“坚持创新在我国现代化建设全局中的核心，深入实施科教兴国战略、人才强国战略、创新驱动发展战略”，提出“改善人民生活品质，提高社会建设水平”的目标，其中包括“建设高质量教育体系”的政策导向。建设高质量教育体系是建设教育强国的根本性体现，是现代化强国和实现中华民族伟大复兴的基础性保障，高等教育追求高质量是建设高质量教育体系的重要组成部分。

高等教育的根本目的是为经济社会发展提供高素质的人才，实施创新驱动发展战略，提升大学生实践创新能力，对我国高等教育进一步明确人才培养目标、提升人才培养质量、提升服务经济社会发展能力起到关键推动作用，也是高等教育高质量建设的途径。

高等师范教育属于高等教育，是教师教育的基础，关系到国家和民族生存发展的未来，关系到国家创新精神和创新能力的培育，关系到创新型人才的培养，关系到素质教育的实施，关系到教育质量的提高。高质量发展教育，更加尊师重教，优先重视师范教育，而小学阶段是为人生打基础的阶段，是人格特征形成的重要时期，小学教师的教育与引导对小学生的成长和发展起着重要的作用。可见，小学教师的培养是基础中的基础。在这个全球经济竞争的时代，发达国家已经实现了人才培养学历层次的提高，我国也要培养高素质的小学教师队伍，从基础抓好人才培养的第一环。

人们对教师的旧认知存在一个偏差，认为教师只是知识的传授者，在教育实践过程中充当“忠实执行者”的角色，但教师教育课程改革打破了这个旧认知。2011 年颁布的《教师教育课程标准（试行）》明确指出：教师教育课程广义上包括教师教育机构为培养和培训幼儿园、小学和中学教师所开设的公共基础课程、学科专业课程和教育类课程。《教师教育课程标准（试行）》也指出要围绕培养造就高素质专业化教师的目标，坚持育人为本、实践取向、终身学习的三大基本理念。而打造高素质专业化教师，则教师在职前教育中就要掌握尽可能多的学科知识，同时也在职前教育中能参与和研究基础教育改革，主动建构教育知识，发展实践能力；在职前教育学会发现和解决实际问题，有创新能力，能创新教育教学模式，形成个人的教学风格和实践智慧。如果说精深的学科知识以及传授的熟练程度代表了教师的专业程度，那么教育类课程的目的是确保未来基础教育教师包括小学教师能准确高效地传授知识，确保其高素质专业化。

2018年，我国全面铺开师范类专业认证，建立了完善的师范类专业认证体系，其中包含《小学教育专业认证标准》，标准的出台更进一步规范"师范"人才培养标准，不仅能够推动我国教师教育改革的深化发展，更是检验教师教育改革成效、评判师范毕业生社会竞争能力的重要手段。师范类专业认证理念坚持"学生中心，产出导向，持续改进"。在认证内容中强调：要求与行业的实际需求接轨，把学生与用人单位对专业人才的教育满意度作为是否通过认证的重要指标，即"学生产出"或"毕业要求"，是保证培养目标实现的关键。

而随后，为贯彻落实党的十九届五中全会精神和《中共中央、国务院关于全面深化新时代教师队伍建设改革的意见》，推进师范生免试认定中小学教师资格改革，建立师范生教育教学能力考核制度，2021年，教育部印发《小学教育专业师范生教师职业能力标准（试行）》，明确了小学教育专业师范生教师职业四大基本能力：师德践行能力、教学实践能力、综合育人能力和自主发展能力。《小学教育专业师范生教师职业能力标准（试行）》研制对标小学教育专业认证标准"一践行，三学会"的"毕业要求"，按照践行师德、学会教学、学会育人、学会发展的基本框架行文，融入小学教师资格考试标准、考试大纲以及小学教师专业标准（试行）相关要求，指导各校加强小学教育专业建设，提升小学教育专业师范生教育教学能力水平。

这些政策的出台，都强调小学教师职前培养中小学教育专业实践教学的重要性。因为在小学教育教学中，小学教师的实践能力直接关乎着小学生的学习效率，直接或间接地影响着小学生学习素养的养成，所以小学教师的实践能力的高低对于小学教学教育有着重要的作用,是小学教师教学行为的重要组成部分。但从小学教师培养目标,特别是卓越教师培养目标以及高水平专业化教师现实需求来看,目前我国小学教育专业实践教学各种不同场景中的教育主体并没有充分发挥很好的协同作用,这严重制约着实践教学类型拓展与实践教学目标实现。

有鉴于此,在21世纪的今天,为推动我国小学教师队伍建设,迫切需要在理论上对小学教师的职前培养做系统的研究,同时对目前重点培养小学教师的小学教育专业特别是其实践教学体系的现状实施的一系列基本问题进行深入研究,发现其问题,同时在实践中针对实践教学体系的重构提出具体可操作的指导意见,从而在师范类专业认证背景下,走出一条实现小学教育专业实践教学体系的改革之路。

基于研究的需要,本著作将从理论和实践两个维度展开研究。在理论维度,对前人研究的理论成果进行梳理,努力对国家教育政策进行梳理,首先对中华人民共和国成立以来小学教师培养历程进行了较完整的回顾,并对其发展动因、效果、问题等进行了剖析,分析高校小学教育本科专业的设置现状,再对师范类专业认证标准进行解读,基于师范类专业认证理念,梳理师范生实践教学的发展历程基础上并体验其重要性,针对小学教育专业认证标准进行了研读分析。在实践维度,通过对四所地方高校小学教育专业人才培养方案以及其小学教育专业师范生展开实践教学问卷调查分析,剖析当前小学教育专业实践教学体系可能存在的问题及问题成因,结合实际案例探索基于产出导向小学教育专业实践教学体系的重构,包含小学教育实践教学体系目标、内容、管理、保障和评价五个方面的重构,期望形成小学教育专业实践教学主体共识,优化体制机制,增强实践教学的系统性,实现小学教育专业实践教学质量的不断提升,进而推进小学教育专业的高质量发展,为培养高素质专业化小学教师队伍打好基础。

本著作回到小学教师的工作场域,理解小学教师的标准,把握小学教育专业师范生教师职业能力标准内涵,加深研究高校小学教育本科专业实践教学体系中的"教育三习",着力探讨培养小学教育专业师范生实践能力的实践课程体系,实现培养具备较强创新意识和实践能力的小学教育专业高素质人才的目标,提高师范型人才培养质量,从而满足新发展战略背景下对小学教师的需求,达到持续发展的目的。本著作一共九章,其中对小学教师培养模式及师范生实践教学展开论述的思路更多是按照时间线来梳理,努力在每章之间作递进式研究。不过,实践问题是流动的、发展的、新的问题和困惑会不断涌现,在撰写本著作的两年多时间里,我们已经在不断地更新和修缮,但我们现有资源、研究水平和拥有的经验仍然有限,所以,难免出现诸多问题甚至错误,敬请各位批评指正!

作　者

2023 年 5 月

目　录

第一章

我国小学教师培养模式回顾

自 1949 年中华人民共和国成立开始,到如今 70 余年,我国教育发生了巨大的变化,而我国小学教师学历教育培养模式从中师模式到高师模式,实现了小学教师学历的整体提升,则是其中一个辉煌成就。

第一节　小学教师培养的"中师模式"

中华人民共和国成立后,我国师范体系还是四级学制体系。即包含初级师范、中等师范、师范专科和师范学院的四级师范体系。初级师范学校招收高小毕业生(在过去小学一年级至四年级称为初小,而五年级和六年级称为高小,高小相当于小学文化程度)或同等学力的适龄青年,学制4年。相比较当时的其他师范教育,初级师范学校学制较长。初级师范学校的本意是通过延长学制提高小学教师培养质量,是一种短时见效的速成职业教育。20世纪50年代,中等师范学校在全国各地建立,初级师范学校也就完成了历史使命,消失在历史舞台,我国师范体系从四级师范体系演变成三级师范体系。中等师范学校即普通中等师范学校,简称中师。中师,创造了我国颇具历史特色的教师培养模式,是中国教育史上浓墨重彩的一笔,发挥过不可替代的历史作用。

表1-1　"中师模式"的关键性文件及主要内容

时间	关键性文件	主要内容
1951年10月	《政务院关于改革学制的决定》	新中国教育体制纲领性文件,其中对初级师范学校、(中等)师范学校的学制、入学条件和服务面向做了专门规定,要求初级师范学校、(中等)师范学校毕业生应在小学服务,是新中国"中师模式"之始。
1952年7月	《师范学校暂行规程(草案)》	建立中等师范教育标准,促进师范学校办学正规化、专业化。
1956年3—5月	《师范学校规程》《师范学校教育实习办法》《师范学校教学计划》	从培养目标、招生条件与学制、课程设置、教学安排、教育实践等方面规定了中等师范学校培养小学教师的基本内容。
1989年6月	《三年制中等师范学校教学方案(试行)》	方案提出不再制定全国统一的"教学计划",而是强调统一性与灵活性相结合的原则。各省、自治区、直辖市在统一的基本要求下,可依据各方面实际情况制定本地区中等师范学校的教学计划。

中师模式从开始直至 20 世纪 90 年代,我国小学教师的培养主要是由中师承担的。依据 1956 年的文件,中师在招生条件与学制方面,主要面向 15—25 周岁的初中毕业生或同等学力青年招生,学制为 3 年,学历为中专,中师生毕业后统一分配到城乡小学任教。但中师的培养定位,在历史发展上也几经波折,并不是一帆风顺,如在 20 世纪 70 年代,也曾经历过招收高中毕业生或者把培养的中师生输送到中学教书,做中学教师。直到 20 世纪 80 年代初期《教育部关于办学中等师范教育的意见》文件的出台,将中师的办学方向重新明确为"为小学培养合格的师资",任何地区不可跨越这个办学定位。中师发展的黄金期是在 20 世纪 80—90 年代。从 1983 年到 1999 年,我国先后提出了"普及小学教育""普及九年义务教育",但当时小学教师不足,特别是农村严重缺乏师资,因此,为了缓解小学教师师资不足的问题,中师得以迅速发展。数据显示,20 世纪 80 年代,中师总数达 1065 所,分布几乎遍布我国每个省份的每个地区[①]。当然,当时的中师生来源是优秀成绩的初中毕业生,这些中师生毕业后又统一分配到城乡特别是农村小学任教,他们是我国农村基础教育的一代楷模,发挥了不可替代的历史作用。

中师的定位是为农村基础教育培养师资,要求毕业后马上能上岗,且能教小学的多学科。中师模式围绕着服务小学教育的明确目标,是培养地方小学教师资源成功的范例。中师生学历相当于高中程度,他们除了掌握高中各学科的简单知识之外,还学了各学科教学法,掌握教师基本技能与教师教育基本知识,如学习语数音体美等教学法;训练三笔字(毛笔、硬笔、粉笔)、普通话;学习教育学、心理学等。此外,20 世纪 80—90 年代的中师生,还会吹拉弹跳,显然,中师模式从某种程度上而言就是强调技术傍身的教育模式。中师培养小学教师重视教学基本功训练、实施全科教育、强调美育,即其鲜明特点是全科性、实践性、养成性,注重常识性和实践性知识的教学,注重中师生能力全面的发展,但是此后的发展也显示了这种模式培养出的中师生缺乏专业的持续发展后劲。因此,此后中师生为了提高学历、提高专业水平,又走上函授、自考等继续教育模式,形成了我国小学教师培养模式的另一条道路,即在职培训模式。

传统的"中师"模式培养小学教师面临发展危机是在 1998 年,当时,

---

① 程琴怡. 中师转型之困 [N]. 湘声报,2017-06-02.

中华人民共和国教育部颁发了《面向 21 世纪教育振兴行动计划》,计划中提出实施"跨世纪园丁工程",要求"2010 年前后,具备条件的地区力争使小学和初中专任教师的学历分别提升到专科和本科层次"。在这一文件精神的指导下,中师开始踏上升格和转制的新征程。1999 年国家继续对师范教育体制进行重大调整,同年 3 月 16 日,教育部颁行《关于师范院校布局结构调整的几点意见》,提出"到 2010 年左右,新补充的小学、初中教师分别基本达到专科和本科学历",这意味着中师培养中师生只能办学到 2007 年,中师模式开始受到大力的冲击。事实上的发展,则是中师数量的减少非常迅速,中师通过升、转、改、并的方式,到 2005 年基本退出我国教育历史舞台,完成了其历史使命,比教育部预期的 2007 年左右还要快,随着中师模式的结束,我国师范教育层次结构也完成了三级师范到二级师范体系的转变 ①。

第二节 小学教师培养的"高师模式"

随着社会的全面发展,教育理念、教学模式的不断更新和优胜劣汰的自然法则,在 1978 年年底,中国开始实行对内改革、对外开放的政策,为了跟上世界各种发展潮流,第一要务就是要办好教育事业,而办好教育的关键在于提高师资质量。因而,在 20 世纪 80 年代,我国小学教师的培养也就不再满足于"中师模式"而逐渐开始了"高师模式"。

一、以大专学历为主的培养模式

1978 年 10 月,中华人民共和国教育部颁布了《关于加强和发展师范教育的意见》,意见指出"师资水平还需进一步提高,小学教师将由师专毕业程度的担任",我国开始探索小学教师培养新模式。到 20 世纪 80 年代中期,五年制大专的建立正式拉开小学教师高学历进程的序幕。

---

① 刘秀峰 . 辉煌与消逝: 中等师范教育发展的回溯与反思 [J]. 教育发展研究,2017, 37 (10): 56-62.

典型标志就是 1984 年,经江苏省人民政府批准,南通师范学校(即今南通师范高等专科学校初等教育学院的前身)在全国最早创设培养专科程度小学教师的五年一贯制师范教育,紧接着 1985 年,专门培养专科学历小学教师的上海第四师范学校诞生,即今上海师范大学初等教育学院的前身。之后,由经济发展较快的省市和地区带动全国开展小学教师大专学历培养模式。小学教师学历的提升,师资水平的提高,也极大地提高了整个中华民族的素质文化水平。

表 1-2 "高师模式"大专学历培养模式的关键性文件及主要内容

时间	关键性文件	主要内容
1978年10月	《关于加强和发展师范教育的意见》	文件指出,为了完成"一定要极大地提高整个中华民族的科学文化水平"的战略任务,"师资水平还需要进一步提高,即小学教师将由师专毕业程度的担任……"因此,"应该逐步减少中师,增加和加强高师,以适应进一步提高师资质量的需要"。
1991年7月	《关于进行培养专科程度小学教师实验工作的通知》	鼓励有条件的中师学校根据专科程度以上的教师培养规格,试行初中起点的五年一贯制大专培养模式(招收初中毕业生,举办"五年一贯制"专科教育要由普通高等学校承担并经省级教育行政部门审核批准后可组织实施,国家关于初中后起点的五年制高等职业教育的有关政策适用于五年制师范类专科教育。"五年一贯制"师范类专科教育主要适用于幼儿教育、特殊教育、外语、艺术、体育等类小学教师的培养),或者三二分段制模式(招收初中毕业生,实行三年在中师培养,后两年在高师培养的专科教育,是我国培养专科学历小学教师的过渡形式。前三年按照中等师范教育管理,后两年纳入高等教育招生计划和管理范畴,可在其学程中期,即三年级后由各省级教育行政部门组织统一考试,合格者升入专科阶段继续学习,进行专科学历教育),或者二年制模式(招收中等师范学校毕业生或高中毕业生)。
1995年2月	《大学专科程度小学教师培养课程方案(试行)》	主要对五年一贯制培养模式的课程计划进行了规定,而其他模式如三二分段制和高中起点二年制的教学计划,则由各地教育部门参照这一方案的原则精神制定。显然,教育委员会更倾向于在全国推广五年一贯制的培养模式。至此,专科层次小学教师培养的改革取得阶段性进展。
2003年1月	《三年制小学教育专业课程方案(试行)》	形成了高中起点的小学教育专业"三年制"专科培养模式,对师范专科学校培养三年制小学教师的培养目标与规格、课程设置原则以及课程设置与时间安排进行了规范。三年制专科培养模式至今在师范类专科学校、职业类或一些地方师范院校还存在。

大专学历的培养小学教师模式,是在以中专学历为主的小学教师培养模式基础上发展起来的新模式。比较培养中师学历教师的中师模式,大专学历的小教专科模式培养的小学教师更适应国家对小学教师的学历需求,而且相比中师生,大专学历的小教专科层次学生在质量规格、培养目标等方面均展现出更高要求。比较中师生的全面普遍发展能力,师范专科层次则突出面向小学主教学科进行专业化训练的特点,强调提高小学教师特定学科知识与特定科目教学技能专业化的水平。大专学历的培养小学教师模式,基本实现了小学教师学历和能力的整体提高。

师范大专层次培养小学教师培养模式在继承中师传统的基础上,在发展过程中进行积极的探索,除了五年一贯制大专培养模式外,先后形成了高中起点两年制专科、三年制专科培养模式。而高中起点的专科培养模式特别是三年制专科培养模式与五年一贯制模式比较,前者优势在于各学科基础知识更全面更扎实,理论知识学习能力更强,发展后劲更足,后者的优势则是生源质量、专业思想教育、教师技能训练、音体美基础素养更好[①]。

小学教师高中起点三年制专科培养历经理综、文综的培养模式、按小学学科设置专业方向、小学教育全科培养模式,培养模式趋同本科层次。目前,小学教师高中起点三年制专科培养模式还普遍存在,主要是由高等师范类院校、高等专科类学校及职业类学校办学,其专业衔接是小学教育本科,而高中起点两年制、初中起点五年制专科教育则在各省份是阶段性的存在。

众所周知,我国师范教育以前实行免学费加助学金政策,1997 年我国高等师范教育实行全面并轨收费。直到 2007 年秋,免费教育师范生再次出现,但是是有条件地接受免费师范教育,主要由北京师范大学、华东师范大学、东北师范大学、华中师范大学、陕西师范大学和西南大学六所部属师范大学培养。2018 年教育部出台《教育部直属师范大学师范生公费教育实施办法》,办法中将师范生"免费教育政策"调整为"公费教育",免费师范生称呼也顺其改为公费师范生。这种称呼的改变更加体现了我国"以人为本"的教育办学思路,更加尊重教师的精神呈现的大环境。为了平衡城乡教育资源的差距,解决一些乡镇、农村严重

---

① 唐汉琦,欧飞飞.回顾与反思:新中国小学教师培养模式的发展变迁与改革趋向 [J].当代教育论坛,2021(5):48-56.

缺乏教师的现象,地方政府参照教育部公费师范生培养模式的思路,开始招收地方公费生。地方公费师范生,是相对部属师范大学培养公费师范生而言,顾名思义是地方省属院校面向当地招收的公费师范生,比如首都师范大学、北京联合大学、山西师范大学、太原师范学院、忻州师范学院、玉林师范学院等院校,都是只面向本省市招生,并为本省市的教育落后地区培养师范类人才。由于各省市的招生与就业政策区别较大,所以地方公费师范生的招生与就业政策不是直属教育部决定,而是由地方省市决定。以广西为例,在 2013 年 6 月,广西教育厅、财政厅、人力资源和社会保障厅、机构编制委员会办公室联合印发了《广西农村小学全科教师定向培养计划》。《广西农村小学全科教师定向培养计划》的实施,是计划在 2013—2017 年,培养 5000 名左右"下得去、留得住、教得好"能胜任小学各门课程教学任务的农村小学教师,预计平均每个县将有 70 名左右,进一步优化广西农村教师队伍结构,提高广西农村教育质量。在培养模式上按照"全科培养、免费教育、定向就业",即定向全科师范生不分科培养,在校学习期间免除学费,免缴住宿费,并补助生活费,在安排国家和自治区各项奖助学金时,培养对象与同类学生享受同等待遇;毕业时,全科师范毕业生到教学岗位后,有关市、县人力资源和社会保障、编办等部门要及时为其办理录用、入编、工资等手续;毕业后,在农村乡镇以下小学从教时间不得少于 6 年[①]。其中,按照计划在 2013 年先启动 500 名高中起点的两年制农村小学全科教师定向培养,2014 年开始同时实施高中起点两年制、初中起点五年制农村小学全科教师定向培养,2017 年开始计划招生高中起点四年制本科层次小学全科教师定向培养,同时高中起点两年制的变成三年制,发展至 2022 年秋学期,根据教育部等八部门印发《新时代基础教育强师计划》(教师〔2022〕6 号)文件通知精神,为了全面推进高质量教师队伍建设,提高小学教师学历水平,高中起点三年制、初中起点五年制农村小学全科教师定向培养停止招生,仅仅保留高中起点四年制本科层次小学全科教师定向培养。

[①] 资料来源:国务院新闻办公室网站 [EB/OL](2013-06-05),广西定向培养农村小学"全科教师"(www.scio.gov.cn).

二、以本科学历为主的培养模式

随着人们对教育的期望值越来越高,社会越来越重视高水平和高质量的国民教育,对教师由量的需求转为质的渴求,小学教师的培养体系又需要进一步完善提升,小学教师的学历标准要求也在逐渐提升。因此,在 20 世纪 90 年代末,教育部大力支持具有一定资质的高校开始尝试对本科学历小学教师的培养。总体上,本科学历的小学教师培养模式,不但对小学教师学科教学能力提出更高的质量标准,开始注重小学教师广泛知识体系的建构,而且和面向中学培养中学教师的师范类本科专业一样,招生都是高中毕业生,实行四年制本科学历规格的师范教育。

表 1-3 "本科学历"小学教育专业发展关键事件与内容

时间	内容
1997 年	教育部提出将小学教育专业归入普通高等教育的行列,并组织相应的课题研究组。
1998 年	首先由南京晓庄学院与南京师范大学联合尝试开设本科层次小学教师培养,招收首届 80 名教育学小学教育方向的本科生,学制四年,毕业可获得本科学历和学士学位,开启了我国小学教师本科培养之路,标志我国师范教育"培养小学教师"进入本科层次。
1999 年 3 月	教育部在《关于师范院校布局结构调整的几点意见》中提出,师范教育层次结构将由三级师范(高师本科、高师专科、中等师范)向两级师范(高师本科、高师专科)过渡。同年,教育部正式审批,东北师范大学、首都师范大学、上海师范大学、天津师范大学等设立本科小学教育专业,并于同年开始招生,这标志着我国小学教育专业正式纳入普通高等教育领域。
2002 年	小学教育本科专业被列入教育部本科专业目录。
2012 年 9 月	教育部颁布《普通高等学校本科专业目录(2012 年)》,小学教育专业代码由 6040105W 更改为 0401077。
2020 年 2 月	在中华人民共和国教育部发布的《普通高等学校本科专业目录(2020 年版)》中,小学教育信息保持不变。

本科学历的小学教师培养模式由于各校认识及定位不一样,发展至今,呈现了不同形式的人才培养模式,这将在下一章进行论述。此外,本科层次的小学教育专业培养模式还有另外一些地域独有的培养形式。如,2010 年,为了给湖南边远贫困地区培养本科层次的小学教师,经教育部批准,湖南第一师范学院率先在全国试行初中起点的六年制小学教

育本科专业。这一模式与四年制的小学教育本科专业相比,重拾五年一贯制"中师模式",注重本科层次的理论素养学习,又加以培养小学教师基本功的传统,促使师范生在理论素养与基本技能上均能达到较高的专业化水平[①]。又如,为适应江苏小学教师本科化的新要求,率先实现教育现代化,江苏省教育厅于 2021 年同意南通等区市开展初中起点七年贯通培养师范生试点工作(简称"七年贯通定向培养项目"),指导南通师范高等专科学校和南通大学等项目承担学校,通过五年专科和两年本科阶段整体设计、分段考核、有机衔接的方式培养当地乡村急需的小学定向师资。"七年贯通定向培养项目"在充分继承"五年制定向培养项目"成功经验基础上,围绕"情"和"能"这两个教师素质构成的关键要素重点发力,着力提升项目师范生的"情""能"境界。在培养时间上分三阶段,第一阶段(1~4 年级)为基础训练阶段,第二阶段(5 年级)为跟岗实践阶段,第三阶段(6~7 年级)为反思提升阶段。南通师范高等专科学校"七年贯通定向培养项目"是新时代高素质乡村教师定向培养的"江苏样本",为破解中国基础教育高素质乡村教师的师源问题贡献"江苏方案"[②]。这些本科培养模式具有很强的我国地域特色,但新模式也无疑丰富了本科层次的小学教师培养模式。

从世界师范教育发展史来看,将小学教师培养推进到高等教育的范畴,师范教育结构的重心上移、小学教师学历层次的提升及师资培养的开放化、多元化、一体化成为发达国家乃至发展中国家教师培养的共同趋势。我国小学教师本科以上人才培养晚于发达国家半个世纪之久。在 20 世纪 30—40 年代,美国就要求小学教师必须具备大学本科以上学历,在美国,1839 年第一所师范学校建立,经历了 100 年时间,到 1940 年基本实现了师范学校向师范学院过渡,基本完成小学教师本科化培养,中等师范学校退出历史舞台;而日本,在我国开始兴办中等师范学校之时,已经通过立法规定小学教师必须是大学本科毕业,具有学士学位。

可见,我国小学教师培养模式从"中师模式"到现在的"高师模式"是随着社会发展、经济增长及生活水平的提高而逐步过渡,并不是一蹴

① 胡重光,王建平.六年制本科小学教师培养的理论探析[J].当代教育论坛,2015(5):48-54.
② 朱月萍.七年贯通:打造新时代乡村教师定向培养的江苏样本[N].中国教师报,2022 年 4 月 27 日第 13 版.

而就,也不是割裂式跃进。我国高校小学教育本科专业的应运而生,既顺应了我国基础教育发展的总体方向,也顺应了国际教育发展的基本规律。

由于"师范教育"体系存在封闭性、理论性、总结性的缺点,教育部在2011年10月出台《教师教育课程标准》,由师范教育观念更新到教师教育观念[①]。我国小学教师培养,在学历教育和在职培训的两条路径中逐渐摸索出经验,到21世纪,随着教师专业化理念在我国的深入发展,学历教育和在职教育两条路径开始融合,发展至今,小学教师培养演变为职前职后一体化培养模式,逐步形成了符合国情需要的特色的小学教师培养教师教育体系[②]。也由于小学教师学历的整体提升,目前,小学教师的职后培训对于学历的需求相较以前,需求有所下降,现在的小学教师职后培训趋向系统化,通过国培计划等研修方式,侧重教师专业发展的培训,促进小学教师终身学习与专业发展。从我国小学教师培养模式的变迁,可见我国教育事业既吸收了世界的教育经验,也扎根我国教育鲜活实践,在国家教育政策的指导下,在实践中探索,在探索中前进。

2018年1月31日,中共中央、国务院公布了《关于全面深化新时代教师队伍建设改革的意见》,提出要深入贯彻落实党的十九大精神,造就党和人民满意的高素质专业化创新型教师队伍。兴国必先强师,《意见》对新时代教师队伍建设做出了顶层设计。这是中央首次发文部署教师队伍建设工作,强调教师地位"特别重要"——努力造就高素质专业化创新型教师队伍。《意见》针对中小学教师质量,明确指出:根据基础教育改革发展需要,以实践为导向优化教师教育课程体系,强化"钢笔字、毛笔字、粉笔字和普通话"等教学基本功和教学技能训练,师范生教育实践不少于半年。

综合以上论述,说明我们要根据小学教师这一职业的职业特性,以开放的视野做好小学教师职前培养,以实践为导向重新审视小学教育专业实践教学体系。

---

① 钟启泉,王艳玲.从"师范教育"走向"教师教育"[J].全球教育展望,2012,41(6):22-25.
② 唐汉琦,欧飞飞.回顾与反思:新中国小学教师培养模式的发展变迁与改革趋向[J].当代教育论坛,2021(5):48-56.

第二章

高校小学教育本科专业设置现状

我国培养具有本科学历的小学教师是从建立小学教育本科专业开始,经过短短二十多年的时间,至今,全国已有近两百多所大学(遍布 4 个直辖市,22 个省,5 个自治区)将小学教育专业纳入本科教育体系当中,这些大学有综合性的大学,也有师范类的大学,这种发展规模在世界高校学科专业发展过程中是极为少见的,这也是我国高等教育体系发展的必然结果。

表 2-1　开设小学教育本科专业的高校

地区	开设院校			
北京	首都师范大学	北京联合大学	北京城市学院	/
天津	天津师范大学	/	/	/
河北	河北师范大学	保定学院	河北外国语学院	河北师范大学汇华学院
	河北民族师范学院	唐山师范学院	保定理工学院	燕京理工学院
	廊坊师范学院	石家庄学院	张家口学院	沧州师范学院
	邢台学院	河北科技师范学院	河北科技学院	/
山西	山西师范大学	太原师范学院	运城学院	晋中学院
	山西大同大学	/	/	/
内蒙古	内蒙古科技大学	内蒙古师范大学	呼伦贝尔学院	集宁师范学院
	内蒙古民族大学	赤峰学院	呼和浩特民族学院	/
辽宁	辽宁师范大学	沈阳师范大学	沈阳大学	大连大学
	渤海大学	鞍山师范学院	辽宁科技学院	辽东学院
吉林	延边大学	东北师范大学	吉林师范大学	长春师范大学
	北华大学	通化师范学院	白城师范学院	吉林外国语大学
	吉林师范大学博达学院	/	/	/
黑龙江	佳木斯大学	哈尔滨师范大学	大庆师范学院	哈尔滨剑桥学院
	牡丹江师范学院	哈尔滨学院	黑河学院	/
上海	上海师范大学	上海师范大学天华学院	上海杉达学院	/

续表

地区	开设院校			
江苏	江南大学	南通大学	常州工学院	扬州大学
	南京师范大学	江苏师范大学	南京晓庄学院	江苏理工学院
	淮阴师范学院	盐城师范学院	泰州学院	南京特殊教育师范学院
	常熟理工学院	南京师范大学泰州学院	徐州工程学院	宿迁学院
	江苏第二师范学院	/	/	/
浙江	浙江海洋大学	浙江师范大学	温州大学	丽水学院
	杭州师范大学	湖州师范学院	嘉兴学院	衢州学院
	绍兴文理学院	台州学院	宁波大学	浙江外国语学院
安徽	安徽师范大学	阜阳师范大学	滁州学院	淮南师范学院
	安庆师范大学	黄山学院	合肥学院	蚌埠学院
	亳州学院	合肥师范学院	/	/
福建	集美大学	福建师范大学	莆田学院	闽南理工学院
	武夷学院	宁德师范学院	江西师范大学	上饶师范学院
	泉州师范学院	闽南师范大学	赣南师范大学	井冈山大学
	三明学院	龙岩学院	/	/
江西	南昌师范学院	江西师范大学科学技术学院	江西工程学院	萍乡学院
	豫章师范学院	景德镇学院	/	/
山东	曲阜师范大学	聊城大学	菏泽学院	枣庄学院
	德州学院	滨州学院	青岛大学	潍坊学院
	鲁东大学	临沂大学	山东女子学院	齐鲁师范学院
	泰山学院	济宁学院	/	/
河南	河南大学	河南师范大学	商丘师范学院	平顶山学院
	信阳师范学院	周口师范学院	新乡学院	南阳理工学院
	安阳师范学院	许昌学院	郑州师范学院	商丘工学院
	南阳师范学院	洛阳师范学院	中原科技学院	信阳学院
	商丘学院	/	/	/

续表

地区	开设院校			
湖北	湖北师范大学	黄冈师范学院	湖北理工学院	湖北科技学院
	汉江师范学院	湖北工程学院	荆楚理工学院	湖北第二师范学院
湖南	吉首大学	湖南科技大学	怀化学院	湖南第一师范学院
	长沙师范学院	/	/	/
广东	华南师范大学	韶关学院	肇庆学院	嘉应学院
	韩山师范学院	岭南师范学院	广州大学	东莞理工学院
	广州华商学院	/	/	/
广西	广西师范大学	南宁师范大学	梧州学院	广西科技师范学院
	广西民族师范学院	河池学院	北部湾大学	贺州学院
	玉林师范学院	南宁师范大学师园学院	百色学院	/
海南	海南热带海洋学院	海南师范大学	琼台师范学院	/
重庆	重庆师范大学	重庆文理学院	重庆三峡学院	长江师范学院
	重庆第二师范学院	/	/	/
四川	西昌学院	四川师范大学	四川文理学院	阿坝师范学院
	西华师范大学	绵阳师范学院	乐山师范学院	成都大学
	内江师范学院	宜宾学院	四川民族学院	吉利学院
	成都师范学院	/	/	/
贵州	贵州师范大学	贵州工程应用技术学院	遵义师范学院	凯里学院
	铜仁学院	兴义民族师范学院	黔南民族师范学院	贵阳学院
	六盘水师范学院	/	/	/

续表

地区	开设院校			
云南	大理大学	云南师范大学	玉溪师范学院	楚雄师范学院
	昭通学院	曲靖师范学院	昆明学院	文山学院
	普洱学院	保山学院	云南经济管理学院	红河学院
	云南民族大学	昆明城市学院	昆明文理学院	滇西科技师范学院
西藏	西藏民族大学	/	/	/
陕西	咸阳师范学院	西安文理学院	西安思源学院	陕西学前师范学院
	榆林学院	安康学院	西安翻译学院	/
甘肃	兰州城市学院	陇东学院	甘肃民族师范学院	/
	天水师范学院	/	/	/
青海	青海师范大学	/	/	/
宁夏	宁夏大学	宁夏师范学院	/	/
新疆	新疆师范大学	喀什大学	伊犁师范大学	昌吉学院

（资料来源：阳光高考，2021 年 6 月 13 日）

目前，我国普通高等学校小学教育本科专业，属教育学类，招收高中毕业生，基本修业年限为四年，授予教育学学位。高等小学教育本科专业虽然不是小学师资培养的唯一途径，但随着我国高等教育由精英化迈向大众化，不仅高等教育毛入率逐年增加，而且研究生规模也在不断扩大，小学教师队伍中受到高等教育的人数越来越多，本科学历小学教师将成为小学师资培养的重要途径。目前，高等小学教育本科专业定位、人才培养模式、课程结构设置也已经有比较清晰的框架，对于高等小学教育本科专业研究和剖析的深度和维度也应不断延伸。下面，将从这三方面围绕已有的研究成果及相关的国家政策进行综述，以期为后面对照小学教育专业实践教学体系存在的问题打下理论基础。

高等教育体系中的小学教育本科专业（以下简称小学教育专业），属于高等师范教育体系范畴，在办学上不仅要有师范性，还要体现本科专业的层次性。培养的小学教师，既有大学本科生的一般素养，也要有所学专业独特的教育、学科素养。

第一节　小学教育专业定位

　　增强小学教师师资力量和提高小学教师专业水平是小学师范教育必然使命,因此,小学教师本科化,符合国际基础教育发展规律,也是我国教育发展态势的总体规划。在中国高等教育体系当中,高等本科小学教育专业仍然年轻,但历史的重任和社会的期待都促使它不断进行改革与发展。由高等院校培养小学教师学历本科化,不仅是培养层次的提高,而且是教师教育理念的重大变革与发展。研究并完善高等小学教育本科专业定位,培养出的小学教师师资才符合社会所需。

　　我国高等学校本科专业设置依据历经以学科为本位的价值观、以人为本位的价值观、以社会为本位的价值观。以学科为本位的价值观,强调专业课程设置注重知识学术,以社会为本位的价值观,主张专业课程的设置要依据社会职业的需求。由此可见,高校设置某一个专业,过于偏向哪方面,专业发展路径将受阻。小学教育专业设置基于师范类专业认证标准,既要求关注其社会职业的需要,又要关注学科发展的需要,特别是小学教育专业标准要求学科学分占总学分的35%以上。兼顾社会职业的功能,小学教育专业专门培养小学教师兼顾其他小学教育、管理者,是以教育学为基础的专业,因此,在高等教育本科专业中归类教育类体系,该专业一般设置在教育学院或者初等教育学院。

　　小学教育专业是培养小学教师的专业,小学教师培养本科化,小学教育专业也就纳入了高校本科专业。"教师教育作为一种专业教育的最重要特征是它建立在一定的学科基础之上"[1],而专业又是"处在学科体系与社会职业需求的交叉点上"[2],所以,小学教育专业作为一个独立设置的专业存在于高校体系中,要关注其独特的存在价值以及明晰其专业定位。

---

①　唐玉光.试论教师教育的专业性 [J].教育研究,2002(7):62.
②　周川.专业散论 [J].高等教育研究,1992(1):69.

马云鹏在 2018 年东北师大学报（哲学社会科学版）发表的《从小学教育专业定位看卓越小学教师培养》对小学教育专业定位进行了详细分析。由于小学教育专业很直接是为小学服务，培养合格的小学教师，因此，满足社会对小学教师的需求是小学教育专业第一要务，在学科属性上首先是应用型专业。其次，因为小学教师工作性质具有特殊性，小学教师职业不仅强调知识性，还强调能力性，即小学教师不仅要掌握小学学科知识和教学，还要能开展小学的各类活动，如少先队活动、班级管理等，所以，小学教育专业还表现出明显区别于中学学科教育专业的综合性。最后，小学教师不仅要传递知识，更为重要的是掌握儿童教育，因此，小学教师是复合型人才，同时也说明培养小学教师的小学教育专业在应用型和综合性的基础上，注意把握培养的整体性。综上分析，马云鹏认为小学教育专业的定位是：小学教育专业旨在培养热爱小学教育事业，具有良好的道德素养、系统而扎实的专业知识、较强的教育教学能力和研究能力，以可持续的自我专业发展能力，胜任学科教学（精通语文、数学、英语一门或多门学科教学，熟悉科学、道德与法制、综合实践活动课程等的教学）和班主任工作，能够开展班队会等活动的设计与实施，具有创新意识和实践能力的高素养的小学教师[①]。

表 2-2 选自东北师范大学、首都师范大学、天津师范大学、南京师范大学和上海师范大学五所高校小学教育专业培养计划中培养目标的描述。

表 2-2　五所高校小学教育专业培养目标描述

学校	培养目标描述
东北师范大学	（2021 级）本专业旨在面向全国，培养理想信念坚定、师德高尚、理念先进、理论扎实，具有宽广的国际视野，较强的教育教学能力、研究反思能力、终身学习能力，能够开展创新性教学实践及研究，具有教育家潜质、胜任多学科教学的小学卓越教师。
首都师范大学	（2021 级）本专业立足首都基础教育改革与未来教育发展的需要，传承百年师范精神，培养德优秀、热爱小学教育事业，能以儿童为本、全面育人，素养综合、能够终身发展，具有国际视野和未来教育家潜质的创新型小学教育人才。

① 马云鹏.从小学教育专业定位看卓越小学教师培养［J］.东北师大学报（哲学社会科学版），2018（3）：150-154.

学校	培养目标描述
天津师范大学	（2017级）培养具有理想信念、职业情感、扎实学识、仁爱之心，具备立足于小学生整体发展的育人育德能力、开发设计能力、专业决策能力，拥有促进自身专业发展的问题解决能力、反思研究能力、终身学习能力，能够从事小学教学和管理工作，具有深厚学养的复合型小学教育工作者。
南京师范大学	培养立足江苏、面向全国，师德高尚、素养全面，有可持续发展潜能和创新精神，在小学或其他教育机构从事小学教育教学、科研及相关教育工作的研究型全科小学教师。
上海师范大学	旨在培养热爱小学教育事业，师德高尚、情意坚定、专业基础扎实、教育教学能力和自我发展能力突出，具有创新精神和国际视野，能适应教育国际化改革与发展需要，胜任小学教育、教学和科研的高素质专业化小学教师。

从表2-2的五所高校的描述可见，小学教育专业的培养目标定"性"在教育，定"向"在小学，定"格"在本科[①]，关注儿童教育，重视师范性、学术性，描述也充分体现了小学教育专业设置，具有很强的职业导向性和学科依赖性，其中东北师范大学、首都师范大学、南京师范大学三所高校的小学教育专业定位描述还充分体现了国家或区域经济社会发展的需求。

第二节 小学教育专业人才培养模式

将小学教师的培养纳入大学体系，相对其他中学教师的培养而言是一种新的探索和尝试，小学教育专业人才培养模式在不同高校曾出现"百家争鸣"的局面。第一，不同的高校对小学教育专业培养定位认识不一样；第二，开设小学教育专业的高校有不同层次和类型，需要结合本校的实际情况和小学教育专业办学特点；第三，当前各学校对小学教师的需求类型不尽相同，专业人才培养模式要充分结合本地区基础教育

---

① 兰田.小学教育专业本科课程设置现状与反思—对照《教师教育课程标准》[D].长沙：湖南师范大学，2013：10.

对人才类型的需求。虽然各高校小学教育专业人才培养模式不尽相同，但都培养出各具特色的小学教师，且不断优化培养模式。发展至今，目前，我国高等小学教育本科专业人才培养基本形成了全科培养模式和分科培养模式两大类型。

表2-3　小学教育专业全科培养模式和分科培养模式的区别[①]

维度	全科培养模式	分科培养模式
培养理念	通才教育，侧重能力本位	专才教育，侧重知识本位
培养目标	全能型小学教师	专能型小学教师
课程设置	课程设置倾向学科专业类课程与教师教育类课程融合，课程体系"杂"而"博"	课程设置偏重单一学科的纵深发展，以打通主干发展，课程体系"精"而"通"
教师职业发展	全科型教师	分科型教师
专业师资队伍的建设与管理	松散型	稳定型

小学教师全科培养模式最早起源于英国，之后该培养模式在美国、德国也逐渐发展起来。目前，发达国家的基础教育阶段基本实行包班式的小班教学，采取全科教学。在英国，要求成为小学教师的师范生不仅要全面理解中小学国家课程作为一个整体的目标、范围、结构等，还应懂得学段、核心学科在整个中小学国家课程所处的位置与内容范围，同时，还要明确小学课程中核心与基础学科的教学内容范围，所以，英国小学师资不分科培养；美国初等教育课程设置是综合型，准备从事初等教育者则要学习涵盖初等教育学科的所有科目才能进行教学，因此，美国对教师的要求是"全才"而不是"专才"，即要能教授小学的所有科目，能够包班教学。在我国，小学教师全科培养可以追溯到中师模式，中师教育强调综合培养，重视"全科全能"培养目标，培养出的师范生"一专多能"，留得住，用得上。全科培养模式在中师、专科、本科三个培养层次均有存在，对本科层次而言，这一模式强调培养学生全面发展小学教育综合素质，具备丰富的教育理论知识、扎实的教师职业技能、良好的班级管理和研究反思能力以及多学科教学能力。因此，这种模式具有课程设置综合化的典型特征。譬如，在全科培养方面比较具有代表性的东北

---

① 李俊义．全科与分科：小学教师职前培养模式的二元相持及并存之道［J］．教师教育学报，2020（2）：52-60.

师范大学小学教育专业定位旨在培养精通小学语文、数学学科教学,能够胜任 1～3 门其他学科教学(科学、道德与法治、综合实践活动等)的全科型小学教师。但从其人才培养方案的课程体系中也可以看到,在有限学分影响下,课程设置也仅仅包含了小学教学的几门主要学科,换言之,小学教育专业全科培养模式下的课程设置也不可能全部覆盖当前小学生学习的所有学科课程。因而,有些学者将我国当前的全科培养模式又称为综合型或多科型培养模式。当前,小学教育本科专业全科模式培养出的小学教师,呈现出"多面手",适应性强,转岗容易的特点。而且,与西方发达国家培养综合小学教师的政策导向、自上而下的培养策略不同,我国培养全科教师起源于乡村小学教师严重缺乏的微观层面的现实需求,全科模式培养的教师最大限度地满足了广大农村和经济欠发达地区的需要。我国地大物博,幅员辽阔,不同地区在经济、教育等方面发展水平呈现高低不等,特别是现阶段在经济落后的地区、边远地区存在不少乡村小规模学校或教学点,这些小学校"小而弱",明显缺乏师资,一个学校可能只有几名教师甚至仅有一名教师,客观上需要能够跨学科教学的小学教师。显然,培养全科型小学教师更能解决此类小学校的困境。国家的相关教育文件以及设置全科方向的小学教育专业院校的培养计划,也彰显了其面向农村小学的目标定位。但是,全科培养模式也存在明显缺点,因为人的精力有限,师范生在全科培养模式下,往往对于很多学科学得泛泛,没有进入深层次的研究,使其在职后任教某个学科时就显得学科知识底子薄弱,教师专业发展所依赖的教育科研能力更是难以提高。尤其是全科培养模式所追求的师范生也能够胜任音体美教学的培养目标,更是难以实现,因为在最终实施这些学科教学的时候,全科生就会显得没有自信,甚至教学上出现体育动作不规范、唱歌不标准的错误。发展至今,全科型培养模式内涵更丰富。目前,也有学者认为,培养全科教师并不是说一位老师要教语数英音美各学科,而是把这些科目融合在一起教,实现小学课程的科学整合,因此,当前实施全科型培养模式的小学教育专业人才培养目标定位并不一定是面向农村小学培养小学教师。

小学教师分科培养模式,是参照中学教师在高校采取分科培养的方式,依据小学开设的课程、小学教师资格证的分类来培养小学教师。目前我国分科培养小学教师模式主要有两种情形:一种是设置小学语文、数学、科学、英语、音乐、体育、美术等多个方向,学生选择某一专业培养方向则学习某一教学科目的学科专业知识、教学设计理论与技能等,从而具备胜任小学某一科目教学工作的能力。如首都师范大学小学教育专业即设置了语文、数学、英语、科学、信息、德育 6 个方向,以及音乐学(初等教育,师范)、美术学(初等教育,师范)、书法学(初等教育,师范)三个小学教育相关专业。此外,还设有综合实践活动、小学生心理咨询、小学德育与少先队教育、国学经典教育、生命教育与班主任工作等兼教方向;另一种是对应高中分文科、理科,小学教育专业设置文、理两大方向。譬如,较早开设小学教育本科专业的上海师范大学,其 2018 年版小学教育本科专业培养方案即分为文科方向和理科方向[①],有一些院校则是直接演化为小学语文或数学作为主教科目学习相应课程,同时设置不同的兼教科目课程模块,供学生自由组合选修,师范类专业设置比较齐全的师范院校一般采用这种模式。基于这一情形,既强调全面掌握小学教育专业知识与技能,又主张学生应当在某一小学科目教学或教育管理方面有更深入的拓展,形成专业特长,也有早期学者称之为大文大理培养模式,近期学者界定为中间型培养模式。由此可知,分科培养模式特别强调培养师范生胜任小学特定科目教学的专业知识与技能,获得相应学科教师资格证。小学教育本科专业分科模式培养出的小学教师,呈现出"专家型",某门学科教学能力强的特点。虽然分科培养模式直接指向小学某一学科,小学教育专业师范生在学习的过程中会有明确的学习方向,因此,相对全科培养的师范生,整体上往往表现出某一学科知识深厚扎实、学科教学能力强。在我国学校规模较大的小学,教师学科分工明确,因而教学工作中对教师的学科专业要求更高。分科模式培养的教师最大限度地满足了此类小学对师资的这种需求。又随着信息的发达,知识增长呈现了"爆炸式",以综合性的学习方式比较专业化学习方式,教师专业发展稍微缓慢,因此,小学教育专业的分科培养模式在高等教育中也得以肯定和强化。但其弊端也明显,分科培养模式容易造成培养的师范生知识结构单薄,到小学教学难以适应综合或多学科课程教学的实际情况。

　　纵观人类对知识认识的发展史,在原始社会,一切都很落后,人们更注重的是物质上面的追求,对知识的认识来源于生活,也是浑然一体

---

① 上海师范大学 2018 本科教学课程设置第 1 册[EB/OL](2018-10-15),http: // xxgk. shnu. edu. cn/ 18080/list. html.

的。甚至在古代很长的一段时间里,由于生产力水平仍较低,人们对知识也没有形成分科体系。在西方,最早有分科思想的是柏拉图,我国则可追溯至周朝对知识分类的"六艺"。直到 16 世纪开始的科学革命和之后的不断变革,西方逐渐建立独立的、系统的科学体系。这种学科思想体系的发展影响到全世界,我国大学学科体系按照分科原则建立也受西方的影响。学科的分化使得单一学科愈来愈细,愈来愈专门,学科分化是随着社会的分工越来越精细而同时出现,的确带来了世界各方面整体的迅速发展。但在学科分化的同时,也出现了学科融合,因为很多科研成果的产生明显又依赖多学科。因此,学科交叉融合是学科历史发展的必然趋势。学科发展从综合到分化再到整合,是一个动态的过程。特别是当今社会更需要应用型、复合型、创新型人才,因此,现在高校教育也在积极推进学科交叉融合教育。早在 1989 年,美国学者舒梅克(Shoemaker)就提出了跨学科教学的定义:教学将跨越学科界限,把课程的各个方面组合在一起,建立有意义的联系,从而使学生在广阔的领域中学习。从前面对全科型和分科型培养模式的分析可见,不是小学教师绝对的全科和绝对的分科培养,全科和分科中融合着其他学科教学能力的培养。

综上,我国的小学教师培养不管是全科或分科培养模式,最终指向都是为了推动城乡教育均衡发展及基础教育高质量发展。高校小学教育专业培养模式的选择更多还要结合区域的需求。基于当前融合教育的发展,小学教师应具有融合教育的能力,两种人才培养模式的小学教育专业都应考虑培养学生发展综合的问题解决能力,注重对学生学科融合教育的能力的培养。当然,小学教育专业两种人才培养模式都坚持重视师范生在学习期间获得更多的实践经验,鼓励师范生参与小学教学活动,最后获得良好的实践创新能力、融合教育能力。

第三节　小学教育专业课程结构设置

课程是高校人才培养的关键,课程体系是高校专业的核心,提高小学教育专业师范生的实践创新能力就要依据国家指导政策明晰小学教育专业实践教学体系的课程结构设置。下面,先对小学教育专业整个课程结果设置展开论述。小学教育专业课程结构设置要依据培养目标和规格,打破课程模块在课程目标、内容体系、课程实施上相互独立、各自为政的割裂现象,形成一体化课程体系。高校小学教育本科专业是教育类本科专业之一,在课程体系上应遵循教育学类专业的设置要求。教育学类专业是以教育科学为共同知识基础,以培养具有较高理论素养和实践能力的教育专业人才为目标的专业集群。"质量为王,标准先行",根据2018年教育部颁发的《普通高等学校本科专业类教学质量国家标准》(以下简称国标)教育学类教学质量国家标准,教育学类专业课程体系总体框架主要包括理论课程、实践课程和毕业论文(设计),见表2-4。

表2-4 教育学类专业课程体系总体框架

课程类别		课程设置
理论课程	通识教育课程	包括大学公共课程、创新创业教育课程及相关的人文社会科学类、理工类以及艺术教育类课程
	专业基础课程	教育学类专业的基本理论和方法课程
	专业方向课程	教育学类各专业的主干课程和专业方向课程
实践课程		教育见习、教育实训、教育实习、教育考察、教育调查等
毕业论文(设计)		学术论文,调查报告,研究报告,实验报告,教育、教学和管理案例分析报告等

国标中提出各高校设置合理的创新创业学分,建立创新创业学分积累与转换制度,探索将学生开展创新实验、发表论文、获得专利和自主创业等情况折算为学分,将学生参与课题研究、项目实验等活动认定为课堂学习。

各高校可选择一些反映学科前沿、学校特色和地方特色的知识单元开设选修科目,并推动教师将国际前沿学术发展、最新研究成果和实践经验融入课堂教学。

课程结构覆盖专业知识体系的主要知识单元、知识点。选修课程的范围和数量应提出明确要求,以保证课程的可选择性。有条件的高校可开展国内(外)学生交流、各类形式和层次的联合培养或双语教学。

在总学分中,实践课程所占比例应不低于25%。

由此可见，国标中对于实践教学是非常重视的，既量化了实践课程的要求如"在总学分中，实践课程所占比例应不低于25%"，又定性描述教育类专业开展哪些实践类活动。国标对教育学类专业课程体系给出了总体的框架，也给出了专业总学分的指导意见等，既强调了理论教学，也注重实践教学模块的建设。

总体上，国标有三大特点，一是既有"规矩"又有"空间"。既有规定动作，又有自选动作，所谓"规定动作"就是对各专业类提出统一要求、保障基本质量。所谓"自选动作"就是为各专业培养特色人才留有足够拓展空间，形象地说就是"保底不封顶"。二是既有"底线"又有"目标"。既对各专业类提出教学基本要求，也就是"兜底线、保合格"，同时又对提升质量提出前瞻性要求，也就是"追求卓越"；三是既有"定性"又有"定量"。既对各专业类标准提出定性要求，同时注重量化指标，做到可比较、可核查①。其中，国标还细化了教育学类每个专业的课程体系总体框架，其中小学教育专业的课程体系总体框架细化指导设置见表2-5。

表2-5　小学教育专业课程体系总体框架

课程类别		课程设置
理论课程	通识教育课程	通识教育课程主要包括思想政治理论课程、大学外语、计算机基础与应用、大学体育、文化素质教育课程、创业基础课程、就业创业指导课程等，旨在提升学生的基本知识素养、科学与人文素养、道德品质和身心素质。
	专业基础课程	专业基础课程主要包括教育学原理、教育研究方法、中国教育史、外国教育史、课程与教学论、普通心理学、教育心理学、发展心理学、现代教育技术、特殊教育概论等。
	专业方向课程	中文、数学、英语、小学教育学、小学心理学、小学班队原理与实践、小学各学科教学与研究、中国小学教育史、外国小学教育史等。
实践课程		教育见习是学生在教师指导下，在教育机构进行的有关教育、教学、教研与管理工作的观摩和学习。
		教育实训是学生在教师指导下，在模拟实践中或模拟实验平台上进行的教育、教学、教研与管理的技能训练。

① 吴岩.《普通高等学校本科专业类教学质量国家标准》有关情况介绍[J]. 重庆与世界，2018（4）：48-49.

续表

课程类别		课程设置
		教育实习是学生在教师指导下,在教育机构进行的教育、教学、教研与管理实践活动。
		教育考察是学生对教育区域或教育机构现状的实地勘查。
		教育调查是学生对教育、教学、教研和管理工作具体问题的实地调研。
毕业论文(设计)		学生根据自身兴趣与特长,在教师指导下规范开展毕业论文(设计)工作。毕业论文(设计)选题与内容符合专业培养目标,遵守学术伦理,符合学术规范。

表 2-6 是选取东北师范大学最新版本人才培养方案中小学教育专业课程设置及学分分配,从表中可见该校小学教育专业课程主要由通识教育课程、专业教育课程、发展方向课程三大模块构成,其中,理论课程有通识教育课程、专业基础课程、专业方向课程,实践课程及毕业论文放在专业教育课程模块,课程结构设置依据了《普通高等学校本科专业类教学质量国家标准》的设置要求。

表 2-6 东北师范大学小学教育专业课程设置及学分分配表(2021级)

课程类别			学分	学分小计	
通识教育课程	必修	思想政治教育		19	
		体育与国防教育	体育	4	
			国防教育	2	
		劳动教育		2(其中1学分依托相关课程,不计入总学分)	48
		心理健康教育		2	
		交流表达与信息素养	信息技术	4	
			大学外语	8	
			中文写作	2	
		数学与逻辑	高等数学B	6	
	选修	思想政治与社会科学		10	58
		人文与艺术		(每一类课程至少选修2学分;至少在自然科学类课程中修满4学分)	
		自然科学			

续表

课程类别		学分		学分小计
专业教育课程	必修	学科基础课程	21	48	76
		专业主干课程	27		
		综合实践课程	10 （应用实践、毕业论文）	
	选修	专业系列课程	18	
发展方向课程		17	17
总学分要求		151	

除此之外，分析和对比当前多个高校小学教育专业人才培养方案的课程结构设置，发现各小学教育专业除了遵循《普通高等学校本科专业类教学质量国家标准》的设置要求，还受到人才培养模式的影响，但无论是以培养多科型教师为主的课程体系或以培养分科型教师为主的课程体系，小学教育专业课程体系大都由公共基础课程、学科专业课程、教育专业课程、教育实践课程构成，都体现了学术性、师范性、实践性。只是各校在这三个方面呈现的比重稍微不一样。但大家都遵循并认可小学教师专业能力的分类，对一名合格的小学教师应具备的几类能力都持相同观点。不同之处则体现在培养人才应有的教师专业能力倾向方面。小学教育专业分科培养课程结构设置明显更倾向于培养师范生的学科基础知识，认为小学教师应以扎实的学科素养为基础，在此基础上辅以一定的教育科学知识和其他人文艺术修养，进而构建一个完整的小学教师能力结构体系。而全科培养的课程结构设置则更重视小学教师语言表达能力、教育教学能力、教学设备使用能力、人际沟通能力等专业技能培养。全科培养模式和管理制度极大地提高了师范生教学基本功，在某种程度上可以说全科培养模式传承和发扬了教师培养模式的优良传统[①]。

小学教育专业培养的是热爱小学教育事业，具备良好职业道德与崇高思想情操；具有深厚文化底蕴，扎实专业基础，具备一专多能教学能力；具有一定教育研究能力与良好心理素质的小学教师。小学教育专

---

① 张峰，邓长平. 小学教育本科专业课程设置与实施的若干问题思考 [J]. 菏泽学院学报，2021（3）：67-73.

业课程设置需要凸显其基础性、职业性以及师范性等特点,要强调文化基础知识积累,积极提升小学教师素养,又要强调实践环节的锻炼,以提高小学教师教育教学的技能,因此以教育学为基础,以中文课程、数学课程等为主体学科呼应小学语文、数学科目,并辅以小学教育科研方法能力类课程、小学教育教学实践类课程,从而形成小学教育专业科学规范、稳定的课程体系。

目前,我国本科层次教育是高等教育的重要部分,因此,也可以说本科层次教育是高等教育的基础和根本,对于培养小学教师而言,也是本科层次的学历教育占比较大。在高等教育中人才培养的基本单元是专业,国标的出台明确了教育学类中小学教育专业的内涵、学科基础、人才培养方向等。而师范类专业认证的推进不仅仅是对国标中专业要求的进一步细化,更进一步激活了高等师范专业的发展,让本科师范类专业提升竞争力和吸引力。师范类专业认证标准以小学教育专业认证标准为例,分得很细致,从定性和定量对小学教育专业师资队伍数量和结构、教师学科专业背景和水平、教师教学发展条件等都提出了要求,同时,明确了小学教育专业的基本办学条件、基本信息资源、教学经费投入等要求。这对小学教育专业而言,起到很好的办学规范作用。

教育发展,师范先行。曾经有一段时间,如何提高师范生培养质量、吸引优秀生源报考师范、鼓励师范院校坚守师范特色,成为困扰师范教育发展的普遍难题。师范类专业认证的出台,不仅破解了这个难题,同时也推动了整个师范专业发展的深层变革,促进"旧师范"向"新师范"转变,改变教师教育改革停滞的局面。高校小学教育专业应抓住师范认证的时机,认真研读标准要求,审视自己的人才培养方案,审视自己的实践教学体系,进行合理的改革,推动专业发展,建立起更适应国家和社会发展需要的小学教师教育体系。在师范类专业认证背景下,小学教育专业要持续强化实践教学环节,重构实践教学体系。

第三章

高校实践教学阐述

　　在中国知网（CNKI）以"实践教学""实践教学体系""师范生实践教学"等为主题进行高级检索，时间范围设定开始于 1949 年 10 月 1 日，截止时间为 2022 年 12 月 31 日，包含统计学术期刊、学术论文、会议等多种类型的检索结果，见表 3-1。

表 3-1　主题高级检索条数

名称	中文总库	外文总库
实践教学	26.14 万	3041
实践教学体系	2.41 万	275
师范生实践教学	1905	2
师范类专业认证	899	5
师范类专业认证实践教学体系	219	0
小学教育专业实践教学	136	0

从表中可以看出，当前的研究成果，以实践教学到实践教学体系、师范生实践教学、师范类专业认证、师范类专业认证实践教学体系、小学教育专业实践教学为主题进行高级检索，检索到的文献条数呈现急剧下降趋势。可见，关于高校实践教学和实践教学体系的研究成果较多，但小学教育专业实践教学方面的研究成果则较太少。而且，对小学教育专业实践教学的文献进行内容上的分析发现，基于师范类专业认证探讨小学教育专业实践教学的成果更是薄弱。因此，展开在师范类专业认证背景下小学教育专业实践教学体系的研究，将丰富完善这一领域的成果。基于对文献的阅读和梳理，本章节从实践教学和理论教学的内涵进行辨析，理顺高校实践教学发展的历史沿革，明晰师范生实践教学的意义和价值、师范生实践教学内涵以及师范生实践教学的体系框架，最后明确本著作在实践部分对小学教育专业实践教学体系的研究内容。

理论教学与实践教学是高校教学人才培养的两大教学环节，它们既密切联系又具有相对的独立性。实践教学和与之相对应的理论教学的根本区别在于，理论教学是以阅读、理解、记忆、联想、复述等心理活动为主要学习手段，以熟悉某种符号系统为基本任务，以获得符号系统的意义为目标，而实践教学是以提高学习者能力为目标，即学习者在活动中将知识内化为个体经验，形成某种技能，最终实现提高学习者行动效率的价值目标。通俗而言，理论教学是教师通过课堂传授的方式使学生不必走出围墙即可直接掌握知识；实践教学则是学生在掌握课堂理论知识的前提下，根据教师的计划和指导，通过课程实验等实际性操作的方式，进一步获得对基本原理的感性认识的一系列教育教学活动的组合①。实践教学一般指相对于理论教学外的各种教学活动的总称。刘志强主编的《高等学校实践教学改革与研究》认为,实践教学是教学过程中理论联系实际的重要环节,是指学生亲身参与实践才能完成的教学环节,诸如实验、实习、实训、课程设计、毕业设计(论文)、工程训练、社会实践、科研训练等内容,"是学生在教师指导下,以实际操作训练为主,以获得感性知识和基本技能、提高综合素质为目标的一系列教学活动的总称。它在提高学生的综合素质、培养创新精神与实践能力方面有着理论教学不可替代的地位②。"由此看来,理论教学是师范生获取基础知识和理论的主要来源,实践教学是培养师范生综合素质、培养创新精神与实践能力的关键,在高等院校中,实践教学是师范专业的有机组成部分,它体现了学生的中心地位,实现师范生理论与实践相结合,促进学以致用,是师范生检验与发展所学教育理论的重要途径。

　　强化小学教育专业实践教学,是对产出导向理念的践行,充分体现了按社会、市场需求对小学教师培养的导向作用。小学教育专业师范生实践教学(也称职前教师教育实践教学)是指教育类理论教学(包含教育学、心理学、管理学、班主任工作方法、教育研究方法等)与学科专业类理论教学(包括各学科的基础知识、课程与教学论、课程标准与教材研究、学科教学法等)之外的实践性教学活动,一般包括高校内的实践性课程(如书法课、学科教学设计、学科教学技能课、现代教育技术课),教师教学技能实训(三笔字、简笔画实训、普通话实训、说课、微课、微格教学、实验教学、模拟课堂授课等),基地小学的教育见习、教育实习(包括顶岗实习、置换培训),以及技能竞赛(如教师技能大赛、黑板字板书比赛等)、教育类社会实践(如支教)、教育类社会调查(如小学实地调研、培训机构实地调研等)、教育科学研究(如某一教学法在某一学科中的应用研究)等其他相关活动。这些实践教学活动让小学教育专业师范生充分置身于教育教学情境之中,可以夯实师范生的专业理论知识、提高师范生的教育教学实践能力,为以后的职业道路奠定坚实的基础。在对师范生实践教学价值、内涵、体系框架论述之前,先对我国高校实践教学进行历史回顾,以明白师范生实践教学的由来。

---

① 张洁.高师院校师范生实践教学成绩评价标准研究[D].太原:山西师范大学,2015:5.

② 刘志强.高等学校实践教学改革与研究[M].哈尔滨:哈尔滨工程大学出版社,2006:1.

第一节　高校实践教学的历史沿革

表 3-2　实践教学在我国高校中的发展历程

时间	阶段	主要内容
1949—1978 年	发展萌芽阶段	虽然没有提出"实践教学"这个概念,但实践教学所包含的许多活动,如实验教学、生产实习等,已存在
1979—1998 年	形成和体系化阶段	在 20 世纪 80 年代"实践教学"这个名词才开始在我国出现
1999 年至今	深入发展阶段	1999 年《中共中央、国务院关于深化教育改革,全面推进素质教育的决定》

一、发展萌芽阶段

1949 年中华人民共和国成立时,百废待兴,高等教育规模很小。1951 年周恩来总理在一次会议上指出:"人才缺乏已成为我们各项建设中的一个最困难的问题。不论在经济建设、国防建设,还是在巩固政权方面,我们都需要人才。"第二年,我国决定实行全国统一招生考试,当年所有高校共录取新生 6.6 万人。伴随着高等教育人才数量的增长,我国高等教育也开始步入发展时期。在 20 世纪 50 年代,我国高等教育模式还是参照苏联模式比较多,受到苏联领导及学者们劳动教育的思想影响,我国学者不仅翻译了苏联关于劳动教育的很多教材,如《怎样把教育同生产劳动结合起来》进行学习,在师范教育的生产实习领域,翻译了波良斯基的《教育实习》等,而且也在高等教育领域开展了很多实验。在师范教育专业的教育实习领域,从 1951 年起,苏联师范教育界的专家在北京师范大学亲自组织了两届毕业生的教育实习工作,把苏联师范院校组织学生教育实习的经验和做法介绍给新中国师范教育界[1]。北京

---

[1]　李伟,陆国祥.中国大陆高等学校实践教学之回顾(1978—2008)[J].教育资料集刊 第四十八辑,2010(12):19-39.

师范大学的教师对苏联师范教育专业教育实习的做法和经验进行了深入研究、总结和升华,随后把苏联师范教育的实习模式以各种形式在我国的三级师范教育体系中传播和推广。

在改革开放以前,尤其是中华人民共和国成立后的十几年中,全国人民都非常热爱劳动,大力发展生产劳动改变新中国成立后千疮百孔的局面,这股热潮也使得我国高校十分重视劳动教育和生产实习活动,直到今天我国的教育实习模式还明显受到苏联教育实习模式的影响。苏联社会主义教育中有关劳动教育和生产实习的成果被大量引进到我国,不仅在教育领域确立起了"教育必须为无产阶级服务,必须与生产劳动相结合"的方针,而且也把组织劳动教育、生产实习的具体实施办法通过教材和苏联专家引入到我国高等教育中来。

二、形成和体系化阶段

改革开放初期,我国大专以上文化程度的仅有18%,初中和初中以下的占49.5%,因此,提出了"知识化",反映出对文凭的要求特别迫切。但当时在教育领域,资源十分有限,高考又是选拔人才的唯一方式。在这种大背景下,学校教育就非常重视与文凭相关的考试内容,应试教育的风气不断增长。应试教育以升学率高低检验学校教育质量。应试教育也叫升学教育,或者填鸭式教育。应试教育这种风气也影响到高等教育,使得高校也出现了片面追求理论知识,忽视实践能力的培养,即淡化了初期劳动教育的思想,变为知识本位的人才培养模式。在这种模式下培养出来的人才在后期也逐渐表现出其缺陷,空有理论,但动手能力差。随着中国经济的飞速发展,我国教育研究者发现应试教育的弊端,同时,受到外国教育思想的影响,也开始引进素质教育思想。1985年5月,邓小平在第一次全国教育工作会议上指出:"我们国家,国力的强弱,经济发展后劲的大小,越来越取决于劳动者的素质,取决于知识分子的数量和质量。"同年发布的《中共中央关于教育体制改革的决定》中明确指出:"在整个教育体制改革过程中,必须牢牢记住改革的根本目的是提高民族素质,多出人才,出好人才。"这是我国素质教育实践的思想源头。

在这个阶段,关于素质教育的官方文件有:1993 年《中国教育改革与发展纲要》,首次把素质教育与应试教育对应起来。之后所有的官方文件就是围绕素质教育与应试教育展开讨论。1997 年 9 月 4 日,李岚清副总书记指出,改革社会用人制度,转变传统的人才观念会促进应试教育向素质教育的转变。1997 年 10 月,教育委员会印发《关于当前积极推进中小学实施素质教育的若干意见》,在意见中对素质教育的内涵作了规范性表述:素质教育的目的是提高民族素质,素质教育应面向全体学生,提高他们的学习态度和能力。素质教育是依据《教育法》规定的国家教育方针,着眼于受教育者及社会长远发展的要求,面向全体学生,以全面提高学生的基本素质为根本宗旨,注重培养受教育者的态度、能力、促进他们在德智体等方面生动、活泼、主动地发展为基本特征的教育。素质教育主要包含了思想品德素质教育、文化科学素质教育、心理素质教育、审美塑美素质教育、劳动技能素质教育。

素质教育思想倾向培养人才的能力,即能力本位培养人才模式。按照这种模式培养的人才,素质高、能力强,更适应社会对人才的需求。基于这样的人才选择机制,我国教育行政部门重新开始重视和强调劳动教育和生产实习。在高等教育中,重视和恢复了类似于生产实习的实践,其他如实验教学、毕业设计、毕业论文等具有较强的实践性的教学环节也逐渐得到重视。

表 3-3　我国高校劳动教育和实践教学环节逐渐形成和体系化的时间轴

时间	出台文件	主要内容
1979 年 10 月	《教育部关于印发部属综合性大学理科专业调整会议文件的通知》	要正确处理政治和业务的关系,教学与生产劳动、科研之间的关系,正确贯彻理论与实践相结合的原则,在加强基本理论和基础知识教学的同时,也要切实加强实验技术训练,加强学生独立思考和分析、解决问题的能力,大力改进教学方法。
1980 年 5 月	教育部颁发《教育部关于部属高等学校生产实习问题的通知》	生产实习的联系手续和渠道、生产实习的场所、实习师生的食宿等问题的安排和解决提出了指导性意见。

续表

时间	出台文件	主要内容
1980年9月	卫生部、教育部《关于加强高等中医教育工作的意见》	各级卫生行政部门必须重视并积极支持中医学院附属医院的建设,以满足学生进行教学实习和毕业实习的需要。
1981年	教育部《关于试行高等师范院校文科三个专业教学计划的通知》	强调了课堂讲授,课堂讨论,考核,教育实习,生产劳动和军事训练等各教学环节的安排。
1982年1月	教育部、财政部下发了《普通高等学校、中等专业学校学生毕业实习经费开支办法》的通知	颁发了很多有关生产实习安排的政策和文件,生产实习也扩展到实习技术训练、毕业设计等各个方面。
1982年3月	《全国师范专科学校教学工作座谈会》	《纪要》中还首次出现了"实践环节"的概念,这是"实践环节"这一用词第一次出现在官方档案中,而"实践环节"正是"实践教学环节"的前身,也是后来通用的"实践教学"概念的前身。
1983年4月	教育部在广州召开职工大学教学工作座谈会	根据专科培养目标的要求和职工大学的特点,总结最近几年的经验,提出了要重视基础课,加强技术基础课的主干课,学好专业课,在进行理论教学的同时,要加强实践性教学环节等要求。
1983年4月	教育部颁发《关于制订职工高等工业专科学校教学计划的暂行规定》和《机械制造工艺与设备》等四个专业教学计划的通知	提出要加强实践性教学环节等要求,这是官方档案中首次出现"实践性教学环节"一词,如果把"实践教学"理解为"实践性教学环节",那么实践教学的概念就可以追溯到该通知。
1983年12月	《高等学校实验室工作暂行条例》	为了加强高校实验室建设,包含总则、基本任务、建设与管理、体制与机构、工作人员职责、安全与劳动保护、负责共7章28条。
1984年9月	中共中央宣传部联合教育部签发《关于高等学校学生参加生产劳动的若干规定》	学生参加生产劳动的主要目的,是接触工农,接触社会,养成劳动习惯,树立热爱劳动、热爱劳动人民的思想,克服轻视体力劳动和体力劳动者的观点,同时,通过劳动,更好地贯彻理论联系实际的原则,培养和提高实际工作能力。
1986年1月	《关于加强各级师范学校实验教学和实验室建设的意见》	根据各级师范学校的特点及问题,就加强实验教学和实验室建设工作提出补充意见,明确要有计划地搞好实验室建设、提高实验教学质量、加强实验队伍的建设、加强领导和管理。

时间	出台文件	主要内容
1987年7月	《高等学校毕业生见习暂行办法》	明确高校毕业生进行见习的要求和管理、考核办法。
1998年	《高等学校教学管理要点》	实践教学是教学过程中的一个极其重要的教学环节，各种实践性教学环节都要制定教学大纲和计划，严格考核。

由表 3-3 可见我国在 20 世纪 70 年代末到 20 世纪末教育部门陆续出台政策和文件以完善高校实践教学，总体看来，本阶段我国高校实践教学逐渐形成和体系化。这一阶段，不仅重新明确了知识教育与劳动教育的关系，也使得生产实习得到了恢复，且越来越受重视。在这一阶段，从单纯的生产实习字眼逐渐丰富到实验教学、专业见习、毕业设计、社会实践等实践教学环节的字眼。实践教学字眼在 1983 年首次出现，也是因为当时高考进入高校的大学生是受到应试教育影响，缺乏社会生产和生活经验，然而当时高校自主办学权力也不大，对课程的管理权非常有限，只能执行教学计划，教学计划中规定占据一定教学时间的各类教学活动，分别称作"教学环节"，而且高校经费非常有限，学生难以走出校门参加各种生产实习，在校内的实验课也难以按照大纲要求保质保量进行，使得这些大学生在大学仍没有得到实践能力的培养，还是偏重于理论知识的学习，毕业后就暴露了这些学生实践经验缺乏和实践能力薄弱的问题。为了用系统科学的理论方法研究高校这种现象，相对理论教学，就提出了实践教学概念。

1985 年 5 月《中共中央关于教育体制改革的决定》发布，文件指出：在执行国家的政策、法令、计划的前提下，高等学校有权在计划外接受委托培养学生和招收自费生，有权调整专业的服务方向，制定教学计划和教学大纲，编写和选用教材。这意味着高校办学自主权得以扩大，特别是有权调整专业的服务方向，制定教学计划和教学大纲，编写和选用教材，使得高校不断学习，不断尝试，不断研究，越来越多的教师参与到各种课程开发中来，其中就包括实践性的课程。

用课程观念来审视各个实践教学环节，实践教学开始向实践课程转变。实践课程，又叫实践性课程，是指在实践教学活动中以解决实际问题为目的的独立性学科，相对于理论课程而言，实践课程更加注重学生的学习过程、能力的培养和个性的发展。1998 年的《高等学校教学管理要点》更表明,实践教学必须在人才培养方案中得到体现,同时加强实践教学管理。

三、深入发展阶段

表 3-4　我国高校实践教学深入发展阶段时间轴

时间	出台文件	主要内容
1999年	《中共中央、国务院关于深化教育改革全面推进素质教育的决定》	指出实施素质教育应该培养学生的创新精神和实践能力,把他们培养成为社会主义事业建设者和接班人。
2004年2月	《2003—2007年教育振兴行动计划》	要把教育教学与生产实践、社会服务、技术推广结合起来,加强实践教学和就业能力的培养;行动计划中进一步提出要实施"高等学校教学品质与教学改革工程",要"建设一批示范教学基地和基础课程实验教学示范中心,强化生产实习、毕业设计等实践教学环节"。
2005年1月	《关于进一步加强高等学校本科教学工作的若干意见》	要努力增加实践教学的专项经费,尽快改变我国高校实践教学经费严重缺乏的状况。对实践教学提出了详细的要求,高等学校要大力加强实践教学建设,切实提高大学生的实践能力;要强化实践育人的理念,区别不同学科对实践教学的要求,合理制订教学方案,完善实践教学体系;要切实健全实验、实习和毕业设计(论文)等教学环节,保证各实践教学环节的时间和效果,学生的毕业设计(论文)要贴近社会实际,严格管理,保证质量;要不断改革教学内容,改进教学方法,通过政策引导让更多高水平教师从事实践教学工作;要加强产学研合作教学,充分利用国内外资源,发展校际、校企之间以及高校与科研院所之间的合作,加强实践教学基地和实验室建设,把实践教学作为教学评估的关键性指标。
2007年	《关于进一步深化本科教学改革全面提高教学质量的若干意见》	"高度重视实践环节,提高学生实践能力",进一步明确要求要大力加强实验、实习、实践和毕业设计(论文)等实践教学环节,特别要加强专业实习和毕业实习等重要环节。列入教学计划的各实践教学环节累计学分(学时),人文社会科学类专业一般不应少于总学分(学时)的15%,理工农医类专业一般不应少于总学分(学时)的25%。推进实验内容和实验模式改革和创新,培养学生的实践动手能力、分析问题和解决问题能力。要加强产学研密切合作,拓宽大学生校外实践渠道,与社会、行业以及企事业单位共同建设实习、实践教学基地。要采取各种有力措施,确保学生专业实习和毕业实习的时间和质量,推进教育教学与生产劳动和社会实践的紧密结合。

续表

时间	出台文件	主要内容
2010年5月	《关于大力推进高等学校创新创业教育和大学生自主创业工作的意见》	从教学理念与模式、教育课程体系建设、师资队伍建设、实践活动、质量检测跟踪体系、理论研究和经验交流六个方面对我国高校教学尤其是实践教学做出了详细的规定和要求，并对大学生实习基地建设和加强政府的领导以及大学生创新创业政策支撑体系做出论述。
2012年1月	《关于进一步加强高校实践育人工作的若干意见》	明确提出高等教育要加强实践育人的工作。要强化实践教学环节。要求各高校结合专业特点和人才培养要求，分别制定实践教学标准，增加实践教学比重，人文社科类本科专业不少于总学分（学时）的15%，理工农医类不少于25%，高职高专类不少于50%，师范类学生教育实践不少于一个学期，专业学位硕士研究生不少于半年。要全面落实本科专业类教学质量国家标准对实践教学的基本要求。思想政治理论课所有课程都要加强实践环节。
2018年1月	《普通高等学校本科专业类教学质量国家标准》	要求各类专业在课程体系设计上设置实践课程，强化实践过程，推动本科教学从"教得好"向"学得好"转变。

这一阶段，各个文件的出台都有着深远的意义。如《中共中央、国务院关于深化教育改革全面推进素质教育的决定》的颁布意味着在这一阶段教育体制改革顺利实施，高等教育管理体制改革也得以进一步深化。此阶段，关于高校实践教学有四个明显的转变。

第一个转变是完成实践教学课程化。21世纪初，我国基础教育课程改革得以蓬勃发展，为了保证基础教育课程改革的顺利推行，教育学界组织编译和推广一大批国外课程管理的相关书籍。以引进国外课程管理理论为契机，课程管理思想也很快就在高等教育领域扎根，高校的教学管理逐渐转向对课程进行开发和管理。之前的实践教学只是服务某课程的实践部分，但课程管理思想使得高校实践教学也逐渐实现"课程化"。如，师范教育领域的教育见习、教育实习等原来都称为实践教学，随着实践课程思想的普及，已经成为独立的课程，甚至有研究者直接以"教师实践课程"为题出版专著。这种实践教学课程化的情况在以往是不可能见到的，它标志着在现阶段我国高等教育的实践教学随着教育教学管理制度的变革，逐渐实现了课程化，实践课程也从人们的思想和理念走进了现实教学，人们不仅用"课程"来称呼原来的教学，而且实质上用课程的理念、课程管理的技术来组织和实施实践教学活动以及直接进行实践课程的研究。

第二个转变是实践教学功能的变化。高校实践教学具有很多功能，"它可以验证相关学科的基本原理，巩固学生对理论知识的掌握，习得相关的实验技术和动手技能，还可以培养热爱专业劳动的态度，以及培养学生的创新精神和实践能力等。[1]"在前期，人们认为实践教学是对理论教学的验证工作，开展实践教学有利于理论知识的掌握，有利于理论联系实际从而培养学生的实际工作能力。然而，发展至今，人们则认为实践教学在培养具有创新精神、创造能力和实践能力的人才方面发挥着重要的作用。

在这里不得不提一下，我国高校毕业生从 1951 年开始，实行的是"高等学校毕业生的工作由政府分配"，高校毕业生不用自主择业，由国家统一包分配。这种包分配的就业制度一直持续到 1993 年，开始实行"自主择业"，直到 1996 年正式实施高校毕业生不包分配，到 2000 年全面停止。可见这个阶段，更多的创业要素引入到就业制度中。社会发展对人才素质的需求不仅仅是实践能力，也需要创新创业能力。高校实践教学随着这种毕业生就业制度的改革，功能也在不断优化。为了让自己培养的学生在毕业后具有就业竞争力的现实需要，高校就必须让学生在高校学习阶段，通过实践教学或者实践课程去磨炼创业能力。因此，实践教学功能实现了飞跃，是大学生创新创业教育必不可少的环节，不但是大学生创新创业者的个人价值和社会价值的体现，学生实现自我发展，而且是培养大学生创新创业意识、创新创业能力的具体途径，是锤炼大学生创新创业的平台。2010 年教育部颁布《关于大力推进高等学校创新创业教育和大学生自主创业工作的意见》，意见指出，大学生是最具创新、创业潜力的群体之一，在高等学校开展创新创业教育，积极鼓励高校学生自主创业，是教育系统深入学习实践科学发展观，服务于创新型国家建设的重大战略举措；是深化高等教育教学改革，培养学生创新精神和实践能力的重要途径；是落实以创业带动就业，促进高校毕业生充分就业的重要措施。正是在这样的指导思想的指引下，高校越来越重视实践教学在开发学生潜能、培养学生创业精神、能力和实践能力方面的功能。

---

[1] 熊婧.应用型人才及其培养研究[D].南昌：江西财经大学，2010.

同时,随着人类社会的发展,知识经济已经初露端倪,知识以及知识创新在经济和社会发展中贡献的比重越来越大,具有创新精神和实践能力的人才的培养成为各国关注的焦点。由于传统的学校教育往往注重知识的传播,甚至是灌输,轻视学生创新精神和实践能力的培养。因此,要培养学生的创新精神、创业能力和实践能力,除了要在理论教学中注重启发式教学,注重培养学生学习的自主性以外,更要增加实践教学,提高实践教学的品质,让学生在实践教学中通过更充分的参与来培养动手能力、实践能力和创新能力。

第三个转变是"实践育人"理念的树立。由前面的表格可知,2012年1月教育部联合七部委发文《关于进一步加强高校实践育人工作的若干意见》。实践是马克思主义哲学的基本观念。实践是人有目的地进行的现实的、感性的自觉活动。教育作为一种特殊的实践活动,实践育人要求实践活动从设计到实施均应主要由学生参与,体现教育实践活动的特殊性在于对象是人,要积极发挥其积极参与性。提出实践育人是高校实践教学深入发展阶段的一大亮点。高校实践育人理念"是指以学生获得的理论知识和间接经验为基础,通过开展与学生全面发展密切相关的各种导向性、应用性、综合性的实践活动,加强学生的综合素质,提升并促进他们形成高尚品格、责任意识、创新精神、实践能力的一种新型育人方式。"基于"实践育人"理念提出的背景,我国高校实践教学进行深度改革。"实践育人"理念的提出也正是我国高校对实践教学重视的表现,它也代表了社会发展对实践教学所提出的要求,代表了我国高校实践教学的未来发展方向。一方面,人们越发重视实践教学在培养创新人才方面的重要作用;另一方面,各高等学校1999年以后在实验室建设、实践教学以及实习基地、实训中心建设等方面有更多的投入,实验设备、实习经费等实践教学条件方面的改善,使得本阶段初的实践教学品质有了明显提高。实践育人理念要求高校实践教学注重实践教育也不忽视理论教育,要强调校内外实践教育。

第四个转变是高校实践教学从教师为主体转变为学生为主体。"高等教育质量不仅体现在学校所拥有的资源和声誉上,而更在于有效的本科教育实践"。本科专业类教学质量国家标准要求各本科专业在课程体系设计上设置实践课程,强化实践过程,推动本科教学从"教得好"向"学得好"转变。"以教师为主体"的教学模式影响了我国教育一段时间,"以学生为中心"教育理念最早于1952年罗杰斯在哈佛大学教育学院举办的学术研讨会上提出,并在 1998 年,联合国教科文组织在巴黎召开"世界高等教育大会"上明确指出。"以学生为中心"的教育理念同样来源于建构主义理论,强调以学生的学习和发展为中心,实现从以"教"为中心向以"学"为中心的转变、从"传授模式"向"学习模式"的转变,同时从原本的"教师、教材、课堂"向"学生、收获、体验"递进,从而提高学生的学习质量,并全面提升学生的知识、能力和素质。这种教育理念并没有抛弃教师的作用,只是把教师摆在主导地位,凸显学生主体地位。新时代社会需要的是能解决社会实际问题、不断推动社会前进,既具有较高理论知识水平,又具有较强社会实践能力、创新能力和独立性的复合型人才。实践教学和理论教学对于学生同等重要。学生学习课本知识,是一种理论学习的过程,如果不经过与社会实践结合,那学生就很难将这些理论知识转为直接可用的知识。理论教学重在培养学生具备较扎实的理论知识和基础,而实践教学主要是培养学生灵活运用知识的能力、创新能力和综合素质。实践教学不仅仅是验证理论教学的知识,也是对理论教学成果的检验和升华,只有通过实践教学,才能加深学生对专业理论知识的理解,增强对所学知识的综合运用能力,构建合理的知识结构,促进学生个性发展和完善,为学生融入社会搭建桥梁。

因此,对实践教学与实践教学体系展开研究是高校全方位提高教学质量的改革关键。前面提到的实践教学是指学生亲身参与实践才能完成的教学环节,如实验、实习、实训、课程设计、毕业设计、社会实践等等。而实践教学体系是实践教学各个环节所构成的系统,包括实践教学的内容、实践教学的形式以及实践教学师资、基地、教材等构成的教学系统。在高校实践教学发展的每个阶段,师范教育也发生着同样的变化。下面将辨析高校实践教学的内涵、论述师范生实践教学的意义和价值、师范生实践教学体系的框架构成,通过探讨师范生实践教学的相关理论,为专业认证背景下小学教育专业师范生实践教学体系的实践研究奠定基础。

第二节　高校实践教学的内涵

马克思主义哲学认为："实践是感性的、对象性的物质活动,提出全部社会生活本质上是实践的,是人类能动地改造世界的社会性的物质活动,具有直接现实性、自觉能动性、社会历史性三大基本特征。"我国《教育大辞典》认为:实践教学,是相对于理论教学的各种教学活动的总称。实践教学与理论教学相辅相成,实践教学通过专业训练,意在培养学生解决问题的能力。至于实践教学,不同的学者有不同的理解与定义。实践教学的定义早期主要见于高等教育中,是因为高等教育阶段是连接以理论教学为主的中小学教育与以实践为主的职业生涯的过渡阶段,因此高校更为看重实践教学环节,更能实现实践教学。早期有顾明远(1998)认为,实践性教学是相对于理论教学的各种教学的总称,旨在使学生获得感性知识,掌握技能、技巧,养成理论联系实践的作风和工作能力[①]。谢新观(1999)提出实践教学就是通过实践活动完成一定教学任务的教学环节,包含了学生在教师指导下进行实验、实习、社会专题调查、课程设计、毕业设计、毕业论文等[②]。曹慧东等人(2011)在其《深化实践教学体系改革培养学生创新能力》一文中提出:实践教学是高等学校根据专业培养目标的要求,有计划地组织学生以获取感性知识、进行基本技能训练、增强实践能力、培养综合素质、提高独立工作能力和科研实验能力为目的的多种教学形式的统称[③]。王云霞(2008)提出,"实践教学与理论教学密切联系,它是在教师的指导下,以实践操作为主,提高综

---

① 陈冀平．混合编队教育实习模式探讨[J]．高等师范教育研究,2000(4):55-59.
② 谢新观．远距离开放教育词典[M]．北京: 中央广播电视大学出版社,1999.
③ 曹慧东,杨颖,郑伦楚．深化实践教学体系改革培养学生创新能力[J]．中国高等教育,2011(11): 47-48.

合素质的一系列教学活动的组合。"[1] 除此之外还有其他学者提出：实践教学是学校教学工作的重要组成部分，是学生获取、掌握知识的重要途径；实践教学活动是教学内容的基本组成部分，是强化并巩固学生专业知识的有效路径；实践教学以问题探讨、深度体验和批判反思为基本特征，是大学教学中与理论教学相对应的教学方式[2][3]。

以上这些观点均是站在高等教育的角度进行阐述，其实，在基础教育阶段也同样有实践活动，也离不开实践教学的教学形式，只是研究量体没有高等教育多。众多学者将实践教学的含义默围于高等教育范畴，是因为高等教育中几乎所有专业都会设置专业见习、专业实习等各种形式的实践教学环节，以夯实学生的专业理论基础、培养学生的专业实践能力，为接下来的职业生涯奠定基础。所以，在高等教育里，与基础教育相比，实践教学更显出其存在的价值和特点。

如果说理论教学是教师对课本知识的讲解与学生对理论知识的习得，那么实践教学就是教师对知识运用的指导与学生对运用能力的提高。对于学生来说，理论教学使其获得间接经验，实践教学使其获得直接经验，但不论是直接经验还是间接经验都是实践的产物，换言之，直接经验与间接经验都是通过教育实践活动获得，因此，实践教学与理论教学都属于教育实践。

综上所述，实践教学与理论教学相对应，实践教学与理论教学都属于教学环节，是教育实践活动的两种不同方式。师范生实践教学具有以上分析的高校实践教学内涵，同时也具有自己独特的内涵，即是教师教育课程的重要组成部分，是教师培养的必要环节，包括教育三习等环节，是师范专业的有机组成部分。

———————————

① 陈静安．五国教育实习模式比较研究 [J]．课程·教材·教法，2004（5）：81-86．
② 吴桂翎，何婧，马存权，等．地方高校教师教育专业实践教学的定量分析与建议 [J]．合肥师范学院学报，2017，35（4）：101-106．
③ 吴桂翎．嵌入型：教师教育实践性课程实施路径探析 [J]．教师教育研究，2018，30（5）：41-45．

第三节　师范生实践教学的意义和价值

　　要理解师范生实践教学的意义和价值,首先从其重要性出发。在高校教育发展的同时,师范教育也在发展,高校实践教学面临的问题,同样是师范实践教学面临的问题。基于师范生在职后就业适应能力差的问题现象,实践教学也逐渐被师范教育界所重视。实践教学与理论教学是相互依存的关系,相辅相成、缺一不可的。理论知识是实践教学的基础。作为直接锻炼师范生实际动手能力和工作能力的实践课程,并不是孤立存在的,抛弃理论知识,盲目开展实践,并不会达到预期的效果。要让实践取得良好的效果,必须以理论知识作指导。师范生在实践之前,应该先习得一定的理论知识。而理论知识的获得则是在理论教学环节。实践教学是理论教学的升华。众所周知,一个人仅有理论知识而没有实践能力容易走向纸上谈兵的歧途,学习理论知识也要内化成一个人的能力,而这个内化,则需要实践锻炼来实现。因此,在师范教育中,实践教学对培养师范生的教育实践能力有着理论教学不可替代的特殊作用。

　　首先,在理论层面上实践教学对于师范生的重要性。社会职业有很多种,有些职业如脑力劳动工作者是需要很强的理论知识,而一些操作性强的职业则需要很强的实践能力。教师这个职业,比较特殊,既需要理论知识也需要操作,光有很强的理论知识,如学科知识、教学法知识,但不会教书育人,不会把自己的知识传授给学生,那理论知识也是空话;如果理论知识薄弱,则很容易在教书育人中陷入瓶颈,没有足够的知识传授给学生。因此,教师职前教育、师范生教育就要考虑如何同等重视理论教学与实践教学。

　　其次,在实践层面上实践教学的重要性。在师范教育发展道路上,也曾出现对理论教学与实践教学的重视度并不平衡的现象。大家都认为理论教学重要,但实践教学到底是服务于理论教学还是处在与理论教学的同等重要地位? 特别是师范教育处在学术性和师范性之争的时候,实践教学的地位也是一大争议。但是事实上,当忽视实践教学地位的师范专业培养出来的师范生欠缺教育教学能力,在新入职时需要过渡期以适应现实的教育教学环境时,师范专业意识到实践教学是处在与理论教学同等重要的位置。特别是学者们研究德国等发达国家的教师教育,发现其培养的师范生在接受一段时间的职前培养之后便能随时上岗、很快适应教师职业生活,原因则是重视了职前师范生的实践教学,我国师范教育不论是从国家政策层面上,还是在人们的观念里,都开始意识到必须要在人才培养方案中明确实践教学的地位,主要体现在明确了各种教师技能实训、教育见习、教育实习、教育研习、暑期社会实践活动等实践教学活动。于师范专业而言,学术性、师范性、实践性同等重要。

最后,是从教师专业发展的角度来看实践教学的重要性。教师专业化是现代教育的重要标志,是世界各国的共同目标,也是我国实施科教兴国战略的重要需求。早在 1955 年,世界教师专业组织会议的召开率先研讨了教师专业问题,推动了教师专业组织的形成和发展;1966 年,国际劳工组织和联合国教科文组织提出的《关于教师地位的建议》提出"应把教师工作视为专门的职业,这种职业要求教师经过严格的、持续的学习,获得并保持专门的知识和特别的技术",是首次以官方文件形式对教师专业化作出的说明。

而在我国,比 1955 年还要早 20 年就讨论过教师职业的特点"教师不单是一种职业,且是一种专业, ……性质与医生、律师、工程师相类似",但第一次从法律角度确认了教师的专业地位,则是 1994 年实施的《教师法》。在《教师法》里规定:"教师是履行教育教学职责的专业人员",之后陆续发布《教师资格条例》《教师资格条例实施办法》以法律提供基本的制度保证推进教师专业化。首次将教师归类为"专业技术人员"是在 2000 年颁布的《中华人民共和国职业分类大典》。该大典是我国首次将职业进行归类,是我国出版的第一部对职业进行科学分类的权威性文件。教师专业化理论发展至今,其内容已经很丰富,也较明确,一般都认为包括专业精神、专业知识、专业技能[①]。1998 年,在北京召开了"面向 21 世纪师范教育国际研讨会"明确当前师范教育改革的核心是教师专业化问题。基于终身教育的理念、职前教育与职后教育的一体

---

① 苏红.教师专业发展中的关键事件研究[M].北京: 北京师范大学出版社,2014: 62-85.

化,教师职业作为一门专业化的职业,教师职前教育阶段也需要注重教师的专业发展,也就是我们现在常倡导的教师专业化。如果在教师职前教育即师范教育阶段,教育理论与教学实践之间如果存在严重鸿沟,就会使得师范生在职后教师专业发展所依赖的专业技能不太稳固的问题延展到了职后阶段,一定程度上也会阻碍在职教师的专业发展。因此,加强师范生的实践教学在一定意义上能够促进教师专业化的进程。

综上分析,师范生实践教学是非常重要的。重要性是价值的一种体现,因此,落实师范生实践教学具有重要意义。对于师范生、教师行业、师范专业、国家和社会来说,师范生实践教学呈现不同的价值意义。以师范生来说,实践教学能够完善其知识结构、提高专业能力、缩短入职适应期、促进专业发展;从教师行业来说,教师个人的专业发展有利于教师群体的专业化,从而加强教师专业性、提高教师专业地位;从师范院校与师范专业来说,实践教学对师范专业人才培养质量的提高有利于提升其声誉与威望,从而促进专业与院校办学;从国家与社会来说,师范生实践教学促进着教师教育的改革,教师教育牵动着基础教育的发展,基础教育关乎着中华民族的复兴与强大。

第四节　师范生实践教学的体系框架

关于实践教学体系,我国学术界一般从广义、狭义的角度加以定义。广义的实践教学体系一般指,实践教学中各个要素组成的相互联系、相互制约的有机整体,包括目标、内容、管理、保障几个子体系。狭义的实践教学体系则是指"实践教学的内容体系,即围绕专业人才培养方案,在制定教学计划时,通过合理的课程设置和各个实践教学环节(实验、实习、实训、课程设计、毕业设计、创新制作、社会实践等)的合理配置,建立起来的与理论教学体系相辅相成的教学内容体系"①。师范生实践教学体系不是简单等同于实践教学,在形式上应是有区别的。目前对于

① 俞仲文,刘守义,朱方来,等.高等职业技术教育实践教学研究[M].北京:清华大学出版社,2004:75.

师范生实践教学的体系框架,学者们尚未形成统一意见。在一些教育部政策文件中,关于师范生实践教学的论述也未形成系统。

表 3-5　部分学者和高校关于师范生实践教学体系组织架构的观点

	高校师范生实践教学体系构成内容
张南阳	实践教学基础理论、内容、条件、组织管理、评价
马凤芹	实践教学的目标、内容、方法、途径、时间与资源设备、考核和评估、实践基地建设
田振华	教育科研、教育见习、教育实习、教师技能课、社会调查、社会实践等实践教学形式,以及教师培养目标、实践教学手段、实践教学环境和实践教学保障等要素
华中师范大学	包括了师范生实践教学的内容、模式、基地、管理体制、运行机制、考核标准和办法等

除此之外,还有早期刘维俭、王传金(2006)在其主编的《教师职前教育实践概论》中,从理论体系、课程体系、实施体系、制度体系、管理体系、教师队伍六个方面构建了教师职前教育实践体系;李丹妍以高等师范院校为对象,认为实践教学体系就是指在师范教育中,努力贯彻理论联系实际原则,通过课程编制和教学计划有目的、有组织地突出教育教学中的实践环节,使所学的教育理论和专业知识固化为良好的教育教学素质,进而转化为合格教师的教育教学能力和技能的系统化的师范课程与教育模式。在国际社会上,国外许多国家也对师范生实践教学体系进行了研究与建设,诸如美国的密歇根州立大学从教育实践的目标、内容、指导、评价、经费保障等诸多方面构建了师范生实践教学体系[1]。2016年3月出台的《教育部关于加强师范生教育实践的意见》从目标任务、内容体系、形式体系、教育实习、"双导师制"、考核评价体系、教育实践基地、导师激励机制、经费投入等九个方面对师范生教育实践的强化提出了较为系统的建议。

在第一节和第二节的论述中,可见高校的实践教学,无论是课程或活动,还是实施的方式方法,其落脚点都是专业人才培养的一种形式。"形式"通常与"内容"相对,是将事物的内在构成要素统一起来的结构方式及其表现方式。因此,师范生的实践教学作为一种教学形式,是将

---

[1]　赵英,李知音,廖伟.美国密歇根州立大学师范生教育实践体系特征研究[J].外国教育研究,2018,45(4):43-56.

实践教学的内容（例如师德、教育知识、学科知识、学科教学知识、教育能力、教学能力等等）培养与锻炼出来的方式与途径。形式的落实与实现，不仅需要内容来予以支撑，也需要目标的指引以及保障、组织、管理、考核、评价等系统的支持，由此形成师范生实践教学的完整体系。

体系在汉语词典中释义为：体系是指若干有关事务或某些意识相互联系而构成的整体，强调事物之间相互联系而构成一个整体。大体系包含小体系，每个小体系具有某种功能的结构，大体系依赖各小体系功能有无发挥。基于体系的释义，结合教育部发布的文件中的内容及学者们的观点，综上所述，对师范生实践教学体系应有着更为全面的定义，即不将其仅视作教学的方式与手段，而是认为师范生实践教学范围内的、与实践教学形式构成统一整体的其他要素按照一定的秩序和内部联系组成的整体才能称作体系。即师范生实践教学体系是由若干与实践教学有关联的事物构成的一个整体。师范生实践教学体系框架应用系统科学理论的方法进行整体设计，让各小体系形成整体结构，实现功能最优化。高校小学教育专业属于师范专业，因此，研究小学教育专业实践教学体系应该囊括目标体系、内容体系、管理体系、保障体系、评价体系五大体系，且在实践教学体系中要侧重教育三习。

第四章

师范类专业认证标准解读

第一节　我国师范类专业认证的时代背景

教育是国之大计、党之大计。"教育兴,则国家兴;教育强,则国家强","教育大计,教师为本",教育兴与强离不开各级各类教师队伍。教师是教育高质量发展的第一资源,教师之所以这么重要,是因为教师是人类社会文明的传承者,也是国家富强、民族兴旺振兴、人民幸福的重要基石。当前,我国已经进入全面建设社会主义现代化国家的新征程,国家把教育摆在更加突出的优先发展战略地位。在国际上,国家要增加核心竞争力,就要深入实施科教兴国,因此,凸显教育优先和建设高质量的教育体系具有重要意义。而建设高质量的教育体系则需要高水平教师队伍作为依托,高水平教师的培养则需要一流的教师教育体系来保障。

顺应时代背景,也为了提升教师教育培养质量,建设一批专业化、高质量的师资队伍,提高我国教师队伍的总体质量和师范类专业办学水平,国家出台系列政策加强师范教育的建设。2011—2012 年先后颁布了《教师教育课程标准(试行)》《教师专业标准(试行)》政策文件,基于工程教育专业认证的成功经验与影响,2014 年 12 月 23 日,教育部印发了《关于开展师范类专业认证试点工作的通知》(教师司函〔2014〕98 号),决定在江苏、河南和广西壮族自治区等开展示范类专业认证试点工作,要求规范师范类专业认证标准,推行师范类专业认证模式,创设针对教师培养质量的保障体系。2016 年试点工作如期完成,为我国师范专业认证建立国家认证模式、认证办法、认证标准积累了大量经验①,也为我国高校师范类专业认证工作的全面实施打下了良好的基础。2017 年 10 月 26 日,教育部正式出台《普通高等学校师范类专业认证实施办法(暂行)》(教师 [2017]13 号)文件,分别制定中学教育、小学教育、学

---

① 田腾飞,任一明.高校师范专业认证的总体设计及实践探索 [J].重庆师范大学学报(社会科学版),2018(3):69-74.

前教育、职业教育、特殊教育等专业认证标准,为师范专业认证工作的开展提供标准依据。同年10月,我国也胜利召开党的十九大,为贯彻党的十九大精神,全面开创教育改革发展新局面,同时按照国家教育事业发展"十三五"规划工作要求,推进教师教育质量保障体系建设,提高师范类专业人才培养质量,在第二年年初,我国在全国范围内全面铺开普通高等学校师范类专业认证工作。我国师范类专业为什么要专业认证?一方面,师范类专业认证是各师范专业成熟度的主要标志之一;另一方面,我国师范专业从20世纪90年代中后期开始就放开准入办学,师范专业办学规模得以扩大,但也呈现了发展质量缓慢的瓶颈,考虑到这种困境,推进师范类专业认证不仅可以摸清我国师范教育的现实状况,解决瓶颈的困境,也可以大力推进师范专业建设"标准规范"和"内涵特色"相融合,从而进一步提高教师培养质量。因此,师范类专业认证将有助于强化师范院校的使命意识,推进师范专业培养教师围绕整体性、开放性、专业性和终身性,发展"新师范"。

一、推进师范类专业认证,基于回归师范类专业特色的需要

无论是师范教育,还是教师教育,我国教师队伍建设离不开师范类专业。而且,师范类专业对于全国中小学教师队伍建设发挥的作用毋庸置疑。但"师范教育"走向"教师教育"的教育改革因为受多种思潮的冲击,在推出师范类专业认证之前,我国师范类专业发展还是陷入了迷茫,主要表现在教师教育特色弱化和教师教育综合改革滞后两个方面。

20世纪90年代以前,在我国中学及中学以下的教师全是对口师范专业培养,即由各地师范院校承担,因此,师范类专业的师范特性和专业特性尤为突出,也正因为各地师范院校大力培养教师,使得我国各地无论是在经济上还是教育上都得到了不同程度的发展,进而造就了我国教育的辉煌成就。20世纪90年代中期以来,国家实施科教兴国战略和人才强国战略,对高等教育的改革与发展不断作出新的部署,1999年开始了最早的高等教育改革。随着高校办学自主权的日益扩大,在高等教育改革开放同时期,综合性大学纷纷加入教师教育行列,而不少高师院校提出"战略转型"的目标,即向综合性大学发展,师范院校转型成综合性大学以后,兴办很多非师范类专业,这使得本来重点办学的师范专业逐渐被忽视,师范专业和师范生的数量占比下降,明显处在弱势地位；由高师院校转型为综合性大学后,教师结构会发生大变化,这种变化也会造成师范和非师范专业人才培养方案区别不大,师范专业培养方案针对性不强,会弱化"师范"性；最后是综合性大学虽然加入教师教育行列,发挥其综合性、学术性、适应性等优势,增强教师教育的办学活力,但由于综合化背景下教师教育综合改革滞后,使得师范专业建设标准缺乏统一,各个高校的培养模式、人才输出标准不一,这也明显影响到基础教育的师资质量。同时,两类高校开办的教师教育专业,缺乏主动与基础教育改革对接等,使得培养目标、课程体系、实践教学等与基础教育割裂,这就造成了社会面认为师范类专业培养的教师人才质量参差不齐。

因此,建设完善的师范类专业认证标准和认证体系可以让师范专业回归师范教育特色、规范教师教育专业建设,吸引更多优秀生源报考师范、提高师范生培养质量,从教师队伍建设的入口把好质量关等具有重要的意义。

二、推进师范类专业认证,基于建设高素质专业化教师队伍的需要

随着新时代的全面到来,我国全体公民在学历教育上实现了整体提升,也创造了不少财富。随着经济的发展,生活水平的改善,人民对精神财富的追求,家长越发重视孩子的教育,整个社会对基础教育师资都提出了高质量的标准要求。但是从小学教师的入职门槛与目前小学教师在职学历水平来看,我国与发达国家,甚至与某些发展中国家的差距仍然很大。从基础教育教师入职门槛来看,以芬兰、法国等发达国家为例,教师入职学历要求被规定为硕士及以上,而我国,小学教师的入职学科要求还是本科,甚至专科层次。因此,要建设高质量教育体系,加快推进教育现代化,就要在新时代培养教师从"量"的追求转变为"质"的提升。在师范类专业认证全面铺开之前,我国就颁布了系列教师教育改革相关文件,表4-1选自2011—2018年间对后面铺开师范类专业认证中小学教育专业认证影响较大的几个关键文件。

表 4-1 2011—2018 年陆续出台的教师教育改革相关文件

时间	发布部门	发布文件	关于教师教育主要内容
2011 年	教育部	《小学教师专业标准(试行)》	这个文件是国家对合格小学教师的基本专业要求,是引领高素质小学教师发展的基本准则
2014 年	教育部	《实施卓越教师培养计划》	提出高校培养小学教师质量要走向卓越
2017 年	中共中央全面深化改革领导小组	《全面深化新时代教师队伍建设改革的意见》	提出加大对师范院校支持力度,建立以师范院校为主体、高水平非师范院校参与的中国特色师范教育体系,研究制定师范院校建设标准和师范类专业办学标准
2018 年	教育部等五部门	《教师教育振兴行动计划(2018—2022年)》	以提升教师教育质量为核心,以加强教师教育体系建设为支撑,以教师教育供给侧结构性改革为动力,推进教师教育创新发展、协调发展、绿色发展、开放发展、共享发展

2018 年,在系列政策的引领下,师范类专业的全面铺开,更是赋予教师教育新的目标和任务。以小学教育专业为例,不仅能够推动我国小学教师教育改革的深化发展,更是检验小学教师教育改革成效、评判小学教育专业师范生社会竞争能力的重要手段。通过建立完善的师范类专业认证体系,不断完善教师教育体系,我国基础教育师资水平才能不断提高,才能逐渐满足我国社会经济发展对人才质量的要求。

三、推进师范类专业认证,基于推进教师教育标准化的需要

教育是一个生态系统,优化基础教育生态,对于建设教育强国具有重要的战略意义。近年来,为优化基础教育生态中教师队伍建设,培养适合经济发展的高素质专业化教师队伍,以美国、德国为代表的发达国家都纷纷建立健全教师教育质量保障体系。如美国教师教育领域著名学者琳达·林达·哈蒙德教授组织创建了美国职前、入职和在职"一体化"的教师质量保障体系,从源头上保障教师队伍,对美国教育改革的政策和实践产生了重要影响,她也被称为美国当今最具影响力的教育政策制定者和教育改革家之一。教师质量保障体系的建立使得教师提高了整体素质和专业化水平,而保障体系的建立均以"标准发布"为核心和支撑。

表 4-2　其他国家发布的教师教育标准

国家	时间	发布机构	文件
澳大利亚	2010 年	澳大利亚教学与学校领导协会	《职前教师教育课程国家认证系统》
德国	2012 年	政府	《见习阶段共同要求》
美国	2014 年	师资培育认证委员会	《新一代师资培育认证标准草案》

除此之外,还有日本成立"教师培养标准推进机构",制定校内职前教师教育质量标准,法国通过丰富完备的质量标准引领教师教育的发展方向。因此,参照国际教师教育的领先做法,我国推进师范类专业认证,制定适合我国现阶段本土国情的师范类专业认证标准,不仅能为我国教师教育人才培养目标提供基本的参照标准,也为我国师范类专业建设提供清晰的框架,以此实现我国教师教育的标准化发展。我国教师教育改革的必然趋势是要跟上国际的步伐,开展教师教育标准化。师范类专业认证的实施必然会使教师教育朝着标准化发展,也进一步提升了我国中小学等教师队伍的产出质量,因此,成了继本科教学评估和质量工程后高校关注的焦点工作。

第二节　我国师范类专业认证意义和价值

教师资格考试开始实施国家统考的标志是 2011 年教育部文件《中小学教师资格考试暂行办法》的出台,这意味着中小学教师入门门槛对于师范专业和非师范专业一样。为提升师范专业的地位、提高师范生的竞争地位,使得师范生教育不得不思考怎么改变自己的培养方式。为了能让自己培养的师范生毕业后顺利走向教师岗位,特别是师范专业门类多的师范院校,在人才培养目标和课程设置上都围绕着教师资格证考核的内容展开。这使得很多不同类别的师范院校架空了人才培养目标定位,部分师范专业面临闭门造车,为了保证师范生能考过理论部分,理论教学重于实践教学。

　　师范类专业认证标准的出台,不仅让各师范专业找到了人才培养目标定位,而且由于师范类专业认证标准是对专业基本质量状况实施三级监测认证,明显用了分类管理的思想去指导不同类别的师范院校的师范专业对自己的人才培养体系进行审视,因此,整体上带动了我国全体师范专业的办学活力。目前,通过师范类专业认证标准三级的影响是不同的:通过一级是师范专业可以办学;通过二级则是师范专业的师范生可以不参加教师资格面试,只需要通过笔试可算作通过教师资格证考试;通过三级则是师范专业的师范生教师资格证的笔试和面试都可以在学校进行,毕业后就拿到教师资格证。如办学历史长的师范专业,由于其在招生环节、培养过程、质量要求等方面已经形成了完善的培养体系,所以很快通过师范类专业认证二级甚至三级认证。这些师范专业已经获得广泛的社会认可,通过了专业认证的二级甚至三级,就减轻这些专业参加教师资格证考试的压力,可以让这些师范专业将精力放在特色培养、教学改革和质量引领方面,特别是通过三级认证的师范专业,可以把精力重点放在追求卓越教师培养,做我国师范专业前进的引领人,也可以使得我国部分教师培养加快步伐,与国际教师教育接轨。而师范教育培养体系还不十分成熟的师范专业,通过师范类专业认证的系列过程洗礼,通过基本检测、合格认证则实现把好脉、开好方、施好治的效果。师范类专业认证借鉴国际经验又立足我国国情实际,是发展我国师范教育的一项开创性的工作,师范类专业认证的价值全方位贯穿到国家、社会、学校、学生、教师中。推进师范类专业认证回应了师范教育发展的新要求、提出新理念,将给师范教育带来积极的改观。

一、建立了我国师范类专业认证体系

　　我国推行师范类专业认证,不仅首次建立了适应我国师范教育特点的国家师范类专业认证标准,也形成了认证工作体系和制度系列文件。在前面论述中,可知标准出现的时间是 2017 年,从 2014 年的推行试点到正式出台历经了三年时间。各级师范类专业认证标准是以高等教育教学评估中心主要负责,多方参与的智慧结晶,经过了专项研究、广泛调研、充分座谈、建言和修订,还实行了试点实施,标准规范了专业建设,引导专业内涵发展,健全教师教育质量保障体系,更是成为教育教师综合改革停滞的突破口。标准统一的认证体系,保证全国师范类专业认证质量的一致性和公平有效性,标准明确职责分工,也体现了行政部门简政放权、放管结合、优化服务的理念,是一项教育治理创新。

二、摆脱我国师范类专业发展的困境

在本章第一节论述师范类专业认证的时代背景,可知,我国师范教育在教育改革中受到各种思潮的冲击,一度处在上下难发展的困境,即师范类专业培养的师范生在学科学术水平状态和师范特性状态都处在低水平状态,没有突出的学术性水平,也没有很强的适应中小学教育教学工作的能力。师范类专业陷入这种困境,主要是太过于期望通过加强"学术性"来提高专业甚至学校的竞争力。现实情况则是,师范类专业去掉了"师范性"的特色,学术性能力也并没有明显提升。这种困境,是瓶颈,是矛盾。

师范专业认证的实施很好地平衡了师范类专业的师范性和学术性的矛盾,让师范类专业摆脱困境。习近平总书记指出,"要加强教师教育体系建设,加大对师范院校的支持力度,找准教师教育中存在的主要问题,寻求深化教师教育改革的突破口和着力点,不断提高教师培养培训质量"。师范类专业作为师范教育质量保障的重要手段,不仅从政策上高度承认师范的专业地位,还强化了其师范性的特点。师范类专业认证,确保"学生中心,产出导向,持续改进"等基本理念得以落地,同时引导师范类专业坚定自身的学术追求,重塑师范专业体系,落实师范专业的保障。

三、构建我国师范教育发展新范式

在竞争日益激烈的时代,"教育创新"越来越受到人们的重视,不少学者也投身其中研究教育。任何实践探索都首先基于坚实的理念,才可能在实施中取得期望的成果。"教育创新"不是教育内容上的多元化,也不是教学方法上单纯的辞旧迎新,更多是要对教育范式的反思与重构。"范式"是一个领域里人们对于现实的基本假设,这些假设就隐藏在我们的潜意识里,成了我们思考和行动的默认前提,并进而塑造了整个领域的基本形态,影响了它的发展方向。范式就像是底层的操作系统,操作系统不改变不升级,仅仅靠不断地开发新的 App 并不会给系统的效能带来质的提升。在师范教育发展到当下发展困境时,也体现了旧的师范教育发展模式已经比较落后,不适合社会发展的步伐,如果我们不改变师范教育的范式,即使现代信息再发达,教育技术再先进,也很难促进师范教育上一个台阶。伟大的科学家、物理学家爱因斯坦说过:"问题是不可能在产生这个问题的原有框架中被解决的。"师范教育旧范式之所以称之为旧,是因为在一些核心问题上没有统一的认识,比如师范专业的人才培养目标,是倾向知识本位还是能力本位,没有明晰的目标,将引发后续一系列的问题,比如在课程设置上如果目标是知识本位,就会重视学科知识体系,如果是能力本位就会重视实践体系,同样,在研究上也会遵从学科本位导向或者实践问题导向,这些困境让师范教育不能适应当前教育改革与发展的需要,比较滞后,因此改革是必需的。而师范类专业认证就是让师范教育从旧范式到新范式的重要推手。

师范教育发展新范式是围绕师范类专业的发展问题形成的有关发展内涵、发展过程、发展目标等系列问题的基本认知。师范类专业发展新范式的基础是尊重社会需求,尊重专业本身的特点,在制度设计上需要公正保障。师范教育发展新范式存在大量教育创新,这种教育创新又会推动教育改革。

四、激发师范专业竞相追求卓越

在师范类专业认证标准没有出台之前,也出现部分师范专业安于现状的局面。在这种没有竞争力的师范教育生态环境中,必然让师范教育发展信心不足,也看不到希望。当今世界的竞争说到底是人才竞争、教育竞争,要激发各级各类人才的创新活力,师范教育义不容辞。在很长一段时间里,师范教育在高校处于弱势地位,而师范类专业认证的推出,不仅从政策上重新定义了师范教育的重要性,让很多师范院校和师范专业看到希望,重拾信心,而且压力使人前进,师范类专业在师范类专业标准的约束下,也不得不加强专业建设,这无形之中激发了师范专业的活力,竞相追求卓越。

我国师范类专业认证是独特的三级体系设计,还设定了认证结果的有效年限,即师范类专业认证不是一结果定终身,是有周期性的。师范类专业认证的三级体系设计,是达标、合格、卓越三个层次,这种层次的设计,让师范专业可以不受学校的品牌和层次约束,师范专业可以自己单独追求卓越,这对于一些发展缓慢的师范专业和师范院校是一个很好的机会,对于已经发展很好的师范专业和师范院校而言,则是一种被追赶的压力,迫于这种危机和压力,促使其也积极改革优化专业建设。在这种开放性、竞争性的专业发展教育生态下,推动师范教育人才济济,也带动其他行业产生各级各类高质量人才。

还有,师范专业的认证结果是有有效期的,师范专业认证秉持"持续改进"的理念,这种理念将引导各师范类专业在认证结论和标准的引导下采取切实的持续改进的举措。这种三级认证体系让教育行政管理部门回归监管和指导的角色定位,让师范类专业找到前进的突破口,也激发广大教师积极主动地去教书育人,努力培养新时代合格及卓越的教师,这种牵一发而动全身的教育改革势必然很好地带活了整个师范教育体系[①]。

第三节　师范类专业认证内涵和理念

一、师范类专业认证内涵

师范专业认证是由专门性教育评估认证机构依照认证标准对自愿接受认证的高校师范专业的整体办学质量进行核查、评估,属于对师范类专业人才培养质量状况实施的一种外部评价过程,旨在证明当前和可预见的一段时间内,该专业能否达到既定的人才培养质量标准[②]。下面,深入剖析师范类专业认证的内涵。

首先,师范类专业认证标准不是随意定制的。在前面论述中,《普通高等学校师范类专业认证实施办法(暂行)》从 2014 年酝酿到 2017 年正式出台历经了三年,而且在这三年里,经过了专项研究、广泛调研、充分座谈、建言和修订,还实行了试点实施而形成的,是多方参与的智慧

① 王红.专业认证给师范教育带来哪些改观[N].光明日报,2020-05-12.
② 田腾飞,任一明.高校师范专业认证的总体设计及实践探索[J].重庆师范大学学报(社会科学版),2018(3):69-74.

结晶。师范类专业认证标准不是依据地方自身制定的标准,而是有合法合理的调查依据,是国家统一规定的认证标准,因此认证标准具有定性统一的特质。

其次,师范类专业认证不是由政府、学校来开展,而是由专家组成的非营利性教育评估机构来评定,即执行机构是专业性评估机构。我国高等教育发展至今,已经有很多专家展开了高等质量保障体系的研究,专家团队对于高等教育质量测评有很好的评估经验。师范类专业认证是高等师范教育质量保障体系,虽然认证时间并不长,但是,师范类专业认证的专家团队是有保证的。

再有,师范类专业认证标准包含了培养目标、毕业要求、课程与教学、合作与实践、师资队伍、支持条件、质量保障、学生发展等八个一级指标,这八个一级指标对于师范专业建设而言也指明了建设与努力的方向。可见,师范类专业认证的结论需要进行多层次、多维度的考量,经过严格的测定评估才能得出结果。

最后,人才培养质量状况评价不是从内部单纯说说而已,而是依据外部条件等多方面进行调研测评。师范类专业认证从本质上来说是一种外在评价的过程,师范类专业认证需要建立的是内部保障和外部评价相结合的质量保障检测体系。师范类专业认证体系是三级体系,三级的功能定位和组织实施方式不同,但都设置了相应的认证工作程序,一级依托国家高等教育数据平台搭建的全国教师教育质量监测平台对全国师范专业办学质量实施常态、动态监测,二级、三级认证实施的是自愿制度而非强求,采取专家进校考查方式,对师范类专业教学质量状况进行周期性认证,认证程序包括申请与受理、专业自评、材料审核、现场考察、结论审议、结论审定、整改提高 7 个阶段。师范类专业认证是一种举证式认证,参评专业要通过"说""做""证"三环节向师范专业专家团队举证,专家团队通过多方面查证,再讨论综合判断专业人才培养质量状况是否达到师范类专业认证标准要求,并给出认证结论。在整体的专业建设过程中,师范类的专业认证扮演的是一个外部评价监督的角色,主要的发展责任依旧在高校各专业本身的内部保障制度之中。

我国师范专业认证的基本理念是"学生中心、产出导向、持续改进",以建立统一认证体系、注重省部协同推进、强化高校主体责任、运用多种认证方法为认证原则,构建起了师范专业办学基本要求监测、教学质量合格标准认证以及教学质量卓越标准认证的三级监测认证体系。

经过申请与受理、专业自评、材料审核、现场考察、结论审议、结论审定、整改提高这七个认证程序之后,通过二级认证的师范专业,可由高校自行组织中小学教师资格考试面试工作,通过三级认证的师范专业,可由高校自行组织中小学教师资格考试笔试和面试工作。[①]

师范类专业认证的核心是保证师范生毕业时知识能力素质达到标准要求,聚焦师范生能力培养。目的是推动师范类专业改革培养体制机制,注重内涵建设,建立基于产出导向的持续改进质量保障机制和质量文化,不断提高专业人才培养能力和培养质量。师范类专业认证推动师范教育的变化不是简单的阶段性推动,而是带有方向性和内在性的变革。

二、师范类专业认证理念

师范类专业认证理念为"学生中心,产出导向,持续改进",这是师范类专业认证的核心要义、工作的行动指针,贯穿整个师范类专业认证过程。假如对三个理念都没好好把握,就没办法进行师范类专业认证,也就没办法促进专业改革。

(一)以学生为中心(SC)

以学生为中心(Student Center),这种理念强调从以"教"为中心的传统模式向以"学"为中心的新模式转变,要求遵循师范生成才成长规律,以师范生学习效果和个性发展为中心安排教学活动,配置教育资源,并根据师范生学习效果和职业发展情况不断优化、改进教学过程,并将师范生和用人单位满意度作为师范类专业人才培养质量评价的重要依据。

传统的教育观遵循"以教育者为中心"的教育思想,即强调的是学生"学会",因此在教学活动中,突出教师的教,弱化学生的学,教师是权威,以教师为中心开展教育教学活动。但随着数字时代的到来,以知识为传播目的的教学过程、教师所占的权重已经下跌,传统的教学形态必

---

① 教育部.教育部关于印发《普通高等学校师范类专业认证实施办法(暂行)》的通知 [EB/OL](2017-10-26).中华人民共和国教育部政府门户网站 (moe. gov.cn).

然被改变,人们的教育观念也随之发生了变化。现代教育观已经是教师主导、学生主体,即在各级各类教育教学活动中,教师的职责在于引导、帮助、协助学生,学生才是教育的主体、中心。

建构主义是一种关于知识和学习的理论,强调学习者的主动性。建构主义教学理论属于认知心理学派,源自关于儿童认知发展的理论。建构主义教学理论的主要主张之一就有以学生为中心。建构主义学习理论认为教学是激活学生原有的相关知识经验,促进知识经验的生长,促进学生的知识建构活动,以实现知识经验的重新组织、转换和改造,所以强调在教学中以学生为中心,主张淡化教师在教学活动的主体地位,将教师置于学习"最忠实支持者、合作者"的角色上。师范类专业认证执行这个基本理念,就是强调在教育教学活动中尊重学生的主体性,遵循学生的成长发展规律,教师必须重新确立教学过程的主导地位,在促进个性化学习的同时,保证教学效果以产出为导向、守住能力培养目标底线。既然学习过程是学习者意义建构的过程,教师准备和实施教学就应是彻底的解构过程,如高校师范类专业从事学科课程教学的教师依照能力目标培养需求,依据产出导向原则,重组课程知识点进行课堂教学,最终学生能否以课堂讲授知识解决原科研成果和解决程度作为学习效果评价的主要依据。用分解的观念,创新教学设计方法、创造教学新形态。

在师范类认证标准的分解中以学生为中心明显就是师资队伍的要求、课堂教学的要求,除此之外,从培养目标的制定,还有支持条件上的经费要求、教育教学设施类的硬件支持;课程与教学上课程内容的选定、结构的安排等,各维度和层面都能够充分体现出以学生为中心的基本理念。

(二)产出导向(OBE)

产出导向(OBE 即 Outcomes-based Education 的缩写,亦称能力导向教育、目标导向教育或需求导向教育)即基于学习产出的教育模式,强调立足社会发展和人才培养需求,以师范生发展成效为导向,从师范生毕业时的学习成果和就业后的职业发展能力出发,反向设计课程体系与教学环节,配置师资队伍和资源条件,评价师范类专业人才培养质量。

产出导向作为一种先进的教育理念,于 1981 年由美国学者 Spady 等人最早提出后,很快得到了人们的重视与认可,并已成为美国、英国、加拿大等国家教育改革的主流理念[①]。这种理念开始是在工程教育认证标准中,我国也用成果导向教育理念引导工程教育改革。工程专业认证的成功,标志着我国工程教育质量达到国际标准,也为我国师范专业认证提供了很好的范本。师范专业认证遵循三个基本理念"学生为中心、产出导向、持续改进",而产出导向则是"强调以师范生的学习效果为导向,对照师范毕业生核心能力素质要求,评价人才培养质量",即聚焦师范生受教育后"学到了什么"和"能做什么"。OBE 理念注重教育成效评价基于学生学习成果,强调人才培养目标是否明确和达成[②],强调教育在明确成果产出的基础上,遵循因材施教原则,灵活设计教学方案和实施的方式,采用科学有效的评价手段[③]。在宏观上,OBE 理念强调人才培养须满足社会经济发展新形势,符合教育发展主旋律;在微观上,OBE 理念须遵照学生个体的内在需求,以学生为中心;本质上,OBE 理念是革新教育理念和教学实施过程,培养创新人才[④]。

产出导向理念强调明确学习产出标准,对接社会需求,以师范生学习效果为导向,对照毕业生核心能力素质要求,反向设计课程体系与教学环节,配置师资队伍和资源条件,评价师范类专业人才培养质量。在以学生为本的基础之上,以学生的发展成效为最终导向,成果导向将重点放在结果之上,对结果的关注延伸到对过程的改革,这意味着打破了以往将焦点聚焦在过程的固定模式,开辟了从结果看过程的反向培养模式。目前,以产出导向为理念支撑点的研究成果比另外两个理念为支撑点的研究成果要多,究其原因,就因为产出导向可应用于大的体系设计指导,也可以用于小的体系设计指导,如某一节课、某门课的设计。

---

① 李小芳.高等工程教育专业认证的实证研究 [D].哈尔滨:哈尔滨理工大学,2016.

② 杨静.教研结合培养研究生的创新能力 [J].实验技术与管理,2016,33(3):26-29.

③ 郑大锋,陈砺,王秀军.OBE 工程教育理念与化工专业实践教学体系研究 [J].实验技术与管理,2017,34(5):154-157.

④ 杨俊东,蔡光卉,罗亚军,等.低年级学生的生产参观实习教学的实践 [J].电气电子教学学报,2015,37(1):46-48.

(三)持续改进(CQI)

持续改进(CQI 即 Continuous Quality Improvement 的缩写),强调建立基于师范生核心能力素质要求(毕业要求)的评价改进机制,推动师范类专业人才培养质量不断提升。

持续改进强调聚焦师范生核心能力素质要求,对师范类专业教学进行全方位、全过程跟踪与评价,并将评价结果用于教学改进,形成"评价—反馈—改进"闭环,建立持续改进质量保障机制和追求卓越质量文化,推动师范类专业人才培养能力和质量不断提升。如何做到持续改进,以什么样的方式持续改进,需要改进哪些部分?根据对专业认证标准的研读发现,这种持续改进并不止步于学生在读期间,而是一直贯彻到毕业之后的发展表现,用人单位对学生参加工作的具体情况和满意度表现双重机制来判断学生在校期间的学习情况,根据实时的情况调整专业发展的各项标准体系,这种"评价—反馈—改进"的闭环能够推动专业人才培养质量实现螺旋式上升发展。专业认证的目的是以认证促进专业建设,持续改进。但目前,有专业认证研究者认为,师范类专业认证在落实持续改进理念的强度不如前两个理念。

师范专业认证对师范专业培养标准规格给出了明确、具体的三级监测认证。这三级监测认证是层层递进,级级升高,全方位、多角度地勾勒出我国师范专业认证应然状态下各级各类高校师范专业培养出的教师需要达到的水平。师范类专业认证理念坚持"学生中心,产出导向,持续改进"。在认证内容里面就强调:既要注重学生掌握基础理论和专业知识,又要注重对学生专业技能与实践能力的锻炼,更要求与行业实际需求的接轨,把学生与用人单位对专业人才教育满意度作为是否通过认证的重要指标。

各高校对师范类专业认证理念的理解也是从开始的迷茫,在实践中逐渐明朗、理解,然后,把握住理念对专业进行改革、认证,在认证中不停反思再次加深对理念的理解,实现理念的落地,因此,基于学生中心、产出导向,小学教育专业师范生教学技能提升与教学经验积累的重要环节是实践课程,这是培养小学教育师范生学习能力、实践能力、创新能力的主要途径之一。小学教育专业坚持以"学生中心,产出导向,持续改进"。在执行这个理念上,通过师范类专业认证,小学教育专业不断完善人才培养目标,重构实践教学体系。在重构实践教学体系上,教育教学与小学教师实际教育教学、职后职业特点相结合是重要内容,尤其是应持续强化实践教学环节。

第四节　小学教育专业认证标准

取向,是一个风水术语,本义是通过选择确定事物的某个部分或方面、方向。

陈威在其《从教育实践意蕴的转型看小学教师教育的实践取向》认为取向是对事物进行权衡、比较、选择时所采取的态度和行为倾向。所谓实践取向,是指以实践作为事物发展与行进的方向。当下师范专业认证强调实践取向,就是强调师范生养成要注重实践、面向实践、最终走向实践,这既是培养师范生的基本要求,又是师范院校的应有使命。小学教育专业认证的实践取向是指小学教育专业认证的标准充分体现着师范生培养的实践性,该标准具有以实践为导向的特征,并且旨在通过实践的方法与途径来培养师范生的实践能力、实践智慧与实践品质,注重小学教育专业实践教学体系的构建。

一、小学教育专业认证标准的基本框架

在师范专业认证中,认证标准是师范类专业认证的核心内容,是判断各类师范专业人才培养质量是否达标的基本依据,对师范专业建设起着重要的规范和引导作用①。我国师范专业认证的标准体系分为三级五类,五类包含了中学教育、小学教育、学前教育、职业教育、特殊教育。根据本著作的研究内容与范畴,将解读的标准选定《小学教育专业认证标准》,同时引进其较为接近的中学教育作对比。我国师范专业认证三级检测认证标准相互衔接、逐渐递进。《小学教育专业认证标准》制定依据为国家教育政策法规,《普通高等学校本科专业类教学质量国家标

---

① 戴立益.教师教育创新与师范类专业认证 [M].上海: 华东师范大学出版社,2020: 106.

准》《小学教师专业标准》以及《教师教育课程标准》等内容,此外,由于第三级为卓越标准,因此,《小学教育专业认证标准(第三级)》的标准制定还依据了教育部关于实施卓越教师培养计划的意见。

《小学教育专业认证标准(第一级)》是国家对高校小学教育本科专业办学的基本要求监测,旨在促进各地各校加强小学教育专业基本建设,包含课程与教学(3项指标)、合作与实践(2项指标)、师资队伍(5项指标)、支持条件(5项指标)四个维度,共计15项基本监测指标。基本监测指标主要涉及课程类别与结构、实践时间与基地、教师数量与结构、硬件设施与经费等方面。每项监测指标有相应的参考标准,这些标准构成了我国各地各校小学教育专业办学的基本条件。

《小学教育专业认证标准(第二级)》是国家对小学教育专业教学质量的合格要求,旨在引导各地各校加强小学教育专业内涵建设,保证小学教育专业教学质量达到合格要求;《小学教育专业认证标准(第三级)》是国家对小学教育专业教学质量的卓越要求,旨在建立健全基于产出的人才培养体系和运行有效的质量持续改进机制,以评促强,追求卓越,打造一流质量标杆,提升小学教师教育的国际影响力和竞争力。第二级和第三级都有八个维度,具体为:一是培养目标、二是毕业要求、三是课程与教学、四是合作与实践、五是师资队伍、六是支持条件、七是质量保障、八是学生发展,这八个维度依次排序。第二级和第三级认证比较一级监测的四个维度,增加了培养目标、毕业要求、质量保障、学生发展四个维度,而且相同的四个维度,一级侧重用数据去监测,二级、三级除了数据监测还增加了描述性的监测标准。八个维度互相联系、合为一体,其逻辑关系为:以"培养目标"和"毕业要求"为导向,以"师资队伍""支持条件"和"质量保障"促进"课程与教学"的有效实施以及"合作与实践"的有效开展,从而实现"学生发展"的最终目标。在这八个一级维度之下,二级认证设有38项二级指标,三级认证设有42项二级指标。小学教育本科专业认证标准体系的基本架构如表4-3所示。详细标准可见附录三。

表 4-3　小学教育本科专业认证标准的基本框架

	一级	二级		三级
培养目标		目标定位		目标定位
		目标内涵		目标内涵
		目标评价		目标评价
毕业要求		师德规范	践行师德 教育情怀	师德规范
		教育情怀		
		学科素养	学会教学 教学能力 技术融合	知识整合
		教学能力		
		班级指导	学会育人 综合育人	班级指导
		综合育人		
			学会发展 国际视野 反思研究 交流合作	自主学习
		学会反思		
		沟通合作		
课程与教学	教师教育课程学分,必修课≥24学分,总学分≥32学分	课程设置		课程设置
	人文社会与科学素养课程学分占总学分比例≥10%	课程结构		课程结构
	学科专业课程学分占总学分比例≥35%	课程内容		课程内容
		课程实施		课程实施
		课程评价		课程评价
合作与实践	教育实践时间≥18周	协同育人		协同育人
	实习生数与教育实践基地数比例≤20:1	基地建设		基地建设
		实践教学		实践教学
		导师队伍		导师队伍
		管理评价		管理评价

续表

	一级	二级	三级
师资队伍	生师比≤18:1	数量结构	数量结构
	教师教育课程教师占专任教师比例≥40%	素质能力	素质能力
	具有高级职称教师占专任教师比例≥学校平均水平	实践经历	实践经历
	具有硕博士学位教师占专任教师比例≥60%	持续发展	持续发展
	小学兼职教师占教师教育课程教师比例≥20%		
支持条件	教学日常运行支出占生均拨款总额与学费收入之和的比例≥13%	经费保障	经费保障
	生均教学日常运行支出≥学校平均水平	设施保障	设施保障
	生均教育实践经费≥学校平均水平	资源保障	资源保障
	生均教育类纸质图书≥30册,每6个实习生配备小学教材≥1套		
	微格教学、语言技能、书写技能、实验教学、艺术教育实训室等教学设施		
质量保障		保障体系	保障体系
		内部监控	内部监控
		外部评价	外部评价
		持续改进	持续改进

续表

	一级	二级	三级
学生发展		生源质量	生源质量
		学生需求	学生需求
		成长指导	成长指导
		学业监测	学业监测
		就业质量	就业质量
		社会声誉	社会声誉
			持续支持

二、小学教育专业认证标准的对比分析

关于小学教育专业认证标准的对比,将从纵向上二级与三级的比较以及横向上中学与小学的比较这两方面来进行分析。

(一)纵向对比(小学教育专业二级认证和三级认证)

纵向上,小学教育专业认证的第二级和第三级标准的区别主要体现在以下五个方面:第一,在毕业要求方面,三级认证比二级认证更加强调(主教)学科核心素养、跨学科知识整合能力、学生学习指导能力、信息化教学能力、班级管理能力、综合育人能力、终身学习与专业发展意识、开放心态与全球意识、创新意识与批判性意识的培养与树立。第二,在课程教学方面,三级认证在结构上更加注重不同类型课程的融合性,在内容上更加注重课程内容的综合性、多样性与特色化,在实施过程中更加注重师范生的主体参与性和实践体验感。第三,在实践教学方面,三级认证更加强调三习递进贯通,"三位一体"协同培养机制的深化、教育实践基地的建设、监控管理与考核评价制度的健全。第四,在支持与保障体系方面,三级认证更加重视师资队伍在数量结构、素质能力、实践经历等方面的优化,更加重视经费的拨助(如二级中教学日常运行支出占生均拨款总额与学费收入之和的比例不低于13%,三级要求比例更高,不低于15%)、设施的完善、教学资源的投入,更加重视教学质量保障机制、内部监控机制、外部评价机制以及持续改进机制的完备化、科学化、信息化、全程化。第五，在学生发展方面，三级认证更加强调生源质量的提高、学生需求的满足、指导服务体系的完善、学业监测机制的改进、就业质量的提升（如二级要求毕业生的初次就业率不低于本地区高校毕业生就业率的平均水平，获得教师资格证书的比例不低于75%，但三级要求毕业生的初次就业率不低于75%，获得教师资格证书的比例不低于85%）、跟踪服务与持续发展平台的建立等。

（二）横向对比（小学教育专业认证与中学教育专业认证）

横向上，小学教育专业认证与中学教育专业认证三个等级标准从总体上来看差异不大，主要不同之处体现在以下两个方面。

第一，最大的不同点在于教学内容方面，小学注重不同学科之间的综合性、融合性，教育性，中学更加重视学科性，即单一学科的学科教学、学科专业课程、学科课程与教学论等。在一级监测指标中，小学与中学教育专业的区别仅在于各类课程与课程总学分之比、各类课程任课教师数量、生均教育类纸质图书这三个方面，教师教育课程学分必修课在小学教育本科专业的要求是≥24学分、在中学教育专业中的要求是≥10学分，总学分在小学教育本科专业的要求是≥32学分、在中学教育专业中的要求是≥104学分；学科专业课程学分占总学分比例在小学教育专业中的要求是≥35%、在中学教育专业中的要求是≥50%；教师教育课程教师在小学教育专业中的要求是≥40%、在中学教育中无要求，但学科课程与教学论教师在小学教育专业中无要求、在中学教育专业中要求"有"该类型教师；生均教育类纸质图书在小学教育专业中的要求仅为"小学教材"、在中学教育专业中的要求是"中学学科教材"。且不论小学与中学教育专业认证在第二、三级标准中的教学内容区别，仅从第一级监测指标的三个不同之处便可以看出，中学教育专业认证更加重视师范生的学科专业能力，而小学教育专业更加重视师范生的教师教育能力。

第二，中学更加强调研究性。小学教育专业要求师范生拥有"掌握指导学生探究学习的技能"，中学教育专业要求师范生具有"掌握指导学生科研的技能"。与探究学习相比，科研对学生的能力要求更高，因此中学教育专业认证对师范生更加强调研究能力。

三、小学教育专业认证标准对实践教学体系的要求

小学教育专业认证标准对师范生实践教学体系的要求,除了针对师范生实践教学体系构建的一个专门维度——合作与实践之外,也渗透在标准的其他维度。

(一)合作与实践维度对实践教学体系的要求

在小学教育专业认证的标准体系中,无论是一级监测,还是二、三级认证,都专门针对师范生的实践教学体系设置了一个监测认证维度,即合作与实践维度。在一级监测中,合作与实践维度仅对教育实践时间与教育实践基地数量做出了要求,即教育实践时间 ≥ 18 周、实习生数与教育实践基地之比 ≤ 20∶1。除此之外,二、三级认证对师范生实践教学的要求如下:(1)在协同育人上,二级认证要求与地方教育行政部门和小学建立权责明晰、稳定协调、合作共赢的"三位一体"协同培养机制,基本形成教师培养、培训、研究和服务一体化的合作共同体,三级认证在二级认证的基础上还要求协同制定培养目标、设计课程体系、建设课程资源、组织教学团队、建设实践基地、开展教学研究、评价培养质量;(2)在实践基地的建设上,二级认证要求相对稳定、能够提供合适的教育实践环境和实习指导,三级认证在二级认证的基础上还要求长期稳定并具有良好的校风、较强的师资力量、学科优势、管理优势、课程资源优势和教改实践优势,且示范性教育实践基地不少于三分之一;(3)在实践教学方面,二级认证要求体系完整,专业实践和教育实践有机结合,教育三习相贯通,涵盖师德体验、教学实践、班级管理实践和教研实践等内容,其中实习由学校集中组织且要保证师范生实习期间的上课时数,三级认证此外还要求教育三习递进贯通、保证师范生实习期间的上课类型;(4)在导师队伍建设方面,实行"双导师"制,且有遴选、培训、评价和支持等机制,并要求保证导师数量、能力、稳定性与责任心等;(5)在管理评价上,要求管理规范、对重点环节(二级)或全过程(三级)实施质量监控、有效评价并改进,三级认证还要求具有教育实践的相关标准、科学有效评价师范生实践能力和教育教学反思能力。

（二）其他维度对实践教学体系的要求

认证标准对师范生实践教学体系的要求不仅体现在合作与实践维度，而且也体现在其他维度。在小学教育专业认证的第一级监测维度中，师资队伍维度要求小学兼职教师占教师教育课程教师比例≥20%；支持条件维度要求生均教育实践经费不低于学校平均水平，且具备微格教学、语言技能、书写技能、实验教学、艺术教育实训室等教学设施，另外小学教育专业一级监测还要求每6个实习生配备小学教材不少于1套。在小学教育专业认证的第二、三级认证标准中，其他维度对师范生实践教学体系还做出了如下四个方面的要求。

第一，在毕业要求维度，践行师德、学会教学、学会育人、学会发展这四个二级指标中的"践行""教学""育人""发展"等动词充分体现了该维度对小学教育专业师范生教育教学实践能力的重视。具体来说：（1）不仅要求师范生具有规范的师德与教育情怀，还要求师范生在实际中去践行、去落实；（2）要求师范生具备学科素养且具备教学与知识整合、技术融合的能力；（3）要求师范生具备班级指导与综合育人的能力；（4）要求师范生具备自主学习、反思研究、沟通交流与合作的能力，并积极参与国际教育交流以具备国际视野。

第二，课程与教学维度有以下三点要求：（1）课程结构上要求理论课程与实践课程设置合理、各类课程学分比例恰当；（2）课程内容上注重实践性；（3）课程实施时，技能训练课程实行小班教学并要养成师范生自主学习能力和"三字一话"等从教基本功，三级认证还要求注重师范生的主体参与和实践体验。

第三，师资队伍维度要求：（1）数量结构上，小学兼职教师占教师教育课程教师比例≥20%，此外二级要求素质良好、队伍稳定，三级要求原则上为省市级学科带头人、特级教师、高级教师且能深度参与师范生培养工作，另外，三级要求导师具有境外实践研修经历并占比≥20%；（2）素质能力上，要求导师具备较强的（二级）或突出的（三级）教育教学能力、研究与创新能力、职前职后一体化指导能力；（3）实践经历方面，要求导师熟悉各种相关标准与小学教育教学工作、具有小学教育服务经验与指导、分析、解决小学教育教学实际问题的能力；（4）持续发展方面，要求导师进行实践研修、定期开展教研活动，高校与小学"协同教研""双向互聘""岗位互换"等。

第四，支持条件维度从经费、实施与资源三方面对师范生实践教学的保障体系提出如下标准：（1）经费方面，同一级监测一样要求生均教育实践经费支出不低于学校平均水平；（2）设施方面，要求建有小学教育专业教师职业技能实训平台以满足师范生实践教学需要，三级认证还要求建有在线教学观摩指导平台以满足师范生远程见习等需要，此外，二、三级认证都对设施的管理、维护、更新、使用和共享机制等提出了要求；（3）资源方面，要求每6名实习生不少于1套现行小学课程标准和教材。

四、小学教育专业认证对实践教学体系的影响

（一）小学教育专业认证为实践教学体系带来了挑战

通过师范专业认证标准的对比分析以及认证标准对实践教学体系的要求解析，可以发现师范专业认证标准具有以下两个特征。

第一，从认证标准的横纵向对比分析中可以看出，都是级别越高，越重视实践教学，小学教育专业认证三级认证比二级认证更加注重师范生的实践教学。例如，比之二级认证，三级认证在课程实施中注重师范生的主体参与性和实践体验感，在师资队伍方面注重导师的实践经历，在合作与实践方面更是从育人机制、基地建设、实践教学、导师队伍、管理评价等方面对实践提出了更高的要求，并且三级认证在毕业要求上对师范生教育教学相关能力的要求程度更高、范围更广。众所周知，理论教学可以传授理论知识但是对提高实践能力的帮助有限，能力的培养是需要在实践活动中锻炼与提升的，因此，小学教育专业认证标准对师范生各项能力的看重侧面反映了对师范生实践教学的重视。

第二，将小学教育专业认证标准对师范生实践教学体系的要求与其他政策文件对师范生实践教学体系的要求进行对比，可以看出小学教育专业认证对师范生实践教学体系提出了更高要求。比之2012年印发的《教师专业标准》、2016年印发的《教育部关于加强师范生教育实践的意见》、2018年印发的《教育部关于实施卓越教师培养计划2.0的意见》等，师范专业认证在培养目标、实践形式、双导师制、经费支持、

基地建设、设施保障、管理评价等方面都提出了新的、更高的要求,具体如下。

首先,师范专业认证的目标任务体系分为培养目标与毕业要求两部分,培养目标旨在反映师范生毕业后 5 年左右在专业领域的发展预期,毕业要求反映的是师范生满足从师范专业毕业的最低要求。师范专业认证的培养目标对师范生实践教学没有做出具体且明确的要求,但毕业要求中的践行师德、学会教学、学会育人、学会发展四个二级维度充分体现了对师范生教育教学实践能力的重视。《教育部关于加强师范生教育实践的意见》提出教育实践的目标任务是使师范生"形成良好的师德素养和职业认同,更好地理解教育教学专业知识,掌握必要的教育教学设计与实施、班级管理与学生指导等能力",《教师专业标准》的基本内容也包括专业理念与师德、专业知识、专业能力三大方面,两者在目标任务方面都对师范生的知识、能力、情感态度价值观三方面同等重视,而比之专业知识与情感态度价值观,师范专业认证标准更加重视师范生的实践能力,因此,在目标任务方面,师范专业认证对师范生的实践教学提出了更高要求。

其次,在课程实施中,师范专业认证要求注重师范生的主体参与和实践体验、要求技能训练课程实行小班教学,这是在其他政策文件中从未体现过的。并且这里的课程是指包括理论教学与实践教学在内的所有课程,并不单指实践课程,理论课程中也要发挥师范生的主观能动性、增强师范生的参与体验感,提高理论教学的实践性。而技能训练课程实行小班教学则是针对实践性课程实施的复杂性以及目前大班教学所致的成效低下等现实情况提出的新的具体要求。

再次,在师资方面,师范专业认证对师范生的授课教师提出了素质能力、实践经历、持续发展等方面的要求,旨在通过提升高校师范专业教师的教育教学实践经历与能力以带给师范生更好的实践教学活动。除高校教师外,认证标准对基础教育一线兼职教师的数量与质量也做出了要求,对师范生培养的双导师制提出了更高要求。对于双导师制,虽然早在 2007 年我国开始培养第一批免费师范生时就已实行该制度,后来在一些意见、文件中也都有所重申,但有关于双导师制的具体要求却不太明晰、全面。基于此,师范专业认证标准对师范生培养的双导师制提出,建立健全导师遴选、培训、评价和支持等一系列相关制度与措施,并对双方导师的数量、稳定性、职责与权利等作出了细致要求。双导师制的完善健全可以平衡学术性与师范性，弥补现有师范教育中学术性有余而师范性不足的缺陷，增强师范生培养中的实践教学环节，提高师范生的教育教学实践能力。

最后，在支持条件方面，师范专业认证标准要求生均教育实践经费支出不低于（一、二级）或高于（三级）学校平均水平，要求每 20 个实习生不少于 1 个教育实践基地且示范性教育实践基地不少于三分之一，要求每 6 名实习生不少于 1 套现行小学课程标准和教材，还要求建立健全教育教学设施管理、维护、更新和共享机制并使师范生使用方便、充分等。反观其他政策文本中的表述，"加大经费投入力度""加大教育实践经费投入""遴选建设一批示范性教育实践基地"等，都缺乏具体的数量标准，具有模糊性、不确定性与不易操作性。对于教育教学设施设备，其他文件也只要求积极推进基本设施的建设，而缺乏相应的配套机制。因此，在保障与支持方面，师范专业认证也对师范生的实践教学提出了更高要求。

综上所述，由于小学教育专业认证标准对师范生实践教学体系提出了更高要求，在大势所趋的师范专业认证时代背景下，师范专业不能再仅按以前的政策文件对师范生实践教学的要求来牵引自身进行专业建设与发展了，而需要积极地改进完善师范生的实践教学环节才能迎接师范专业认证的检测与认证工作，因此小学教育专业认证为小学教育师范生的实践教学体系带来了挑战。

（二）小学教育专业认证为实践教学体系带来了机遇

我国师范专业认证体系的第一级是通过网络平台数据采集方式，对所有经教育部正式备案的高校师范专业办学基本状况进行常态化、动态化监测，从而检测该专业是否满足办学基本条件、并出具师范专业年度监测诊断报告。第二、三级认证则是通过自主申请等七个固定程序来对师范专业教学质量状况进行周期性认证，以检测该专业是否达到合格标准或卓越标准，具体来讲：第二级认证是以教师专业标准和课程标准为引领、以人才培养质量持续改进机制为保障，旨在促进师范专业达到国家合格标准、推动我国师范专业内涵式发展；第三级认证是以建立产出导向的人才培养体系和有效运行的持续改进机制为支撑,旨在引导我国师范专业办学追求卓越标准、形成一流学科与专业,并赶超世界先进水平。认证结果最直接明了的使用范畴在于可以免除教师资格考试部分形式,即通过二级认证的师范专业具有自行组织小学教师资格考试面试工作的权利,通过三级认证的师范专业具有自行组织小学教师资格考试笔试和面试工作的权利。三个级别的认证结果不仅与教师资格考试挂钩,也与政府的教育决策、企业的人才招聘、学生的专业选择、教师的就业择业等息息相关,因为认证结果可以为各级教育行政部门提供教育质量监管、教育资源配置、教育政策制定的依据,也可帮助社会大众了解各个高校小学教育专业办学的基本情况。除此之外,师范专业与师范院校的评分、等级、排名、口碑等都受到认证结果的直接影响,并且这种影响力是持续不断的。因此可以说,通过认证的院校比未通过认证的院校具备更强的隐性竞争力,并且,通过师范专业认证的级别越高,其专业办学获得的既得利益越多。师范专业认证的前两个基本原则——建立统一认证体系、注重省部协同推进——显示出了教育部与地方各级教育行政部门在师范专业认证中占据着不可或缺的重要地位,但是,师范专业认证工作始终是围绕普通高等学校师范类专业的建设进行的,高校的师范专业是认证的对象,也是认证的主体,因此高校在我国师范专业认证中居于主体地位。

我国师范专业认证十分重视与尊重高校的主体地位,首要体现在除了第一级监测是要求所有师范院校、师范专业参与之外,第二、三级认证都是实行高校自愿申请原则。尽管如此,我国师范专业认证制度非常鼓励师范院校与师范专业积极主动地参与第二、三级认证,从认证监督、保障支持、争议处理等各方面维护高校利益,为高校参与认证提供了良好的政策环境,也利用认证目标、认证结果使用等为高校参与第二、三级认证施加了一定的压力。由于师范生实践教学是职前教师教育培养的薄弱环节,因此师范院校若要进行师范专业认证,必然要先改进实践教学体系。师范专业认证不仅要求师范专业改进实践教学环节,而且设置了详细的标准为实践教学体系的改进提供了帮助,所以说师范专业认证为师范生实践教学体系带来了机遇。

总之,认证标准、认证对象及条件或认证结果使用等认证制度,都可以证实师范专业认证对师范生的实践教学体系带来了一定程度的影响,并且包含着挑战与机遇两个方面。在此背景下，小学教育专业应化挑战为机遇、化压力为动力，把握住师范专业认证的良好时机，充分利用认证机会进行师范生实践教学环节的改革，积极地参与认证工作、努力地改进实践教学，以优化小学教育专业办学。

第五章

小学教育专业实践教学体系的现实审视

　　小学教育本科专业是我国为加快基础教育的发展，提高基础教育质量而设立的，属于高等教育，在我国起办于 1998 年，至今有二十余年的办学经历。小学教育专业有指向教师职业的鲜明特点，即小学教育是作为一个培养具有小学教师职业能力的专业。在职前培训过程结束时，学生应具有良好的实践智慧和专业发展素质，而实践教学体系则是小学教育本科专业学生职前职业能力培养和提升的重要保证。

　　实践教学是教学工作的重要组成部分，是理论教学的继续、扩展和深化。自 2005 年教育部印发的《关于进一步加强高等学校本科教学工作的若干意见》中第 10 条明确提出要"大力加强实践教学，切实提高大学生的实践能力"，经过多年实践总结，小学教育专业各主办院校在教学过程中积极探索，基本构建了本校特色的实践教学体系，但是，这种实践教学体系是否经得起师范专业认证的考验，则是当前需要考证的问题。

　　为了了解师范类专业认证对小学教育专业实践教学体系的影响，本章选取具有代表性的、不同地区的四所地方本科院校小学教育本科专业展开调查，分别以 A，B，C，D 编码。A 校小学教育专业已经通过专业认证，B 校小学教育专业刚结束专业认证，但认证结论还没下文公布，C 校小学教育专业正着手准备专业认证工作，D 校在准备专业认证开始阶段。

第一节 小学教育专业的人才培养方案对比分析

表 5-1 四所地方本科院校的基本情况

指标	A 校	B 校	C 校	D 校
成立为本科高校时间	2006 年	2000 年	2006 年	2015 年
前身	大学分校，并校师范学校	师范学校、师专	师范学校、师专	师范学校、师专
师范专业个数	2 个	14 个	14 个	12
小学教育专业培养模式	全科型培养	分科型培养（中间型培养模式）	全科型培养	全科型培养
专业认证	已经通过师范专业认证	结束专业认证	准备专业认证	专业认证开始筹备阶段

这些地方院校是当地唯一一所普通高等本科院校，都承担着为本地区培养应用型人才的重任，都为本地教育输送教师专业人才，特别是 B，C，D 学校开设师范专业门类较为齐全，几乎包含了基础教育阶段学校所需的教师人才专业。其中，B，D 校还是地方普通师范院校。在我国，师范院校分为部属师范院校和地方师范院校，地方师范院校又分为省属重点师范大学和普通师范院校。所谓地方师范院校一般主要指培养各类师资力量的地方高等院校，包括以"师范"命名的师范大学、师范学院、师范学校，也包括以师范教育为主要特色的地方大学、学院，地方师范院校还可以通俗地认为是指除了六所部属师范院校以外的划归省级或市级政府管理的高等师范学院或大学。据教育部教师工作司数据，我国共有 215 所师范院校，地方师范院校则占了绝大部分，在这些地方师范院校中，除去 40 所省属重点师范大学，其他都是普通师范院校。可见，地方普通师范院校量大，也是我国基础教育师资最大生产基地。A，C 两校是综合性大学。之所以选择这四校小学教育专业展开调查，是因

为四所地方本科院校办学水平相当，同时学校类别又不同。本节先以B校小学教育专业三个版本的人才培养方案进行自我对比分析，再以B校专业认证版本的人才培养方案与A校认证版本的人才培养方案及C、D校在执行的最新版人才培养方案作对比分析。在人才培养方案的分析中，探寻实践教学体系的变化，从而为后面对小学教育实践教学体系重构保证系统性。

一、B校小学教育本科专业的人才培养方案自我对比分析

本小节内容主要包括介绍B校最新小学教育本科专业人才培养方案、对比分析该专业2013—2018年有明显变化的三个版本人才培养方案，从而了解小学教育专业实践教学体系的发展及动态呈现情况，也可以在对比分析中明显感受师范类专业认证的推进，使得专业办学更具规范性。

之所以选择B校作为首要研究对象，一是因为其是一所地方高等本科师范类院校，其历史沿革，经历过师范学校、师专的办学，校校合并办学，是该省小学教师教育基地、示范性教师教育基地，是一所教师教育为特色的高水平地方应用型大学。二是因为B校多年来为地方基础教育培养了大量师资，同时也承担了地方教师的职后培训任务，可以说为基础教育事业做出了重要的贡献。2006年，B校小学教育本科专业获批招生，是三所地方本科高校中最早招生小学教育本科专业；2013年招收高中起点小学教育专业（免费农村小学全科教师定向培养计划）专科生；2014年招收初中起点小学教育专业（免费农村小学全科教师定向培养计划）专科生；2018年招收小学教育（免费农村小学全科教师定向培养计划）本科生，属于多层次办学的专业，截至2022年底，已经招收17届本科生，目前，普通本科开设语文与英语，数学与科学两个方向。该专业经过长期探索与发展、总结实践教学经验，逐渐形成了自己的办学特色和区域特征。近5年普通本科师范生教师资格证通过率90%以上，毕业生平均就业率为95.23%，90%以上从事小学教师职业。

B校小学教育本科专业最新版（2022版）人才培养方案制定的依据是《教育学类教学质量国家标准要求》《师范专业认证标准——小学教育专业认证标准》《小学教师专业标准（试行）》和《教师教育课程标准》，由专业简介、培养目标、毕业要求、毕业合格标准和授予学位、专业核心

课程、实践教学环节、课程体系结构及学分学时比例表、课程教学计划表、人才培养方案修订相关说明、附件(含毕业要求对培养目标支撑的矩阵图;课程体系与毕业要求的关联度矩阵;专业课程拓扑图;专业毕业要求指标点分解及说明)十部分内容组成。以下重点分析人才培养方案中的培养目标、培养要求、专业核心课程、实践教学环节、课程体系结构及学分学时比例表、课程教学计划表六部分。

表5-2　B校小学教育专业最新版(2022版)人才培养方案分析

序号	维度	内容分析
1	培养目标	指导思想:以习近平新时代中国特色社会主义思想为指导; 培养理念:坚持"主辅结合,全科发展"的人才培养理念; 培养模式:"1+1+X"分科培养模式(1+1 即为语文 + 英语或数学 + 科学——围绕统一的核心课程——X 为音体美中选修,实现主辅修制); 人才特色:思想政治素质过硬、教学基本功扎实、跨学科、复合型; 人才定位:具有"服务乡村"的教育情怀、具有先进的教育教学理念和较强的教学实践能力、具有一定的教育教学研究能力。
2	培养要求	根据小学教师专业标准,从"一践行三学会"描述了能支撑培养目标的毕业要求,在践行师德上:本专业毕业生应具有良好的思想政治素养,具有扎根广西乡村小学教育的意愿,具有较好的科学、文化素养;在学会教学上:具有较扎实的学科基础知识,掌握小学教育教学的基本理论,具有初步的小学教育教学能力和一定的教学研究能力;在学会育人上:具有一定的班级管理能力,能够结合小学生发展需要开展综合育人活动;在学会发展上:初步掌握反思的方法与技能,具有终身学习与专业发展意识,具有较好的团队协作精神和沟通合作能力。
3	专业核心课程	教育学原理、普通心理学、课程与教学论、儿童发展与教育心理学、教育科学研究方法、班主任工作、小学语文教学论 / 小学数学教学论、高等数学 / 现代汉语。
4	实践教学环节	师范生教学技能体验教学综合实训与考核;教育实习;教育研习;教育见习;毕业论文;小学语文教学设计与实施 / 小学数学教学设计与实施;小学教师口语实训;书法实训等。
5	课程体系结构及学分学时比例表	总学分:160学分。课程结构由五大模块组成:公共基础课程、通识教育课程、学科专业课程、教师教育课程、集中性教育实践。除了集中性教育实践模块全为必修,其他模块既有必修,也有选修;课程类型上既有理论教学,也有实验(实训)教学;学分数;学分比例;学时数;学时比例。
6	课程教学计划表	教学计划表包括以下几个部分:课程类别、课程性质、课程代码、课程名称、考核方式、学分、学时数(合计 = 讲授 + 实践)、开课学期。

二、B 校小学教育本科专业人才培养方案的动态对比分析

以 B 校小学教育本科专业 2013 版、2016 版、2018 版的人才培养方案作动态对比分析。

（一）培养目标动态分析

表 5-3　B 校小学教育专业三版人才培养方案培养目标对比分析

版本	内容描述
2013	本专业培养掌握现代教育基本理论和先进的教育理念,具备扎实的小学教育专业基础知识、基本技能和广泛的科学文化素养,有较高的英语水平,能从事小学语文（或数学）及其他学科教学和小学教育研究、管理工作的专门人才。
2016	本专业以培养德、智、体、美全面发展,适应新世纪小学教育改革与发展需要的高素质小学教师为基本任务,实行全面发展的综合培养和有所侧重的定向发展相结合的"一专多能"人才培养模式,在人才培养过程中努力贯彻"宽口径、厚基础、高素质、能力强"的总体指导思想,培养工作"以人为本",为地方小学及相关教育机构培养专业基础扎实、知识面广,具有健康体魄与健全人格及较强学习能力、实践能力、创新创业能力和良好的教书育人素质,德、智、体、美、劳全面发展的小学教师。 具体而言,就是培养热爱小学教育事业,具有正确的世界观、人生观、价值观、儿童观、教师观和教育观,具有高尚的人格、良好的教师职业道德和求实创新精神;具有较为宽广、扎实的文化科学知识;掌握本专业的基础知识、基本理论和基本技能;掌握系统的教育理论和小学教育的基本规律,了解学科发展前沿和动态;除了精通一门学科的教学能力之外,同时能从事多学科的教学;具有一定的小学教育管理能力和小学教育研究能力,以及自我发展、自我完善的能力;具有良好的艺术修养、健康的审美观点和综合实践活动能力,适应 21 世纪小学教育教学改革需要的,具有创新精神和实施素质教育能力的,可从事小学教育教学工作的教师。
2018	本专业贯彻党的教育方针,适应教育改革与发展需要,立足桂东南,面向广西,辐射全国,致力于培养体魄健康、人格健全、教育理念先进、职业道德良好、专业知识扎实、专业能力过硬的"一专多能"型优秀小学教师,能够在城区及以上小学胜任小学语文（或数学、英语）教育教学、研究和管理工作。毕业生在未来 5 年预期达成以下目标: 目标 1:坚守小学教育岗位,践行社会主义核心价值观,遵守法律法规和专业伦理,具有坚定的教师职业信念、高尚的师德修养、强烈的社会责任感和事业心。（职业能力之教育信念）

版本	内容描述
2018	目标2：拥有健康的体魄、良好的心理素质、深厚的人文修养、开放的教育视野,有意愿和能力通过终身学习适应社会和职业的可持续发展;能主动适应社会,具有较强的组织能力、表达能力和人际交往能力,能够与业界同行及社会公众进行有效沟通和交流。(职业能力之综合素养) 目标3：熟练掌握教育学、心理学的基础知识和相应实践方法,具备较强的教育管理能力,能进行全方位育人活动。熟悉班级组织管理的策略与方法,成为能有效管理、引导班集体健康成长的优秀小学班主任。(职业预期之育人成就) 目标4：熟练掌握小学语文(或数学、英语)的基本理论、思想方法和教育技能,对任教学科发展动态具有足够的敏感性和理解力;精通小学语文(或数学、英语)课程标准,能根据教学目标、教学内容和学生特点设计、实施多样化的教学活动;能开设选修课程或开发校本课程,能指导学生开展研究性学习、综合实践活动;能成为在教学团队建设中发挥骨干作用的优秀小学语文(或数学、英语)教师。(职业预期之教学成就) 目标5：具有良好的教学反思、教学改进能力,具有问题意识和研究意识,能熟练选择恰当的资源和现代信息技术开展创新性的教学活动并能深入进行教育研究工作;能主动进行自我评估、设计与规划,并向卓越教师方向发展。(职业预期之发展潜力)

B校小学教育本科专业2013—2018年三版人才培养方案培养目标发展动态呈现定位描述混乱,虽然在分向培养上都是小学语文与英语、小学数学与英语的培养模式,核心定位也是培养主教一门主要学科语文(或数学)再兼教英语学科,同时发展其他学科教学能力的小学教师,即培养模式一直是"1+1+X"分科培养模式,但2013年目标定位是从事小学语文(或数学)及其他学科教学和小学教育研究、管理工作的专门人才,2016年目标定位为具有创新精神和实施素质教育能力的,可从事小学教育教学工作的教师,2018年目标定位又改为"一专多能"型优秀小学教师,能够在城区及以上小学胜任小学语文(或数学、英语)教育教学、研究和管理工作。而且这些目标倾向教师"教",而忽视对小学生"学"的关注。

特别是2013版、2016版中人才定位在什么区域没有标明,2018版虽然定位了,但是没有根据实际调研就进行定位,定位过大。总体而言,为增加灵活性,提高培养质量,目标努力在定位精准,但规范性不够,以现行版对比可见,在师范类专业认证标准下人才定位才做到结合区域、结合学校、结合专业进行合理定位,可操作,增加了对儿童或小学生的关注,实事求是,状态较好。

（二）培养要求的动态分析

表5-4　B校小学教育专业三版人才培养方案培养要求对比分析

版本	内容描述
2013	（1）系统掌握本专业的基础理论和基本技能，了解本学科的发展前沿，具有科学研究的初步能力；了解相关学科的基本知识，具有一专多能的知识结构；掌握计算机的基本知识，并具有一定的应用能力；掌握一门外语。 （2）具有适应社会的能力，获取知识的能力，分析问题和解决问题的能力以及与人合作共事的能力；具有科学、合理的知识结构，有鲜明的个性特征；具有实事求是的科学态度，民主与法治意识以及改革开放意识、竞争参与意识、市场意识、效率与效益意识、国际意识、环境意识和可持续发展的意识等现代观念。 （3）要热爱教育事业，掌握教育学、心理学的基本理论，掌握现代教育技术，具备教师的基本素养、基本技能以及施行素质教育的能力。 （4）具有健康的体魄和一定的军事基本理论及基本技能，达到国家规定的大学生体育合格标准和军事训练标准，养成终身锻炼身体的习惯。 （5）具有健全的人格、良好的心理素质。
2016	知识规格：具有扎实的小学生发展知识、语数英等学科的专业基础知识、教育教学知识、相应的自然科学和人文社会科学及信息技术等通识知识的知识素养，专业知识面宽。 能力规格：具有把语数英等学科知识、教育理论与教育实践有机结合，能凸显教书育人的实践能力；具有研究小学生，遵循小学生成长规律，提升教育教学专业化水平的教育能力；能坚持实践、反思、再实践、再反思，不断提高专业能力的学习能力。具有课堂教学的组织与实施能力，针对小学教育教学中出现的问题能进行反思与评价、激励与评价的能力，与学生、家长及同事的沟通与合作的能力。 素质规格：具有健康的体魄、健全的人格、良好的心理素质；热爱小学教育事业，具有先进教育理念，具备小学教师的基本素养，具有良好的法律意识和教师职业道德及求实创新精神；具有较高的思想、文化素养和创新精神等。
2018	本专业毕业生应达到以下要求： 践行师德： ①积极践行社会主义核心价值观，高度认同中国特色社会主义；自觉贯彻党的教育方针，具有"立德树人"的使命感；自觉遵守小学教师职业道德规范，依法依规执教，立志成为"四有"好老师。【师德规范】 ②热爱教育事业，理解教育的神圣性和复杂性，爱岗敬业，立志长期从教，以为教育事业奉献终身为价值追求；尊重学生人格，富有爱心和责任心，能够引导小学生健康成长。【教育情怀】

续表

版本	内容描述
2018	学会教学： ③具有较为宽厚的人文与科学素养。掌握小学语文（或数学）学科教学的基本知识、基本原理和基本技能，理解小学语文（或数学）的学科知识体系及其基本思想和方法。了解英语学科教学的基本知识、基本原理和技能，并具备一定的音乐、体育、美术等学科基本知识，了解与小学生有关的认知、情景、技术等学习科学相关知识。了解学科整合在小学教育中的价值，了解语文（或数学、英语）学科与其他学科的联系，以及这些学科与小学生社会实践、生活实践的紧密联系。【学科素养】 ④能够依据小学语文（或数学、英语）课程标准，针对小学生身心发展和认知特点，运用该学科教学知识和现代教育技术，进行教学设计、实施和评价；具备小学语文（或数学、英语）的教学实践经历和积极体验，掌握完成该学科教学的表达、组织、简笔画、板书等教学技能，具有初步的课堂导入、情景设计、课堂引导与调控、作业布置与批改、复习与测验等能力，具备一定的教学研究能力。【教学能力】 学会育人： ⑤将德育放在教书育人首位，了解小学德育原理与方法；学会组建班委、少先队并指导班队干部开展班集体的组织、建设、管理等工作，具有与家长、社区等相关机构进行沟通和协作的能力；能够组织开展德育和心理健康教育等教育活动；具有班主任实践经历和体验。【班级指导】 ⑥了解小学生身心发展的阶段特征，熟悉小学生良好习惯养成的规律。理解学科育人价值，能够在小学语文（或数学、英语等）学科教学中渗透品德养成教育。了解学校文化和教育活动对学生成长的积极作用，并掌握有关教育方法，有组织主题教育、少先队活动和社团活动的实践经历。【综合育人】 学会发展： ⑦树立终身学习理念，形成专业赢得尊重的意识；了解国内外基础教育改革和发展动态，适应时代和教育发展需求，具备自我学习和职业生涯规划的能力。理解反思的价值，具有问题意识和研究意识，能结合教育教学实践，运用相关理论与方法进行教育教学研究。【学会反思】 ⑧理解学习共同体对教师群体和自我专业发展的积极作用；具有团队协作精神，掌握沟通、交流与合作的技能，具有团队合作学习或研究的经历与积极体验。【沟通合作】

　　B 校小学教育本科专业 2013—2018 年三版人才培养方案培养要求发展动态呈现波动较大，2013 版培养要求较为笼统，2016 版培养要求开始从知识、能力、素质规格三方面提出，但没有具体的分化指标，发展到 2018 版在师范类专业认证背景下逐渐分化指标，在践行师德、学会教学、学会育人、学会发展四个维度具体化。培养要求总体发展趋势较好，在 5 年内发展逐步完善，符合目标定位，且可测量、可操作仍有待改善。

（三）专业核心课程的动态分析

表 5-5　B 校小学教育专业三版人才培养方案专业核心课程对比分析

版本	内容描述
2013	主干学科：教育学、文学、数学 主要课程：普通心理学、教育学原理、小学教育学、教育科学研究方法、课程与教学论、现代汉语、古代汉语、小学语文课程与教学、初等数学、高等数学、小学数学课程与教学、综合英语、英语视听、三笔字等
2016	在人才培养方案中没有单列描述
2018	教育学原理、普通心理学、小学教育心理学、中外教育简史、教育研究方法、班级管理、小学语文教学论、小学数学教学论、高等数学、现代汉语

B 校小学教育本科专业 2013—2018 年三版人才培养方案专业核心课程发展动态也是呈现波动较大，2013 版提出主干课程与主要课程，2016 版没有提出专业核心课程的概念，更是把 2013 版提出的主干课程与主要课程删除，核心课程"拼盘"痕迹较为明显，直到 2018 版才在人才培养方案中首次明确专业核心课程。分析 B 校小学教育本科专业 2013—2018 年三版人才培养方案以及对该专业的教师进行访谈，虽然这三版人才培养方案在这 5 年中变化很大，但教育学原理、普通心理学、儿童发展与教育心理学、教育科学研究方法、班级管理、小学语文教学论 / 小学数学教学论、高等数学 / 现代汉语，都在人才培养方案中处于重要的地位，只是因为各种原因逐渐弱化了英语学科课程的重要性。

（四）专业毕业要求的动态分析

表 5-6　B 校小学教育专业三版人才培养方案专业毕业要求对比分析

版本	内容描述
2013	1. 毕业合格标准 （1）符合德育培养目标要求。 （2）学生最低毕业学分为 174.5 学分（包括不收费学分）。 （3）符合大学生体育合格标准。 2. 修业年限和授予学位 修业年限：4 年，可在 3 ～ 6 年内完成。 授予学位：教育学学士学位。

续表

版本	内容描述
2016	1.毕业合格标准 （1）符合德育培养目标要求。 （2）学生最低毕业学分为184学分（包括不收费学分）。 （3）符合大学生体育合格标准。 （4）普通话水平测试通过二级乙等及以上等级（申请小学语文教师资格证需二级甲等及以上等级）。 2.修业年限和授予学位 修业年限：4年，可在3～8年内完成。 授予学位：教育学学士学位。
2018	1.毕业合格标准 （1）符合德育培养目标要求。 （2）学生最低毕业学分为168学分（包括不收费学分）。 （3）符合大学生体育合格标准。 （4）普通话水平测试通过二级乙等及以上等级（申请小学语文教师资格证需二级甲等及以上等级）。 2.修业年限和授予学位 修业年限：4年，可在3～8年内完成。 授予学位：教育学学士学位。

B校小学教育本科专业2013—2018年三版人才培养方案专业毕业要求发展动态呈现较为缓和。2013版没有描述小学教育专业普通话水平测试要求，因为在2015年，教师资格证才开始全国统考。教师资格证改革的正式实施，打破教师终身制且五年一审，改革后实行国考，考试内容增加、难度加大。改革后不再有师范生和非师范生的区别，想要当教师都必须参加教师资格证考试，方可申请教师资格证。对标教师资格证考试的要求，在2016版专业毕业要求中毕业合格标准增加普通话水平测试通过二级乙等及以上等级（申请小学语文教师资格证需二级甲等及以上等级）。修业年限也从2013版的最长毕业时间6年到2016版可以最迟8年毕业。明显变化还表现在学分的调整，呈现了低高低的变化，从2013版的174.5学分升高到2016版184学分，到2018版再下调至168学分，更加贴合当前社会教育大背景下提倡把时间还给大学生，让大学生有更多的时间进行自主安排及反思，表明B校小学教育专业一直在探索且与时俱进。授予学位一直是教育学学士学位。

（五）课程体系结构的动态分析

表 5-7　2013 版小学教育专业各类课程学分和学时分配表

课 程 类 别		最低毕业要求					
		其中		学分	占总学分比例（%）	课时	占总课时比例（%）
		理论教学学分	实践教学学分				
公共必修课		32+（11.5）	32+（6.5）	（5）	24.9	619+（269）	28.5
通识课程	必修课	12	10	2	6.9	204	6.6
	选修课	4	4	0	2.3	68	2.1
	小 计	16	14	2	9.2	272	8.7
专业课程	必修课	86+（1）	64	22+（1）	49.9	1462+（17）	47.5
	限选课	16	15	1	9.2	272	8.7
	任选课	12	12	0	6.9	204	6.6
	小 计	114+（1）	91	23+（1）	65.3	1938+（17）	62.8
合 计		162+（12.5）	137+（6.5）	25+（6）	100	2829+（286）	100
实践教学学分占总学分的 17.8%							

表 5-8 2016 版小学教育专业课程体系结构及学分学时比例表（一）

教育平台	课程模块	课程性质	学分及比例				学时及比例			
			学分	各模块学分占总学分比例（%）	小计	各平台学分占总学分比例（%）	学时	各模块学时占总学时比例（%）	小计	各平台学时占总学时比例（%）
通识教育平台	通识教育课程模块	必修	34+（6）	21.8	39+（9）	26.1	544＋（198）	21.8	624+（246）	26.1
		选修	5+（3）	4.3			80+（48）	4.3		
专业教育平台	专业课程模块	必修	49	26.6	76	41.3	784	26.6	121	41.3
		选修	27	14.7			432	14.7		
实践教育平台	实践教育课程模块	必修	43+（9）	28.3	47+（13）	32.6	688+（144）	28.3	752+（208）	32.6
		选修	4+（4）	4.3			64+（64）	4.3		
合计			162+（22）	100	162+（22）	100	2592+（454）	100	2592+（454）	100

表 5-9　2016 版小学教育专业课程体系结构及学分学时比例表（二）

课程类型		学分/学时	比例（%）	其中实验实训课程 学分/学时	分学期学分安排							
					1	2	3	4	5	6	7	8
课内教学	通识必修课	36+（6）/512+（96）	22.8	2/16	1	2	3	4	5	6	7	4
	专业必修课	66/1056	35.9	17/272	10	11	8	8	7	6	8	8
	通识选修课	5+（3）/80+（48）	4.3				2	2	2	2		
	专业选修课	27/432	14.7									
	合计	134+（9）/2080+（144）	77.7									
课外教学	集中性实践	19+（1）/304+（16）	10.9			0.5	1.5	0.5	1.5	9	8	
	综合实践	9+（12）/144+（192）	1.4		4	2	1	1	5	2	2	2
	合计	28+（13）/448+（208）	22.3									

表 5-10 2018版小学教育专业课程体系结构及学分学时比例表（一）

教育平台	课程模块	课程类别			学分	学分及比例 占总学分比例	学时	学时及比例 占总学时比例
通识教育平台	通识教育课程模块			必修	38	22.6%	710	25.4%
				选修	6	3.6%	96	3.4%
	专业课程模块	学科专业课程	专业基础课程	必修	16	25.4%（说明：除通识课程综合实训外，实践教育课程模块块学分全部纳入学科专业课程学分。）	624	24.5%
				选修	0			
			专业发展课程	必修	0			
				选修	23			
		小计			39			
专业教育平台	教师教育课程	必修	学科教育与教学论课程		7	16.9%	512	16.3%
			师范技能类课程		3			
			师德教育类课程		1			
			教育信息素养类课程		3			
			教育学、心理学		10			
		选修			8			
		小计			32			

续表

教育平台	课程模块		课程类别	学分及比例		学时及比例	
				学分	占总学分比例	学时	占总学时比例
实践教育平台	实践教育课程模块	实验实训课程	必修	20	31.5%	848	30.4%
			选修	0			
		集中性实践	必修	16			
			选修	0			
		综合实践	必修	13	（说明：除通识课程综合实训外，实践教育课程模块学分全部纳入学科和专业课程学分。）		
			选修	4			
	小计			53			
合计				168	100%	2790	100%
其中：选修课学分占总学分的比例				41	24.4%	不低于总学分的 20%	
其中：实践教学学时占总学时的比例				53	31.5%	不低于总学时的 30%	

表5-11 2018版小学教育专业课程体系结构及学分学时比例表（二）

课程类型		学分/学时	比例(%)	其中实验实训课程 学分/学时		分学期学分安排							
							1	2	3	4	5	6	7	8
课内教学	通识必修课	40/742	23.8/26.6	5/144	文	6.5	8.5	8.5	6	2.5	0	0	8
					理	8.5	6.5	8.5	6	0	2.5	0	0
	专业必修课	58/928	34.5/33.3	25/400	文	6	13	12	10	6	0	0	0
					理	6	12	11	12	6	0	0	0
	通识选修课	6/96	3.6/3.4	0/0									
	专业选修课	31/496	18.5/17.8	25/400									
	合计	135/2262	80.4/81.1	37/656									
课外教学	集中性实践	16/256	9.5/9.2	0/0	文/理	0	0	0.5	0.5	0.5	1.5	7	6
	综合实践	17/272	10.1/9.7	0/0	文/理	3	1	2	2	1	2	2	0
	合计	33/528	19.6/18.9	0/0									

B校小学教育本科专业2013—2018年三版人才培养方案课程结构调整幅度不小,从整体来看,因为学分的变化,课程结构也随之变化,课程结构指标由原来的笼统分类分化对标小学教育专业认证标准要求进行了重组分类,指标更加具体化,更具有针对性。2013版只强调了2个模块,公共课和专业课模块,实践教学学分也占总学分的17.8%,比较低,说明当时该专业对实践教学体系没有重视。2016版划分了3个模块,增加了实践教学模块,学分比重也在大幅上升,但是比较2018版人才培养方案,其课程结构缺点也明显,没有对标教师教育课程标准及小学教育专业认证标准进行细化,阅读人才培养方案的结构图非常吃力。总体而言,课程结构发展趋势良好,课程门类逐渐丰富,突出个性选择,为不同发展取向的师范生提供适合自己发展的选修课程,从2016版可以看出,实践教学环节和实践课程比例占总学分增大,而且实现了把实践教学贯穿整个大学四年,实践教学得以越来越重视、越来越系统,提高了师范生的实践能力。

（六）实践教学体系的动态分析

表5-12 B校小学教育专业三版人才培养方案实践教学体系对比分析

版本	实践环节
2013	通识课综合实践：包含军事实践、思想政治理论综合实践。 教师基本技能实训：包含三笔字、简笔画、普通话、说课讲课训练。 集中实践：包含社会调查、教育见习、教育实习、教育研习、毕业论文。
2016	实验实训课程：包含通识课实验实训计算机应用基础实训；专业课实训课程小学教师口语实训Ⅰ-Ⅱ、书法Ⅰ-Ⅱ、简笔画、音乐、舞蹈实训。 综合实践：包含通识课综合实践军事安全教育与公益劳动实践、思想政治理论综合实践课、大学英语综合实践、科技创新类与创业课实践；专业课综合实践小学综合实践活动设计、小学教学设计与实践(各科)、师范生综合教学技能实践。 集中实践(包含社会调查、教育见习、教育实习、教育研习、毕业论文)。
2018	实验实训课程：包含通识课实验实训计算机应用基础实训；专业课实训课程小学教师口语实训Ⅰ-Ⅱ、书法Ⅰ-Ⅲ即三笔字实训、简笔画、小学语文教学设计与实施、小学数学教学设计与实施、小学英语教学设计与实施实训。 综合实践：包含通识课综合实践军事安全教育与公益劳动实践、思想政治理论综合实践课、大学英语综合实践、科技创新类与创业课实践；专业课综合实践小学教学设计与实践(各科)、师范生综合教学技能实践。 集中实践(包含社会调查、教育见习、教育实习、教育研习、毕业论文)。

B校小学教育本科专业2013—2018年三版人才培养方案实践环节调整幅度也较大,从2013版的弱呈现,到2016版的大力改革,不仅表现在实践学分比重的增大,也表现在实践教学更加系统化。2013版属于传统模式的实践教学体系,设计上属于遵循"学习条件范式"原则,以培养规格确定实践课程体系,关注实践课程体系的自我完善,关注知识点的覆盖面,忽视了师范生的学习成果,导致部分师范生缺乏主动性、创新性。到2018版人才培养方案,在人才的培养上强化专业的职业性、技能性的学习训练,在制定教学计划时,通过合理的课程设置和各个实践教学环节(实验、实习、实训、课程设计、毕业设计、创新制作、社会实践等)的合理配置,形成了以理论课内实践(包含通识课、专业课),课外实践教学和集中性实践三大平台为载体的实践教学体系。以课内实践,包含通识教育课、专业课,如小学数学教学论,主要以案例讨论等方式完成实践;课内独立实训,包含通识教育课计算机应用基础实训、专业课小学教师口语实训Ⅰ–Ⅱ、书法Ⅰ–Ⅱ、简笔画。在2018版的人才培养方案中也首次明确规定实践教学环节的要求。B校小学教育专业自开办以来都是非常重视学生职业技能训练,也不断完善校内外实践资源和平台,让学生深入实际工作场域,不断提高教育教学实践能力,获得从教能力。但经调查,像教育研习虽然在2013版人才培养方案中有所呈现,但对于教育研习实践课程并没有真正能实施起来,直到2018年才能真正落实。

三、四所地方高校小学教育本科专业人才培养方案实践教学环节对比分析

表5-13 A校认证版本专业人才培养方案实践教学环节安排表

课程类型	课程性质	课程名称	总学分	总学时	开课学期	考核方式
实践教学课程	必修课	军事技能	2	2周	1	考查
		思想政治理论综合实践	2		1—4	考查
		大学生创新创业基础实践	1		1—7	考查
		毛笔字技能训练	1	2周	1—4	考查
		钢笔字技能训练	1	2周	1—4	考查

续表

课程类型	课程性质	课程名称	总学分	总学时	开课学期	考核方式
		粉笔字技能训练	1	2周	1—4	考查
		普通话技能训练	1	2周	1—4	考查
		简笔画技能训练	0.5	1周	3	考查
		舞蹈技能训练	0.5	1周	4	考查
		声乐技能训练	0.5	1周	5	考查
		微格教学技能训练	0.5	1周	6	考查
		小学教育专业见习	2	5周	2—6	考查
		小学教育专业研习	1	1周	2—8	考查
		毕业论文（设计）	8	16周	7	考查
		毕业实习	8	18周	7或8	考查
实践教学课程总计			30			

表 5-14　B 校认证版本专业人才培养方案集中性教育实践教学计划表

课程类别	课程性质	课程名称	学分	学时（周）	开课学期	考核方式	
						考试	考查
集中性教育实践	必修	教育见习	2	4	第二学期开始见习,时间为三天,主要进行小学日常管理和教学的观摩;从第三学期开始,每次一周,见习内容结合该学期开设的小学教学设计与实践开展实践活动,指导老师由任课老师担任。第七学期选课,录入成绩。		√
		教育实习	6	18	第七学期选课,录入成绩。		√
		教育研习	1	1	主要对实习问题的研讨及毕业论文开题,第七学期选课,录入成绩。		√
		师范生教学技能体验教学综合实训与考核	1	2	一周训练,一周考核,在第六学期完成。第六学期选课,录入成绩。		√
		毕业论文	6	12	第八学期选课,录入成绩。		√
		社会调查	1	2	第六学期选课,录入成绩。		√
修读学分			17				

表 5-15　C 校现行人才培养方案实践创新课程教学计划表

课程性质	课程模块	实践环节名称	学分	周数
必修	公共实践模块	入学与毕业教育	0.5	1
		安全教育	2	2
		学校运动会	/	2
		形势与政策	2	2
		劳动教育（含社会实践）	2	4
		军事训练	2	2
		公共实践小计	8.5	11
	专业实践模块	师范生基本技能验收	2	2
		师范生教学技能验收	3	3
		教育见习	2	5
		教育实习	7	14
		教育研习	1	2
		毕业设计（论文）	8	8
		专业实践小计	23	33
		必修小计	31.5	44
选修	创新创业实践模块	职业资格与职业技能等级证书		
		学科、文艺、体育、技能等竞赛		
		科研创新、创业实践		
		发表论文（作品）、获得专利		
		社会实践（调查）报告		
		选修模块修读要求	8	
实践创新平台课程总周数、学分最低要求：44 周，必修 31.5 学分，选修 8 学分。选修学分不计入总学分。				

表 5-16　D 校现行人才培养方案实践教学体系

课程模块	课程性质	课程名称	学分	学时	
				总学时	实践（课外）
综合实践课程	公共必修	思政实践	2	2 周	2 周
		军事技能	[2]	[112]	[112]
		劳动实践	[1]		[4 周]
		创新创业实践	2	2 周	2 周
	专业必修	三字一话	[2]	[2 周]	[2 周]
		教师专业成长——社会综合实践	[2]	[2 周]	[2 周]
		教育见习	2	2 周	2 周
		教育实习	12	12 周	12 周
		教育研习	2	4 周	4 周
		毕业论文	6	12 周	12 周

从以上四表可知，四校都在人才培养方案里面把专业重点实践教学环节单列出来进行说明，四校都在实践教学环节中实现了教师技能的训练，重视小学教育专业教育三习与毕业论文，要实现这些实践教学内容的学分、学时（大部分是以周数计算）、开课学期以及如何实现完成教学环节的注释，都呈现了实践教学的课程化。也存一些不同之处，A，C，D校都单列了公共与专业实践内容，B 校只单列专业实践内容。A，B，D校都是呈现实践必修学分，而 C 校则呈现了选修学分，且选修学分是不计入总学分的。A，B 两校明显看出实践教学活动贯穿了师范生的整个大学，从第一到第八学期都有必修的实践内容。在实现教育见习的时长上，A、C 校的周数为 5 周，B 校实际的周数多于 4 周，D 校的周数为 2 周；在实现教育实习的时长上，四校也呈现不同，A，B 两校都是 18 周为最低参考标准，C 校为 14 周，D 校为 12 周；在实现教育研习的时长上，D校设置为 4 周，C 校为 2 周，A，B 两校都是 1 周，且 A 校教育研习开课是从第二学期贯穿到第八学期，即教育研习是分散性完成，从 B 校的注释可见，教育研习须在第七学期集中训练一轮；在实现毕业论文的时长上，A 校为 16 周，且是第七学期就完成，B 校是 12 周，在第八学期完成，C，D 校分别是 8 周和 12 周。

表 5-17　四校小学教育专业人才培养方案实践教学学分占比对比分析

学校	总学分	实践教学学分	占总学分的比例(％)
A 校	176	63	35.8
B 校	168	65	38.7
C 校	154	45	29.2
D 校	160	43.5	27.2

　　研究四校的小学教育专业人才培养方案课程结构及学分分布表或说明,可以知道四校的人才培养方案都努力按照《教育学类教学质量国家标准要求》《师范专业认证标准——小学教育专业认证标准》《小学教师专业标准(试行)》和《教师教育课程标准》来制定人才培养方案。四校人才培养方案总学分不同,实践教学学分占总学分的比例也不同,但四校实践教学内容在公共课、专业课、教师教育课上都呈现了学分的分布,即实现了高校内教学不是单一的理论教学。

四、地方本科高校小学教育专业实践培养的特色

　　本章中的四所地方本科高校发展历史沿革大都经历过师范学校、师专,或者是师范学校合并过来,因此,这四所地方本科高校的小学教育本科专业开办,都有比较好的师范教育体系作为基础。横观四校的小学教育专业人才培养方案,特色是:都是立足该校所在的区域,服务所在省份的基础教育,面向城乡或者农村,侧重点是农村,培养小学骨干教师。A、C、D 校小学教育专业都是全科培养模式,B 校小学教育专业是中间型培养模式,在课程设置上是:在语文和英语、数学和科学两个方向分向培养师范生。但 A、B、C、D 校小学教育专业培养的师范生理念都是贯通的,重视师范生的儿童教学,培养"一专多能",能胜任小学教学的教师,在具体知识和能力结构上,通过实践教学体系分析,都是包含加强师范生实践创新与实践能力,都按照小学教师标准培养师范生的教师口语、普通话、三笔字、板书设计、教学方法、备课、说课、试讲、班主任工作技能以及教育研究能力等。

　　当然,四校小学教育专业实践教学体系也存在一定问题,下面通过问卷调查及访谈对四校实践教学进行分析,以期发现小学教育专业实践教学体系存在的问题,再进一步剖析其问题原因,旨在基于师范类专业认证背景下,依据小学教育专业认证标准要求提出小学教育专业重构的一些理念,从而丰富小学教育专业实践教学体系的理论研究。

第二节 小学教育本科专业实践教学的现状调查

为了进一步探究小学教育专业实践教学体系,充分运用"调查访谈—发现问题—寻找原因—解决问题"的思路,针对小学教育专业实践教学的现状展开调查,同样选择 A,B,C,D 四校选取研究对象,考虑到毕业班的学生已经全程经历了专业实践教学,因此,选择两校即将毕业的大四学生作为研究对象。在本节的现状调查主要采用问卷法为主要调查方法和访谈法为辅助调查方法进行调研。

一、问卷调查与访谈调查说明

(一)问卷调查说明

问卷的编制以广义的实践教学体系的内涵和小学教育专业认证标准对师范生实践教学体系提出的相关要求作为指导,同时参照已有研究的问卷,自编学生问卷《小学教育本科专业实践教学情况调查问卷》。问卷从实践教学体系目标、内容、管理、保障、评价五个维度,对实践教学环节,包含校内实践实训(主要是教师职业技能实训)、教育见习、教育实习、教育研习、社会实践、毕业论文等六大环节展开调查,用于分析地方四所高校小学教育专业在实践教学体系的建设和运行过程中的现状情况。

调查问卷主体部分为三部分,第一部分是个人基本信息,包含了学校、年级、是否非免费师范生、实习学校的类别。因为问卷的发放是以问卷星形式进行发放和回收,为了避免通过网络发放过程有不符合的研究对象,如大一等学生误填,故设定了年级的选项。

第二部分是采用李克特五点量表的形式对专业实践教学体系实施情况的评价,分别用"非常不符合""不符合""一般符合""比较符合""非常符合"对应"1 到 5 分",调查者自评分,共 16 题。

表 5-18　量表结构

调查维度	题目序号	题数
实践教学体系整体评价	p	1
实践教学目标	a, b, c	3
实践教学内容	d, e, f, g	4
实践教学管理	h, i	2
实践教学保障	j, k, l, m	4
实践教学评价	n, o	2
总计		16

第三部分是以单选题和多选题的形式对实践教学实施情况展开调查,共 18 题。整个问卷合计 34 道题目。

问卷回收 432 份,其中从年级、学校中选出不符合的去除 24 份,得到符合学校年级特征的问卷 408 份,对量表部分进行测算去掉极端值的无效问卷 14 份,最后得 394 份有效问卷,有效率达 96.6%。采用了 SPSS26.0 中文版统计软件包和 Excel 对有效问卷进行整理,针对不同的问题进行数据分析。得益于 B、C 两所学校都有小学教育专业的学生在同一所小学实习,且两校小学教育专业学生规模比较大,有效研究对象分别为 194 份和 130 份,A 校为 49 份有效问卷,D 校比较少,为 21 份有效问卷。

（二）访谈说明

为了弥补调查问卷的不足,在调查过程中还通过面对面个人、集体访谈相结合,借助 QQ、电话、微信等现代通讯工具,向选择的访谈者询问,用收集的谈话作为支撑和补充问卷的调查结果。访谈提纲的形成也是围绕小学教育专业实践教学体系的五个维度,在结合问卷调查的基础上,针对问卷没有涉及的问题进行补充调查,编订访谈提纲,详细可见《小学教育专业毕业生实践教学情况访谈提纲》（见附录 3）,采用的非结构式访谈。访谈对象同样从研究对象的四所学校选取。集体访谈则是利用 B, C 两校在同一所小学实习, 在其将要结束实习后, 在小学开座谈会进行群体访谈。个人访谈采用自愿的方式, 从 A, C, D 校平均每校选择 2 人, B 校选择 6 人, 具体信息见下表。

表 5-19　学生个人访谈者信息表

受访者	性别	实习学校	是否免费师范生
A1	男	农村	是
A2	女	城市	否
B1	男	农村	是
B2	男	城市	否
B3	女	城市	否
B4	女	城市	否
B5	女	城市	否
B6	女	农村	是
C1	男	农村	否
C2	女	城市	否
D1	女	农村	是
D2	女	城市	否

访谈的实施, 集体访谈先提前发放访谈提纲给小组长, 让组内同学先根据访谈内容形成内部调查意见, 到集体访谈时由小组长来回答, 其他组员补充意见。个人访谈则是从集体访谈者之外选取, 约好访谈时间, 通过电话访谈。访谈过程都用录音笔及笔记做好原始材料的记录, 访谈结束后, 对访谈结果加以梳理分析, 更进一步全面了解小学教育专业实践教学体系实施的现状, 并结合问卷剖析存在的问题, 影响问题的因素。

除了重点对学生进行访谈以外, 还随机寻找在指导教育实习的高校和小学教师进行访谈。

二、调查结果分析

（一）问卷中量表的分析

表 5-20 量表的克隆巴赫系数值

克隆巴赫 Alpha	项数
0.888	16

信度（Reliability）即可靠性，它是指采用同样的方法对同一对象重复测量时所得结果的一致性程度。本研究问卷信度检测使用目前社会研究中最常用的信度，即克隆巴赫（Cronbach）系数。学者 DeVellis（1991）认为，0.60 ~ 0.65（最好不要）；0.65 ~ 0.70（最小可接受值）；0.70 ~ 0.80（相当好）；0.80 ~ 0.90（非常好）。对问卷中的量表进行测定信度，克隆巴赫系数为 0.890，明显大于 0.7，也符合大于基础研究中的 0.80，因此，该量表可信度较高，可以接受。

表 5-21 量表的描述统计

	N 统计	最小值统计	最大值统计	均值	标准偏差统计
总分	394	51.00	80.00	70.2442	6.33
a	394	3	5	4.91	0.30
b	394	1	5	3.91	0.89
c	394	1	5	4.09	0.94
d	394	2	5	4.46	0.65
e	394	1	5	4.61	0.58
f	394	1	5	4.32	0.65
g	394	1	5	4.50	0.58
h	394	2	5	4.75	0.52
i	394	2	5	4.27	0.69
j	394	2	5	4.74	0.49
k	394	1	5	4.41	0.64

续表

	N 统计	最小值统计	最大值统计	均值	标准偏差统计
l	394	2	5	3.97	0.68
m	394	3	5	4.28	0.64
n	394	2	5	4.38	0.62
o	394	2	5	4.27	0.67
p	394	3	5	4.37	0.59
有效个案数	394				

在具体采用描述性统计分析方法中,将这样界定:优秀(得分均值在 4.5 分以上),良好(得分均值在 3.75 ~ 4.5 分),合格(得分均值在 3 ~ 3.75 分),不合格(得分均值低于 3)。

(二)实践教学目标维度分析

在量表中 a 到 c 主要是对小学教育专业实践教学体系中目标维度的分析。从 a 题均值 4.91 接近 5,可以看出绝大部分同学认为本专业实践教学非常重要,但 b 题对应题目"您清楚在实践中要达到的目标"的均值在整个量表处在最低,也是实践教学目标维度处在最低,说明小学教育专业师范生对于在实践中要达到的目标定位并不是很清楚,有 29.7% 的师范生只是一般清楚,4.3% 的师范生不清楚甚至非常不清楚。

用 c 题"您认为教育实习完成后您能胜任小学教育工作"的均值比较 b 题的均值有所提升,说明教育实习对小学教育专业的师范生非常有用,部分学生还是通过教育实习找准了实践目标。在"通过小学教育专业的实践教学,您觉得获得什么样的能力或知识? 会对您后续的教师生涯有哪些作用?"的访谈中,也可以了解到小学教育专业师范生认为在实践中获得教学技能及能力、班主任工作能力比较大,对于基础理论和其他如科研、情感的获得关注较少,可以看出,小学教育专业实践教学体系中假如对于实践教学目标能力、知识、情感态度的体现不具体,那么师范生对于实践教学目标的认知就会出现偏差,出现认知偏差就会在实践中忽视达成这些目标。总体而言,小学教育专业实践教学体系建构过程中对于实践教学目标的体现,在清晰度、准确度上仍有改善的空间。

表 5-22 您认为校外实践(主要是教育见习实习)对您的哪些方面有所帮助?

选项	响应		个案百分比
	个案数	响应率百分比	
巩固小学教育教学知识	342	34.3%	86.8%
提升小学教育教学能力	363	36.4%	92.1%
让我更加热爱小学教育教学工作	268	27.0%	68.3%
没有任何帮助	23	2.3%	5.8%
总计	997	100%	253.0%

注:百分比和总计基于响应者 α 值使用了 1 对二分组进行制表

表 5-23 您认为校外实践(主要是教育见习实习)对您的哪些方面有所帮助?

学校	个案数	巩固小学教育教学知识	提升小学教育教学能力	让我更加热爱小学教育教学工作	没有任何帮助
A 校	49	43	45	33	2
B 校	194	174	184	136	6
C 校	130	113	122	89	6
D 校	21	12	12	11	9
总计	394	342	363	269	23

注:百分比和总计基于响应者 α 值使用了 1 对二分组进行制表

从"您认为校外实践(主要是教育见习实习)对您的哪些方面有所帮助?"这个问题的调查结果可以看出,小学教育专业师范生认为校外实践特别是教育见习、研习这两个重要的环节对其在知识与能力、情感态度方面都有极大的帮助,而且四所学校的影响一致,都是对教育能力的影响最大,其次是教学知识、情感态度。从表5-23还可以看出,认为没有任何帮助的个案数比例最多是正筹备专业的学校专业,已经完成或进入专业的学校专业则占较低个案数比例,可见师范类专业认证对于规范实践教学体系目标有促进作用。根据对指导教师的访谈"您认为您指导的实习生经过一段实习实践后,在教育教学基本知识与能力、情感与态度上有什么变化?"无论是大学指导教师还是小学指导教师,都一致认为绝大部分师范生经过实习实践变得更加积极向上和热爱小学教师这一职业,特别是在知识与能力方面有突飞猛进的变化,这说明校外实践对小学教育专业师范生的成长有着积极的影响,但情感态度目标达成处于最低值,而且也有极少数师范生选择在实践后在各个方面没有任何帮助,这也反映了有些师范生经过实践后情感态度上更加厌倦小学教师这份职业,厌倦在小学教学,产生了负能量。如在集体访谈中,就有师范生表示在教育实习中,感觉到小学教师很辛苦,天天批改作业,而且现在的小学生难管理,上课管纪律也头痛,已经想通过考公务员或者事业单位离开小学教师这一行业。因此,小学教育专业实践教学体系中目标的维度在情感态度方面要引起重视。

（三）实践教学内容维度分析

在量表中 d 题到 g 题主要是对小学教育专业实践教学体系中内容维度的分析,d 题和 f 题均值低于 4.5 分,e 题和 g 题的均值在 4.5 分及以上。对于 f 题"本专业实践教学活动的时间充足"这个问题均值显示良好,g 题"本专业将实践贯穿整个学程,每个学期都安排一定时间的实践教学内容"均值显示优秀,f 题和 g 题呈现矛盾。经访谈了解,无论是个人访谈还是集体座谈,了解到这一批填问卷的同学,因为读大学这几年处在全国疫情期的三年,他们并没有能够如愿在每个学期进行实践,甚至有个别同学整个学期都在家上网课,对于线上布置的专业实践活动,他们表示体验感较差,收获、感悟也低。

问:您是否每个学期都参与了小学教育专业实践活动? 一般是什么形式的实践活动?

A2 同学:我每个学期都积极参加学院布置的实践活动,感觉大学四年有采用线上的实践活动,也有线下的实践活动。

B1 同学:没有每个学期都参加实践活动,我大三上个学期的教育见习都是线上进行,填完教育见习本子而已,实际上没有参加很实在的实践活动。

C2 同学:我大一下学期都在家上网课,那学期因为疫情太严重,根本没去学校,感觉大学四年实践活动断断续续的,实践锻炼太少了。

D1 同学:我感觉我大一没有参加什么实践活动,主要是上课。

从访谈可以看出疫情影响到小学教育专业师范生对专业实践教学

活动的判断,因此,f 问题的均值受到大环境影响有所缺失,但他们从已毕业的,或者专业的宣传上知道本专业每个学期都有专业实践活动,因此,g 题的均值倾向优秀。从量表来看,整体而言,小学教育专业实践教学内容体系的建构,即使是不同的学校,即使发展阶段不同的学校,都努力将实践教学内容与理论知识高结合,实践教学内容与岗位能力高契合,并且执行小学教育专业认证标准要求的"将实践贯穿整个学程,每一个学期都安排一定时间的实践教学内容且保证实践教学活动的时间充足"。为充分了解小学教育专业实践教学内容在实际实施方面包含了哪些方面,特意做了以下的问卷调查。

表 5-24 您认为本专业开设的(高校课堂内实施的)实践性课程有哪些?

选项	响应		个案百分比
	个案数	响应率百分比	
三笔字	394	13.9%	100%
普通话 / 教师语言	394	13.9%	100%
说课	394	13.9%	100%
微课	394	13.9%	100%
微格教学	394	13.9%	100%
美术	173	6.1%	43.9%
音乐	394	13.9%	100%
舞蹈	298	10.5%	75.6%
总计	2835	100%	657.4%

注:百分比和总计基于响应者 α 值使用了 1 对二分组进行制表

表 5-25 您认为本专业开设的(高校课堂内实施的)实践性课程有哪些?

学校	个案数	三笔字	普通话 / 教师语言	说课	微课	微格教学	美术	音乐	舞蹈
A 校	49	49	49	49	49	49	49	49	49
B 校	194	194	194	194	194	194	30	194	163
C 校	130	130	130	130	130	130	78	130	86
D 校	21	21	21	21	21	21	16	21	0
总计	394	394	394	394	394	394	173	394	298

注:百分比和总计基于响应者 α 值使用了 1 对二分组进行制表

表 5-26　您认为本专业开设的(高校课堂内实施的)实践性课程有哪些？

	个案数	三笔字	普通话 /教师语言	说课	微课	微格教学	美术	音乐	舞蹈
免费师范生	132	132	132	132	132	132	60	132	117
普通师范生	262	262	262	262	262	262	113	262	181
总计	394	394	394	394	394	394	173	394	298

注：百分比和总计基于响应者 α 值使用了 1 对二分组进行制表

对问题"您认为本专业开设的(高校课堂内实施的)实践性课程有哪些？"展开调查，从以上表格的数据可以看出，四校小学教育专业实践教学具体内容在教师职业技能的实践实训，如三笔字、普通话、说课、制作微课、微格教学上都开满开足给学生，在教师素质延伸方面，对于音乐方面，四校也是一致开课，但美术和舞蹈各校开设的程度不一样。A校是培养全科师范生的目标定位，在美术与舞蹈方面都以必修的形式开设给师范生，B，C，D 校则是不同程度地开设选修课，美术开课面向免费师范生为 45.5%，面向普通本科生为 43.1%，所占比例几乎相等，但在舞蹈上，免费师范生占的比例为 88.6%，普通本科生占的比例为 69.1%，明显，免费师范生所占比例较大，即免费师范生更侧重多项技能训练。

表 5-27　您认为见习实习的内容包括哪些？

选项	响应		个案百分比
	个案数	响应率百分比	
班主任工作	394	26.0%	100%
学科教学	394	26.0%	100%
该校教师的教科研工作	214	14.1%	54.3%
师德展示与宣讲	226	14.9%	57.4%
少先队活动	288	19.0%	73.1%
总计	1516	100%	384.8%

注：百分比和总计基于响应者 α 值使用了 1 对二分组进行制表

表 5-28　您认为见习实习的内容包括哪些？

实习学校	个案数	班主任工作	学科教学	该校教师的教科研工作	师德展示与宣讲	少先队活动
城市学校	297	297	297	186	193	219
农村学校	97	97	97	28	33	69
总计	394	394	394	214	226	288

注：百分比和总计基于响应者 α 值使用了 1 对二分组进行制表

对问题"您认为见习实习的内容包括哪些？"进行数据分析，可以发现，小学教育专业在实践教学内容上，以教育见习实习进行调查，无论是在城市学校见习实习、还是在农村学校进行见习实习，四所高校的小学教育专业的教育见习实习都包含了学科教学、班主任工作的实践，但关于少先队活动实践则开始下降比例，其次为师德展示与宣讲实践，最后是教师教科研工作实践比例最低。而且观察师范生所实习学校，呈现所占比例下降趋势一致，都是从少先队活动到师德展示与宣讲，最后到教师的教科研工作。在比例上，少先队活动实践在城市学校所占比例为 73.7%，农村学校所占比例为 71.1%，几乎相当；但是师德展示与宣讲在城市学校所占比例为 65.0%，农村学校所占比例为 34.0%；教师的教科研工作在城市学校所占比例为 62.6%，农村学校所占比例为 28.9%，明显小学教育师范生见习实习学校在城市学校得到师德展示与宣讲、教师的教科研工作的实践机会要比农村学校机会大。

表 5-29　您认为本专业开设的师范生实践性课程的内容包括哪些方面？

选项	响应		个案百分比
	个案数	响应率百分比	
师德体验	228	18.0%	57.9%
教学实践	394	31.0%	100%
班级管理实践	394	31.0%	100%
教研实践	253	20.0%	64.2%
总计	1269	100%	322.1%

注：百分比和总计基于响应者 α 值使用了 1 对二分组进行制表

表 5-30　您认为本专业开设的师范生实践性课程的内容包括哪些方面？

学校	个案数	师德体验	教学实践	班级管理实践	教研实践
A 校	49	35	49	49	32
B 校	194	132	194	194	142
C 校	130	55	130	130	68
D 校	21	8	21	21	11
总计	394	228	394	394	253

　　对"您认为本专业开设的师范生实践性课程的内容包括哪些方面？"的问题进行调查分析，得到以上表格数据的分析，从数据中可以看出在整体上，小学教育专业实践教学体系在内容上教学实践和班级管理实践比例达百分之百，对于教研实践和师德体验实践所占比例依次为 20% 和 18%。在四校小学教育专业实践教学内容的师德体验上，A 校所占比例为 71.4%，B 校所占比例为 68.0%，C 校所占比例为 42.3%，D 校所占比例为 38.1%，依次下降；在教研实践上，B 校所占比例最高为 73.2%，次之是 A 校所占比例为 65.3%，C 校、D 校所占比例均为 52.3%。

　　同时，在调查问卷中关于"您在校期间参与过科研课题吗？"的调查数据显示，高于一半的师范生表示自己在校期间没有参与过科研题目。即当前小学教育专业实践教学体系的内容，以学科教学与班级管理实践两类居多，对于师德体验和教研实践或者科研实践的比例有待提高。这结果也显示实践教学体系目标如果对师德体验类定位较低，则在实践教学体系的内容也会呈现低水平。因此，实践教学体系的内容存在问题，究其根源，也是受到实践目标定位的影响。

表 5-31　您对本专业组织的社会实践活动满意吗？

	频率	百分比	累积百分比
很满意，有助于理解理论知识，扩大知识面	150	38.1%	38.1%
比较满意，虽然理论和实践有差距，但有助于接触社会，积累经验	173	43.9%	82%
不满意，实践活动往往形同虚设，敷衍了事	31	7.9%	89.9%
不感兴趣，无所谓	40	10.1%	100%
总计	394	100%	

表 5-32 在实践性课程中,教师教学时是否充分利用了模拟课堂、现场教学、情境教学、案例分析等多样化的教学方式?

	频率	百分比	累积百分比
是,教学方式非常多样	166	42.1%	42.1%
一般,教学方式不多样,也不单一	195	49.5%	91.6%
否,教学方式较单一	33	8.4%	100%
总计	394	100%	

对"您对学校组织的社会实践活动满意吗?"展开满意度调查,只有 38.1% 的师范生表示非常满意,将近一半的学生表示比较满意,但是也认为社会实践理论与实践有差距,即认为有些专业实践活动内容达不到想要的效果,约 10% 的师范生表示无所谓,只是完成社会实践任务拿学分,7.9% 的师范生认为社会实践活动形同虚设,敷衍了事,不满意。

对"在实践性课程中,教师教学时是否充分利用了模拟课堂、现场教学、情境教学、案例分析等多样化的教学方式?"问题进行数据分析,在小学教育专业实践性课程,教师教学是否采用多样化教学方式,有 42.1% 的师范生认为教师采用了模拟课堂、现场教学、情境教学、案例分析等多样化的教学方式,有 49.5% 的师范生认为教师教学方式不多样,也不单一,还有 8.4% 的师范生认为教师教学方式比较单一。在集体访谈中,一些师范生也反馈,在训练教学能力的说课、微课、模拟上课等教师技能实践课程实施上,一些年轻教学法教师由于从高校毕业直接进入教学,没有一线教学的经验,有时候变成了讲理论,学生实践机会偏少,因此,仍存在部分实践性课程内容没有落到实处,专业技能训练课流于形式。结合以上的分析,小学教育专业实践教学体系的内容在实施中要重视师范生的实践参与,进一步提高实践教学体系内容的实效性。

(四)实践教学管理维度分析

在量表中 h 题和 i 题主要是对小学教育专业实践教学体系中管理维度的分析。

h 题"本专业实践教学的组织管理井然有序"的均值分为 4.75,处在较优秀的水平,即师范生认为实践教学的组织管理工作符合自身需求。但 h 题"本专业实践教学的组织管理井然有序"和 i 题"在每次实践之前都有相关老师开展详细的指导"的均值呈现矛盾反向,究其原因,在访谈中了解到部分实践教学指导教师的指导工作不到位,影响到学生的评价,在访谈"您认为见习实习等实践活动前的准备工作是否重要(例如:实习动员会)?您在实践之前,您的专业领导或者指导老师是怎么开展指导的?"就有师范生在访谈中表示自己的见习实习指导老师"对自己帮助一般,有些指导老师都是等我们进入小学见习实习后,来看我们一两次而已""我们的指导老师都在网上,通过 QQ 或者电话、微信布置给小组长,或者在群上发一些注意问题""我认为见习实习等实践活动前的动员大会很重要,但希望在每次见习和实习之前开展小范围的动员会或布置会,不要开那种大形式的动员会,都是按照流程开会,领导简单说说,学生表表态,太笼统了,应该要针对每次见习实习任务进行详细的说明"。为了解实践教学,特别是校外教育见习实习的管理者有哪些,管理制度有无,管理得如何,展开了如下的调查和访谈。

表 5-33　您参加实习见习的管理者是谁?

选项	响应		个案百分比
	个案数	响应率百分比	
大学指导教师	394	27.3%	100%
基地指导教师	321	22.2%	81.5%
专业主任或辅导员	288	20.0%	73.1%
基地领导	214	14.8%	54.3%
专业领导	226	15.7%	57.4%
总计	1443	100%	366.3%

注:百分比和总计基于响应者 α 值使用了 1 对二分组进行制表

对"您参加实习见习的管理者是谁?"问题调查数据分析,四校小学教育专业校外实践的直接管理者有的完全是大学指导教师,实现了校外实践百分百配备高校指导教师,其次是基地指导教师参与实践教育管理,占比 81.5%,这也反映出虽然小学教育专业标准要求实行高校教师与优秀小学教师共同指导教育实践的"双导师"制度,但现实是小学教育专业师范生到小学见习实习,往往因为在管理层面没有做好沟通工作,以致小学因为缺老师或者老师太忙,没有完全实现安排小学指导教师共同指导。在访谈中,大部分学生就反馈,在教育见习明显没有小学指导教师,教育实习也同样出现没有小学指导教师的管理混乱现象。

接下来就是专业主任或辅导员、专业领导、基地领导参与直接管理教育实践的比例,占比依次下降。这说明,在管理上,虽然从制度上规定了师范生开展教育实践的管理者包含三层递进人员,但在实际实施中,主要还是高校教师和小学指导教师直接参与。这说明,小学教育专业实践教学体系在管理层面仍需要加强参与者的参与度。

表 5-34　您认为本专业对实习实践的组织管理如何?

学校	个案数	非常严格,严格按照组织管理相关制度执行	一般,有组织管理制度但未严格执行	完全自由,放任不管
A 校	49	41	6	2
B 校	194	187	3	4
C 校	130	119	5	6
D 校	21	16	3	2
总计	394	363	17	14
占比	100%	92.1%	4.3%	3.6%

表 5-35　您所实习的学校对实习实践的组织管理如何?

学校	个案数	非常严格,严格按照组织管理相关制度执行	一般,有组织管理制度但未严格执行	完全自由,放任不管
A 校	49	40	6	3
B 校	194	183	6	5
C 校	130	115	7	8
D 校	21	15	2	4
总计	394	353	21	20
占比	394	89.6%	5.3%	5.1%

从表 5-34 和表 5-35 可以看出,约 90% 以上的小学教育专业师范生认为无论是校内,还是实习小学,在教育实习上都是非常严格的,有着严格的组织管理制度,也有小部分的师范生认为对管理制度的执行没

有起作用,认为一般严格或者不严格。比较两组数据,也发现师范生认为实习学校对实习实践的组织管理没有专业的实习实践的组织管理严格,这大概与一些小学认为师范生不是自己的教职工或者学生,不好开展管理的原因有关。

（五）实践教学保障维度分析

在量表中 j 题和 m 题主要是对小学教育专业实践教学体系中保障维度的分析。

这四道的均值得分由高到低依次为:j 题本专业实践课程(主要是校外实践课程)中实行了"双导师制"(即由高校教师和小学教师共同指导)到 k 题高校内实践教学的设施设备能满足您的需求,再到 m 题在实践教学基地取得实践效果,最后是 l 题基地学校在实践教学所提供的实践条件能满足您的需求。其中只有 j 题本专业实践课程(主要是校外实践课程)中实行了"双导师制"(即由高校教师和小学教师共同指导)的均值分为 4.74,超过 4.5,即评价优秀;l 题基地学校在实践教学所提供的实践条件能满足您的需求的均值分为 3.97,在四题中得分最低,良好偏下,其他两题均值分都是良好。

表 5-36　实习学校的指导老师给予您的实践机会(包括上课教学、开展班会、组织各项活动、参与教研讨论等)(不包含批改作业),您认为需要增加吗?

选项	响应		个案百分比
	个案数	响应率百分比	
需要增加上课教学的时间	97	14.3%	24.6%
需要增加开展班会的时间	84	12.4%	21.3%
需要增加教研讨论的时间	166	24.4%	42.1%
需要增加组织各项活动的时间	107	15.7%	27.2%
不需要增加时间	226	33.2%	57.4%
总计	680	100%	172.6%

注:百分比和总计基于响应者 a 值使用了 1 对二分组进行制表

对"实习学校的指导老师给予您的实践机会(包括上课教学、开展班会、组织各项活动、参与教研讨论等)(不包含批改作业),您认为需要增加吗？"问题进行数据分析，不需要增加时间的占比 33.2%，需要增加时间的占比高达 66.8%，即师范生认为在上课教学时间、开展班会时间、教研讨论时间、组织各项活动时间方面需要适度增加时间实践，希望实习学校指导老师给予更多的实践机会。

综上，小学教育专业校外见习实训基地建设情况可以基本满足需求，但仍有少数人认为不能满足，可见，小学教育专业实践基地的建设还有待增加投入，保障师范生在实践基地的实践时间。

表 5-37　您认为学校提供给您的指导教师是否经验丰富，并给予您以全面、及时、有效的实践指导？

选项	频率	百分比	累积百分比
不是，不能	56	14.2%	14.2%
是，不能	149	37.8%	52%
是，能	189	48.0%	100%
总计	394	100%	

表 5-38　大学里的指导老师在您实习期间主要采取哪种方式对您进行有效指导？

选项	响应		个案百分比
	个案数	响应率百分比	
驻校指导	0	0%	0%
巡回指导	324	50.9%	82.2%
远程指导	312	49.1%	79.2%
总计	636	100%	161.4%

从"您认为学校提供给您的指导教师是否经验丰富，并给予您以全面、及时、有效的实践指导？"问题数据可知，虽然有约一半小学专业师范生认为自己的指导教师经验丰富，且给予了全面、及时、有效的实践指导，但仍有 37.8% 的师范生认为自己的指导教师虽然经验丰富，但并不能给予自己全面、及时、有效的实践指导，有 14.2% 的师范生认为自己的指导教师经验不丰富，也不能给予自己全面、及时、有效的实践指导。

从"大学里的指导老师在您实习期间主要采取哪种方式对您进行有效指导？"问题数据可知，采用驻校指导的方式没有，采用巡回指导和远程指导的响应率百分比几乎相等。虽然现在属于信息发达的时代,大家交流信息可以通过手机等通信工具进行及时的沟通,但是,要提升实习质量,有学者认为应提倡指导教师驻校指导。因为,大学教师在指导实习中通过巡回指导和远程指导,指导时间有限,加上如果实习基地对师范生实习工作不够重视,就会使得师范生在教育实习阶段,既得不到实习学校的系统指导,又得不到大学教师的驻校指导,师范生教育实习质量堪忧。

问:您认为实习指导老师(包含高校、小学的指导老师)是否重要?您认为他们在指导实践上存在什么问题?

A2同学:我认为指导老师很重要。他们在指导实践上能够及时帮助我解决疑惑,特别是小学指导老师,我每天跟着他,学习到很多东西。

B6同学:指导老师很重要。我是顶岗实习,在农村小学,小学没有明确给我配备指导老师。我的大学指导老师比较年轻,没有什么小学一线教学经验,不过,还是很关心我,对我的问题也积极回应。

C2同学:指导老师很重要。不过,我的小学指导老师也是新进的年轻老师,经验还不特别丰富,我经常和她一起探讨教学教育遇到的问题。我的大学指导老师可能因为比较忙,主要是在网上指导我的实习工作,指导次数不算多。

D1同学:我觉得指导老师很重要。但是我实习的学校是一所农村小学,那里老师太少了,我的指导老师,虽然名义上是配给我,但是我看见她很忙,一天要上好多个班的课,还要做班主任工作,我自己也要承担一个班的教学,等我下课有疑问去请教她时,又经常碰不到面,下班后她又要照顾家里小孩,我感觉就是两边很忙,没有很多时间去交流。我的大学指导老师,距离我实习学校有点远,他一个学期就来了三次,其他时间就是在网上进行简单指导,我觉得也是面对面交流时间太少。

综上可见,小学教育专业实行"双导师制",机制是形成了,但是导师的指导能力、指导方式对师范生影响很大,因此,导师队伍的建设仍需重视。

为进一步挖掘小学教育实践教学保障体系现状情况,进行了"您每周会花多少时间进行教师技能训练?您了解到您专业的校内实践场所有哪些?校外实践基地有哪些?设备有哪些?资源有哪些?您希望有什么改进?"的访谈。从整体访谈来看,各校小学教育专业设备设施可满足师范生实践需求,有师范生专用的教师职业技能实训微格教室,而且教室里的多媒体设备也可以满足需求,有舞蹈室、书法实训室、多功能音乐教室等等,甚至有些学校还有智慧教室,通过智慧教室,师范生可以观摩在线课堂,但也有访谈者表示希望增加实训室,认为师范生教育教学技能实训教室不够用。在资源方面,访谈者表示图书馆的书不少,教育类纸质图书丰富,也有小学教材,但是优秀小学教育教学案例库没怎么见过,还有师范生表示不知道校内实践场所哪些可以利用来进行实训实践,资源更是无从谈起,因此,小学教育专业实践教学体系在资源设备保障方面基本满足实践教学所需,需要做的是继续完善实践教学所需的资源设备,同时做好宣传工作,让师范生了解有哪些实训实践场所,充分利用各种资源设备。

(六)实践教学评价维度分析

在量表中 n 题和 o 题主要是对小学教育专业实践教学体系中评价维度的分析。两题均值分相当,在 4.2 ～ 4.4 之间,这说明被调查者对校内外实践课程考核评价方式非常合理的评价几乎一致,处在良好的水平。

表 5-39　教育实习完成后哪些人负责对您的实习情况进行考评?

选项	响应		个案百分比
	个案数	响应率百分比	
小学指导教师	383	25.6%	97.2%
高校指导教师	394	26.4%	100%
自我评价	221	14.8%	56.1%
小学领导	201	13.4%	51.0%
同学互评	296	19.8%	75.1%
总计	1495	100%	379.4%

注:百分比和总计基于响应者 a 值使用了 1 对二分组进行制表

为了解教育实习校外实践课程考核评价的主体有哪些,开展了"教育实习完成后哪些人负责对您的实习情况进行考评?"的问卷调查,从数据显示,四校小学教育专业教育实习的评价主体都包含了高校指导教

师和小学指导教师,同学互评的个案百分比也占七成,自我评价和小学
领导评价则显示选填的人数相对较少,即显示四校小学教育专业在教育
实习考核评价主体上除了高校指导教师和小学指导教师是一致的,其他
评价主体各校略有不同。

表 5-40　高校指导教师对您教育实习进行考评通常的做法是?

	频率	百分比	累计百分比
看是否完成教育实践的要求和任务,根据其完成情况进行考评	124	31.5%	31.5%
平时教育实习过程的表现和实践结束的考核结合进行评价	236	59.9%	91.4%
只看平时教育实践表现进行评价	34	8.6%	100%
不进行考评	0	0%	100%
总计	394	100%	

表 5-41　小学指导教师对您教育实习进行考评通常的做法是?

	频率	百分比	累计百分比
看是否完成教育实践的要求和任务,根据其完成情况进行考评	144	36.5%	36.5%
平时教育实习过程的表现和实践结束的考核结合进行评价	219	55.6%	92.1%
只看平时教育实践表现进行评价	31	7.9%	100%
不进行考评	0	0%	100%
总计	394	100%	

　　对"高校指导教师和小学指导教师对师范生教育实习进行考评通
常的做法"展开调查,数据显示,高校指导教师和小学指导教师对师范
生教育实习进行考评做法都是平时教育实习过程的表现和实践结束的
考核结合进行评价占比最高,其次为看是否完成教育实践的要求和任
务,根据其完成情况进行考评,最后是只看平时教育实践表现进行评
价。同时,综合数据分析,要么只看结果、要么只有过程评价,不实行考
核的现象仍然存在,即评价方式单一的现象仍然存在。

　　以上是从实践教学体系的五维度进行调查问卷及访谈分析。在量
表中还有最后一题 p 题对专业实践教学环节的总体评价满意度调查,均

值分别显示为 4.37,这与 a 题到 o 题的均值平均分 4.39 几乎相当。

对"您认为本专业在专业实践教学中所出现的最大问题?"问题调查数据分析,小学教育专业师范生认为专业实践教学经费太少问题最大,其次到缺乏双师型教师,再到管理问题,最后是缺乏与小学的合作问题。

表 5-42　您认为本专业在专业实践教学中所出现的最大问题?

选项	响应		个案百分比
	个案数	响应率百分比	
经费太少	362	37.1%	91.9%
管理不够完善	201	20.6%	51.0%
缺乏与小学的合作	189	19.4%	48.0%
缺乏双师型教师	223	22.9%	56.6%
总计	975	100%	247.5%

注:百分比和总计基于响应者 a 值使用了 1 对二分组进行制表

所以,小学教育专业师范生认为专业实践教学相对较好,也认为专业实践教学在经费、管理、与小学的合作、双师型教师都存在不同程度的问题,对实践教学的评价定位相对准确。

第三节　小学教育专业实践教学体系存在的问题

结合第一节的剖析和第二节的调查访谈分析以及实地资料查阅,本节将同样从实践教学目标、内容、管理、保障、评价五个维度,梳理目前小学教育专业实践教学体系存在的问题。

一、实践教学体系总体目标仍需完善

（一）实践教学体系总体目标较为笼统

无论是查看 B 校小学教育专业多个版本的人才培养方案，还是对比查看四所高校甚至更多高校的小学教育专业人才培养方案的文献资料，都会发现，在人才培养目标方面，都设置了一个整体的人才培养目标，把实践教学和理论教学都放在一起安排教学计划，虽然都有单列实践教学的模块，但是针对实践教学这一具体的环节，并没有设置专门的总体目标。而且，在整体的人才培养目标中面对实践教学的要求定位清晰度不够，如有些很笼统地提到，具有较为扎实的实践能力，但如何理解"较为扎实"，怎样的程度可以称之为较为扎实，是不是像 B 校详细指标分化成"具备熟练开展小学语文或数学主教学科的教学能力"，这样学生才对自己要发展的结果有一个清晰的认识。

正是由于实践教学体系总体目标的欠缺或定位清晰度、准确度不够，所以在调查问卷中才会使得"您清楚在实践中要达到的目标"的均值在整个量表处在最低，不少学生对实践教学目标定位模糊。

在小学教育专业实践教学体系中，教育三习占很重要的地位。在调查中发现，每个高校针对教育三习，在教育见习、教育实习等管理办法、工作条例或实施方案中，有对见习、实习的目的、任务等进行说明。这些目标一般包括情感态度目标、知识目标与能力目标三方面。例如，B 校对小学教育专业师范生在教育实习活动中所要求达到的目的表述为：教育实习的目的是使实习生把所学的基础理论、专业知识和基本技能初步综合运用于学校教育教学实践；了解和熟悉小学教育工作的基本情况，学习和初步掌握小学教育教学的一般规律，培养和锻炼从事教师职业的独立工作能力和基本技能，进行热爱人民教师工作的专业思想教育，增加对教育工作的事业心、责任感。实习的内容包括课程教学实习、班主任工作实习和教育调查等方面。通过教育实习，巩固深化学生所学理论知识、获得初步的组织、管理和技能训练，培养敬业精神和团队精神，以及教育教学实践能力和创新能力。

小学教育专业认证标准的二级指标是从知识、能力、情感态度三方面来进行设置的，教育情怀属于情感态度，学科素养属于知识层面，教学能力、班级指导、综合育人、反思研究、沟通交流等都属于对能力方面的要求。而且认证标准相关维度设置了 11 个二级指标，并且每一指标下都有十分全面且细致的要求，可见，与认证标准相比，B 校小学教育专业教育实习目标这个描述比较笼统，没有明显区分出情感态度方面、知识层面、能力层面三个层次目标。

通过调查发现，在很长一段时间，很多人认为集中性的教育实践如教育实习只是一个环节，而忽略了其等同于理论课程一样，也是一门课程。以 B 校小学教育本科专业为例，在 2020 年之前，教育实践每个环节都有具体的实施方案，但是并没有形成一些实践环节是课程的意识，应有相关的课程大纲及明确的实践目标。但从《教育见习》《教育实习》《教育研习》等实践课程的实施方案中，可以窥探目前小学教育本科专业对师范生实践教学的目标要求还不够合理。因此，在师范类专业认证背景下，制定教育三习课程大纲，明确教育三习目标，是每个小学教育专业仍需重视的地方。

（二）情感态度类目标较为忽视

在实践教学目标的达成程度，相比较教育教学知识的夯实与能力的提升方面，在情感态度方面，目标的达成度偏低。以下的调查数据也显示了小学教育专业师范生有一些经过实践教学活动以后，反而对专业产生了怀疑，产生了消极的态度，甚至放弃了从教信念、放弃了小学教师职业道路。

表 5-43　通过教育实习，您对小学教师这一职业有何想法？

	频率	百分比	累计百分比
不喜欢，希望尝试其他职业	34	8.63%	8.86%
一般，只要能找到工作就行	68	17.26%	25.89%
很喜欢，很希望毕业后当一名小学教师	292	74.11%	100%
总计	394	100%	

从"通过教育实习，您对小学教师这一职业有何想法？"调查数据可见，大部分师范生在经过教育实习实践后，对教育教学是坚定热爱，很希望毕业后当一名小学教师，有 25% 左右的师范生情感态度没有变

化,认为只要找到一份工作就行,有 8% 左右的师范生在情感态度上往负方向发展,变得消极,否定了小学教师工作,要努力尝试其他职业。总体上,将近三分之一的调查者经过教育实习实践,在情感态度上处于低水平,这反映了高校与基地小学在实践教学上只关注师范生夯实知识,提高教学能力,对情感态度目标较为忽视。一个人只有热爱一个行业,在工作上才会积极,在生活上才会愉悦,假如培养的小学教师都不热爱教师这一行业,又怎么能让他在以后教师专业得以发展,怎么能让他教出热爱生活的小学生。

问:通过小学教育专业的实践教学,您觉得获得什么样的能力或知识?会对您后续的教师生涯有哪些作用?

A1 同学:通过专业实践教学,我觉得我主要获得了如何教学,如何管理班级的能力。特别是教育实习的实操训练,提高了我的实践能力和应对能力,应该为我日后的教师生涯奠定了扎实的基础。

B3 同学:我觉得通过专业实践教学,增强了我的反思能力,因为在实践中我通过发现问题,改进教学方法,改进教学,提高了教学质量,而且通过实践教学,清楚要深入和小学生打交道,这样才能清楚学生的需求和学习情况。

D1 同学:我觉得应该是获得教学和管理班级的能力。对我后续教师生涯的作用,应该是让我克服自卑,自信从容地对待小学教师工作。我实习的学校是一所农村小学,我刚到小学的时候,都没有老师指导我、带我,因为那里实在是太缺老师了,我刚到的时候就直接给我一个班,让我自己教,这实践的几个月是困难、解决困难不停地反复出现,不过,我回头想想还是很好的,起码很好地锻炼了我的独立能力,而且在解决困难的过程中,我变自信了。

从以上三位同学访谈的反馈,特别是 D1 同学的反馈,可见,实践教学能够很好地促进小学教育专业师范生的专业情意技能,因为大学教育阶段是师范生塑造知识结构和形成性格特征的关键时期,所以,小学教育专业实践教学体系的目标应充分重视师范生的情感态度目标,提升其职业情感,让师范生未来能更好地从事教育工作。

二、实践教学内容框架仍需优化

实践教学目标定位对实践教学内容的构建与实施、实践教学效果过程的管理、质量保障等都具有指向作用。小学教育专业实践教学体系目标忽视了师范生的情感态度类目标,在实践教学体系的内容设置上也容易出现失衡的问题。除此之外,虽然在教师教学课程标准的要求下规范了小学教育专业实践教学体系的内容,包含了教师职业技能训练、教育三习、毕业论文、创新创业等,但具体内容在实施中仍存在落实不到位、实践教学方式单一、师范生实践机会少等问题。

（一）实践教学内容安排比较失衡

当前,小学教育专业人才培养方案一般分为理论教学和实践教学,但是,实践教学并不是理论教学的应用和补充而已。实践教学一般可以划分为三个层次,第一个层次是学中做,第二个层次是做中学,第三个层次是做中思。创新三要素为知识、思考、实践,其中知识是基础,思考是关键,实践是根本。在第三个层次,在实践中运用反思性思维去发现问题、分析问题、解决问题是形成师范生创新与实践能力的重要途径。也只有这样,专业实践教学才能从根本上脱离重理论、轻实践的现实困境。

通过对四校小学教育专业的调查,也发现目前小学教育专业所培养出来的人才,停留在"技术熟练者"的表面,无论是教育见习实习内容的调查,还是师范生认为本专业实践性课程内容包含哪些方面,都是以学科教学实践、班级管理实践为主,其他实践内容如教研实践、师德实践则呈现打折般下降。小学教育专业认证标准中要求在实践教学内容上师德体验、教学实践、班级管理和教育研究为一体,并能够与课堂教学、理论学习等其他教育环节有机衔接,但现实实施实践教学内容却不均衡,往往包含了教学实践、班级管理,弱化了师德体验和教育研究,即只关注了技术层面,却没有关注师范生专业发展未来能力的培养,即师范生的专业情意、科研发展能力和创造性思维的培养失衡了。

对四所高校小学教育专业高校指导实习的教师进行访谈"您认为当前的师范生是否认真按照专业要求进行了实践?"部分教师认为师范生并没有认真进行实践能力的训练,仍应加强师范生实践比重。当然,可喜的是"您认为培养一个好的小学老师还需要开设哪类实践活动?实践活动的类型及内容的安排是否需要有所增加?"不少教师表示要重视师范生的师德实践以及教研实践,希望增加这两大类的实践活动比重,实践教学内容的设置在理念上有所突破。总体来说,小学教育专业实践教学内容设置针对性有待提高。既要与小学教师职业岗位需求相对接,也要系统考虑师范生以后的专业发展所需的实践教学内容。

(二)实践教学内容的实施落实不到位

小学教育专业实践教学内容的实施,一般包括在高校课堂内实施的实践性课程、高校课堂外实施的实践活动、教育见习、教育实习、教育研习等。小学教育专业认证标准要求课程设置上的理论课程与实践课程设置合理、体现课程的实践性。在课程实施上,小学教育专业认证标准二级要求能够恰当运用案例教学、探究教学、现场教学等方式,合理应用信息技术,提高师范生学习效果。三级还要求注重师范生的主体参与和实践体验,注重以课堂教学、课外指导提升自主学习能力,校园文化活动具有教师教育特色,有利于师范生养成从教信念、专业素养与创新能力,但专业课的实践情况仍不乐观,根据前面的调查,一些教师在实践课程上没有综合运用多种教学方式,如案例教学法、示范教学法等,仍采用理论教学只用PPT讲,学生听的授课模式,实施的实际实践教学内容与理论知识的结合度也存在偏颇,特别是一些教师的课程实践性不足,学生实践机会少且不均,造成小学教育专业师范生参与感和实践体验感较差。

对于小学教育专业而言,教育三习是其实践教学体系的核心部分,小学教育专业认证标准一级要求教育实践不少于18周,二级还要求教育见习、教育实习、教育研习贯通(三级为递进贯通),涵盖师德体验、教学实践、班级管理实践和教研实践等,并与其他教育环节有机衔接。教育实践时间累计不少于一学期。学校集中组织教育实习,保证师范生实习期间的上课时数(三级还要求保证上课类型)。结合前面数据分析,大部分师范生认为在实践基地还是需要增加在教学、班会活动、教研讨论等实践活动的时间,再对四校小学教育专业毕业生进行访谈"谈一谈您对教育三习等实践活动安排的看法?(包含安排的时长、内容是否合适)您在实践的最大收获是什么?感觉自己最欠缺的是什么?"则显示小学教育专业实践体系内容在实施落实上呈现不同的问题。

访谈者有表示教育见习每次都是去小学看看,进入课堂观摩,更多是一种参观行为,或者最多实践改作业而已,去多次感觉都是重复,没有明确的要求。如"我们去小学见习,经常是班主任带队过去,小学安排进班,就没人管了,每天都是坐在教室后面听课,小学教师很忙,也不怎么理我们,最多就是叫我们帮看看学生,见习完,填一堆表格,写心得",僵硬地完成教育见习时长,教育见习收获低,这说明教育见习没有出台每个阶段应进行的针对性教育见习内容任务,教育见习的实施过于笼统,指导教师更没有结合师范生的需求及时开展集中交流,就教学设计、教学问题、课堂管理等师范生不懂或感兴趣的问题展开讨论;访谈者有表示教育实习时间过短,时长不合理,也有表示教育实习没有获得充足的实践机会,如"实习学校给我实践的机会较少,都是让我上那些音乐、体育、美术学科,其实我想上语文、数学学科",在一些并不缺老师的小学,实习生主要是跟班,"每天听课,改作业,感觉和教育见习没两样,得不到什么真正实践的机会",另外,在实习期间,师范生的上课时数与上课类型、开展班会活动的次数、组织各项活动的要求、参与教研讨论的要求,虽然高校有所规定,但是由基地小学指导老师决定的概率较大,不同实习学校的师范生获得的实践机会、被安排的实践内容不一样,小学教育专业师范生的教育实习实践差异较大,有些可能给予师范生在上课教学、班会活动、组织各项活动、参与教研讨论的实践机会,但是,有些学校给予师范生实践的次数不仅不符合高校的基本要求,也满足不了师范生自身的实践需求;而对于教育研习,访谈者则有表示不知道什么是教育研习,或者开展教育研习没有指导教师,交一份报告就完事,这说明一些高校小学教育专业在人才培养方案上虽然呈现了教育研习,表面是完成教师教育类课程标准要求,在具体实施中,没办法推进教育研习,或者说没有教育研习实施方案,更别提课程大纲,造成师范生不知道自己什么时候已经进行教育研习实践了。

因此,小学教育专业师范生并不是全部在大学四年完整地参加过教育三习实践锻炼,教育见习、教育实习、教育研习并没有贯通,也说明小学教育实践教学各环节相互贯通的落实程度稍有欠缺,实践教学内容的实施落实不到位。

三、实践教学组织管理仍需加强

小学教育专业认证标准中管理与评价提到"教育实践管理较为规范,能够对重点环节实施质量监控"。在小学教育专业实践教学体系中,有部分实践课程是在高校课内进行的,比如教师职业技能的"三字一话"实训、教学设计与教师技能基础训练等,因为受高校内课堂教学的管理制约,组织和管理一般比较规范。但小学教育专业教育见习实习等师范生实践方式,一般都是在基地小学进行,这就离开了高校这个场域,因此,比较高校内实践课程的实施,高校外进行的实践课程就较难组织与管理。虽然从总体上,各个高校小学教育专业与以前相比,都出台有完善的实践教学体系管理制度规范组织管理高校外的实践课程,但是仍存在"学院—专业"间组织管理衔接断层、"专业—基地"间组织管理权责不明两对矛盾,由此导致了实践教学管理不够规范的现实问题。

(一)"学院—专业"间组织管理衔接断层

随着中国现代大学制度建设、高校治理结构的不断优化与管理中心的下移,二级学院作为重要的办学主体,教学管理重心已经下移到二级学院。学校在教学管理工作上侧重决策的调控(目标管理、宏观管理),学院侧重组织和实施(过程管理、质量管理),在学院执行实践教学的组织和实施则具体为专业所在的系部或者教研室。如果专业所在的系部或者教研室在教学管理上缺乏积极性、主动性,在实践教学上就会出现与学院甚至学校的组织管理衔接断层的现象。这种断层突出表现在专业所在的系部或者教研室对实践教学只有实施方案甚至没有,缺少针对专业形成的实践教学管理文件、制度文件。这就造成了专业所在的高校指导教师对师范生实践的关心与指导不足,也缺乏管理。就有小组长在访谈中表示"教育见习或者平时布置的一些实践活动,管理比较松散。比如教育见习,经常就是师范生自己过去或者小组长组织,还是希望有老师管理、指导更好。"师范生在实践中,单靠个人的锻炼,实践能力很难转换为专业思考和理论提升。

(二)"专业—基地"间组织管理权责不明

"专业—基地"是指培养小学教育专业师范生所在的教研室、系部、学院与师范生见习实习实践基地的小学。因为基地参与小学教育专业实践教学主要是在教育见习、教育实习环节,有些高校小学教育专业也安排在基地完成教育研习,因此在教育三习环节,专业和基地在师范生实践教学的组织与管理就呈现了一些问题。比如,在教育见习中,专业所在的教研室一般把管理权分割给高校指导教师,因为时间一般比较短,见习一周,高校指导教师经常带领师范生进入见习学校并完成交接工作后,有些责任感低一些的教师甚至让班长或者学习委员直接带队进入小学见习,之后对师范生不管不问,也不去和基地小学导师或者领导进行沟通交流;或者当师范生进入小学实习实践后,高校指导教师碍于各种因素,觉得不方便就师范生的指导、管理干涉太多,就把管理权力交给了基地小学。而对于基地小学教师或者领导来说,因为师范生不是自己学校的教职工或者自己的学生,在实际中对师范生的管理权力没有很大,除了让师范生完成教育见习实习任务外,没有承担其他责任和义务,或者比较客气,碍于高校及师范生本人的面子对师范生不敢过于苛刻,也不敢放手管理师范生。因此,专业与基地两方对师范生组织管理权责不明,就让小学教育专业的师范生在教育实习上存在着管理的盲区而导致实践效果差;对于整个实践教学体系,由于管理机制不完善和全过程质量监管不到位,实践教学内容完成面临打折扣或无法落地,实践教学的"量"和"质"无法达到预期成效等系列问题。

四、实践教学体系的保障仍需健全

在小学教育本科专业实践教学体系的保障方面,结合前面调查问卷和访谈结果的分析,具体从校外实践基地建设、校内外师资建设、校内外其他实践保障资源建设三个方面讨论其存在的问题。

(一)高校与校外实践基地建设合作不稳定

在基地保障方面,小学教育专业认证标准中的合作与实践的协同育人指标要求高校与地方教育行政部门和小学建立权责明晰、稳定协调、合作共赢的"三位一体"协同培养机制,基本形成教师培养、培训、研究和服务一体化的合作共同体。但在实际情况中,小学教育专业实践基地一部分的确是在地方教育行政部门支持下,与小学建立了合作培养师范生的关系,但这种支持又经常局限于开始,当换了一个校长或专业领导,合作关系往往又会淡化,使得基地建设没有持续性。

小学教育专业认证标准二级要求每20个实习生不少于1个教育实

践基地。为了满足这个比例要求的基地数量,甚至也有小部分基地没有地方教育行政部门的参与,高校与小学直接对接开展教育见习实习工作,这种一开始就缺乏三方协同合作,靠人脉关系维系的基地更加不稳定,由此也带来小学教育专业在校外实践过程的一些不规范现象,比如在实践教学所提供的实践条件为低供应,满足不了师范生的需求,使得师范生感觉校外实践得不到保障。

因此,已建成的基地数量有余而建设不足,同样造成高校与校外实践基地的合作不稳定,流于形式。合作的流于形式,也造成了实习指导教师在指导师范生方面畏手畏脚。如小学指导教师就有反馈,所带的实习生的高校指导老师并没有经常就师范生实习实践进行沟通交流,而高校实习指导老师也有承认因缺少合作,碍于"不熟",并没有经常与小学领导或小学指导教师对实习生的实习实践进行沟通交流。

(二)校内外师资建设强度不够

在师资保障方面,小学教育专业认证标准二级的导师队伍中要求实行高校教师与优秀小学教师共同指导教育实践的"双导师"制度,有遴选、培训、评价和支持教育实践指导教师的制度与措施,"双导师"数量充足,相对稳定,权责明确,有效履职。从政策上规定"双导师"制,就是希望指导教师能够提供给小学教育专业师范生合适的实践指导以满足师范生教育实践需求。然而实际上对于部分高校的小学教育专业而言,"双导师"制度落实情况较差。

对小学教育专业师范生教育实习小学教师进行访谈"您指导实习生是经过学校选拔的吗? 是自愿指导还是被安排指导?"就有老师反馈自己指导的实习生没有经过选拔,都是由学校直接安排。可见,实践基地在遴选指导老师的时候就开始出现了机制的不健全。双导师制中,还有聘请一线基础教育的老师进入高校进行授课,但是往往由于是兼职,他们本来就要从事自己的本职工作,在高校的兼职只能以讲座的形式面向师范生授课,而没有过多的精力对师范生进行实践教学的具体指导。甚至有些小学教育专业师范生只是在教育见习、教育实习到基地小学实践时可能才接触到一线教师,得到一线教师的指导。在基地导师方面,对小学教师了解"对指导师范生有无奖励或激励机制"和"地方教育局或学校有定期组织专题研究、定期培训之类的活动提高其指导水平和能力",小学教师反馈呈现不同,有些说学校的奖励和激励机制还是挺健全的,比如在评优时特别优先,地方教育局和学校很重视教育实习指导,会每年联合高校开展定期培训交流指导工作,有些则反馈这两方面都没有,既没有奖励、激励机制,也不会有提高指导能力的专题研究,全由学校安排,凭自己的自觉和经验去开展指导,可见,实践基地小学指导老师的遴选、激励、培训、评价机制都不是十分健全。

高校的实践指导教师也呈现不同的问题,部分实践指导教师实践经验不足,缺乏对一线小学教育教学工作的了解,往往实际操作能力不强,缺乏专业经验,使得其在指导师范生实践时又偏向于理论,或者部分高校实践指导教师忙于自己的科研,对师范生的实践指导总是疏忽,或责任心不强,对师范生的实践指导过于放松,特别到教育见习实习实践时,就造成了指导工作放任由基地教师承担。高校教师在实习指导方式上也略显单薄,主要采用巡回指导和远程指导,而这两种指导方式明显存在指导工作空虚化、形式化,无法针对师范生在实习过程中出现的问题进行及时有效的解决,效率低、效果低。当实践基地小学指导老师难以保证提供给师范生全面、及时、有效的实践指导,实践教学指导的整体效果自然不佳。综合校内外指导教师的理论与实践融合指导仍然是"两张皮"情况,师范生实践属性知识的获得与提炼依然不足。因此,小学教育专业师范生获得的教师指导有限,"双导师制"建设与落实力度有待加强。

(三)校内外其他实践保障资源建设存在不足

在经费、设备与资源保障方面,小学教育专业认证标准要求生均教育实践经费支出不低于学校平均水平,生均教育类纸质图书不少于30册,现行小学教材每6名实习生不少于1套,并建有教材资源库、教育教学案例库、专业技能实训平台、在线教学观摩指导平台等以满足师范生实践教学需要。经过师范类专业认证的小学教育专业一般在这些硬性条件方面都能实现,投入实习经费也稍微足量。但也有部分小学教育专业在实践教学相应配套机制并不完善,如教育教学实践活动的经费补贴、设施设备、教材教辅等其他资源保障不足,有些小学教育专业没有优秀小学教育教学案例库,没有虚拟仿真实训实验室。在整体上,小学教育专业的其他保障资源没有及时更新,尤其是教材教辅资源,师范生对实践教学设施利用率不高、覆盖面不广等。而在校外实践基地,实践保障资源明显缺乏,质量无法得以保障。很多实习生到小学后,在实习过程没有食宿、没有办公场地。

五、实践教学考核评价仍需改进

在第二节的调查数据分析,小学教育专业师范生对校内外实践课程考核评价方式处在良好的水平。但从教育"三习"的考核评价与高校内实践性课程的考核评价、高校对师范生教育见习实习的考核评价与实践基地小学对师范生教育实习的考核评价、师范生实践教学考评的实施与师范生实践教学的制度要求作对比,在小学教育专业实践教学体系的考核评价还存在以下不足。

(一)考核评价主体混乱

小学教育专业实践教学体系有校内课外课内实践、校外实践。在评价方式上,校内课内实践评价最为规范,然后是校内课外实践,最后是校外实践评价。校内课内实施的实践课程评价主体一般是校内实践老师,涉及主体较少,所以比较容易组织实施考核,也能给出比较标准的考核方式,得到较为客观的评价结果。如三笔字是锻炼学生教师基本技能的课程,实训教师通过学生平时的训练情况和作品,还有期末作品的考核,以自己的特长判断师范生粉笔字是否合格。校内校外实践课程一般属于活动类课程,一般也制定有相应的考核标准,如创新创业学分认定标准,考核的主体也是高校实践老师或者小团队教师,评价也较为规范。但校内校外实践评价如在实训模块,以三笔字、课标解读、教案编写、说课为主进行实训,也同样缺少量化评价及过程性评价。

特别地,面对教育见习、教育实习的考核评价情况问题更复杂。在谈对教育三习的看法,就有师范生表示在考核方式上,评价主体看起来很多,比如小学领导、专业领导都进行考核,但实际上他们对我们的教育见习、实习评价情况哪里能全部知晓,感觉他们的评价没有太大意义。所以,实践教学评价主体多样化虽然好,但是不明确各个主体评价起什么作用,有些就是为了完成评价而评价。

（二）教育见习、实习的考核评价过于主观性

由于教育见习、实习课程存在的不确定性因素过多，学生及指导老师差异性较大、作业任务内容广泛，因此，虽然专业可能出台了评价制度，但是在总体上也难以给出全面客观、真实有效、科学合理的考核评价。部分师范生也认为教育见习、实习，指导教师评价的主观性太强，组与组之间差别大。高校指导教师对师范生教育实习的考核评价与实践基地小学对师范生教育实习的考核评价也存在差距。在教育实习中，高校指导老师与小学老师对于师范生实习期间表现情况存在沟通不畅的问题，高校指导老师采取巡回指导、远程指导等形式对师范生的实习实践情况进行了解的程度也较低，高校老师不清楚师范生的实习情况，难以做出正确的评价。基地小学导师对师范生的实习情况了解最多，但鉴于礼貌，师范生实习活动的评价大多由高校教师主导完成。所以说，对教育见习、实习的考核评价不足。

（三）师范生实践教学考核评价存在片面性

当前小学教育专业实践教学考核评价方式存在片面性，主要仍是教育见习、实习评价方面的问题。通过现状调查得知，目前，各校小学教育专业在教育见习、教育实习中都出台了考核评价制度，但教育见习一般分散进行，如何在分散的考核给出合理评价，或者教育见习中出台的一般分为针对教学、班主任管理能力两个模块的评价，但对师范生在实习过程中的日常表现、情感、态度等非显性因素的评判缺少评价维度，以发展理念为指导，应该要注重过程性评价，但师德表现未能纳入考评范围，可见当前的评价方式存在"片面性"。而且，教育见习、教育实习课程的评价还是基于经验为主，评价内容比较狭隘，大部分是以师范生在教育见习、教育实习完成材料的情况为文本材料评价，以随机听课考核上课技能掌握程度为过程材料评价，以高校指导教师为中心常采用五等级制度形式作为终结性评价，忽视了过程的反馈和改进措施。

小学教育专业现行的实践教学评价体系，还存在考核实施与考核制度之间的差距问题。因此，现行的小学教育专业实践教学评价体系，缺失部分较多，没有形成一个较为完善的良性循环系统，对于评价的内容、形式、方法、具体细则等多方面并不完善，需要项目团队进行新一轮

规划,来完善这一体系,从而使小学教育专业实践教学体系呈现一个更加良好的状态。

第四节 小学教育专业实践教学体系存在问题成因剖析

通过归纳梳理我国众多学者现有的研究成果及结合前面对四所高校小学教育专业的调查访谈分析,在本章节主要论述小学教育专业实践教学体系在各个维度呈现出的问题的成因,从学校外部与内部原因去深度剖析,同时也构建师范类专业认证背景下小学教育实践教学体系影响因素指标体系,旨在为后面小学教育专业实践教学体系的重构找到主体。

一、学校外部原因

(一)缺乏强化协同育人机制

教育部在教育事业的发展中扮演着宏观规划者、引导者和协调者的角色,发挥着统一规划、政策引导和组织协调的作用。教育部先后出台了相关政策,推动教师教育坚持实践取向理念的深入发展,在这些政策的"组合拳"作用下,我国教师教育实践教学改革也取得了一定的成效。

从国家中长期教育改革和发展规划纲要、师范认证标准或者关于全面提高高等质量的若干意见等文件都可见要提高地方政府特别是教育阵线的地方教育部门参与高等教育的参与度。高校小学教育专业实践教学的关键环节是需要加强校内实训教学与校外实践基地小学实践教学的紧密结合,需要整合校内外优质资源,但实际实施过程中,高校缺乏与地方政府行政部门、实践教学基地、用人单位等的联系与合作。以地方政府的教育行政部门来说,应统筹规划区域教育工作,制定、贯彻和落实相关国家政策,充分考虑高等教育实践教学所需,利用自己显著的组织优势,发挥引导、支持小学以多种形式参与小学教育专业的办学,并在政策上支持参与的体现,加强小学和高校信息交流平台的建设,但现实是地方政府的教育行政部门在高校与小学合作过程中并未能积极参与。因此,由于地方政府、高校与小学三者对小学教育专业人才培养的价值追求和社会责任感并未紧密结合,导致存在培养目标并未有机统一、定位不清晰、权责分配不到位等问题,协同培养工作落实不到位,而这些也间接造成了小学教育专业实践教学体系内容的无法落实。

(二)实践基地支持力度不大

长期以来,人们总强调高校要适应社会需求,培养实用人才,但社会对高等教育的支持缺乏积极性。师范类专业认证标准的出台,具体指出师范专业要求与行业实际需求的接轨,把学生与用人单位对专业人才教育满意度作为是否通过认证的重要指标,即"学生产出"或"毕业要求",是保证培养目标实现的关键。小学教育专业的行业、用人单位主体部门是小学。以小学来说,小学与高校在"协同育人"办学模式中扮演着同等办学主体、培养主体、管理主体的角色,小学应发挥小学教师人才实践能力培养的重要作用,但现实是因为小学对协同育人机制内涵理解不深,如认为参与高校小学教育专业实践教学,只是一种短期合作关系,从而出现"高校热、小学冷"的单边热现状。

小学教育专业师范生要在实践中提高教育教学技能,离不开真实的场景,即到小学开展实践活动。但即使高校建设了不少数量的校外实践基地,仍发现有些基地认为接受师范生是一种负担,会影响自己学校的教学工作运转。而且,还有不少数量的基地在基地建设中因各种因素没有按双方的合同约定进行认真的投入和建设。因此,从实际的运作来看,校外实践基地只是在师范生教育实习中发挥了简单的作用,有些甚至还是弱作用,让师范生在教育实习中经常从事与教学技能相关度不高的事情,师范生的实践能力得不到真正的锻炼,也无从提高。进一步说也是造成小学教育专业实践教学的实践与理论教学融合度不高问题的因素。

二、学校内部原因

（一）高校执行力度还不够强

高校小学教育专业是为社会培养具有职业素养的小学教师人才的摇篮，是产教融合、协同育人的核心主体，发挥着培养小学教育专业师范生立德树人、教学实践等关键能力的重要作用。21世纪初，教师教育标准的实施，高校小学教育专业响应国家政策号召，积极探索创新发展之路，努力提高师范生培养质量，也取得了一定的成效。在实践教学体系方面，也努力调整思路，将实践取向作为改革的重要理念，但从各高校制定的小学教育专业人才培养方案来看，各级各类高校小学教育专业实践性教学环节的教学内容大同小异，但一些学校还是认为本专业实践教学体系首先是各环节没有很好地联系起来，融为一体，实践教学系统化不足，阶段分割明显，即实践教学中实践环节连贯性不强。甚至在现实实践教学中有些技能实训课主要还是以课堂传授理论知识为主，考核评价体系以理论学习成绩为主。

其次是在处理理论教学与实践教学的比例方面未能完全地把握。传统教育都是重理论轻实践，重视课内教学，轻视课外实践教学。理论与实践教学不能相辅相成，就不利于培养学生的实践创新能力。但是，现实则是在学分上理论与实践学分分配存在不均。《国标》中要求小学教育专业在总学分中，实践课程所占比例应不低于25%，但应高于25%，则在各高校小学教育专业比例呈现不一样。有的提出一般不能低于40%，有的提出不少于1/3。南京农业大学曹卫星等提出实践教学是人才培养的重要方面，按照"每个平台、每个课程层次和课程模块都有相应实践环节"构建实践教学体系，本着"增加比重，注重实效，提高能力，形成特色"的原则，要求实验实践教学环节的学分学时占全部学分学时的30%以上。从已有文献可知，多数学者认为实践教学占总学时的比例在30%～50%之间较为合理[①]。

最后是高校教师师资队伍结构的影响。小学教育专业认证二级标

---

① 吴国英.高校人文社科专业实践教学体系的构建研究－基于营销理念［D］.天津：天津大学管理学院，2010：17-18.

准中,师资队伍数量结构中要求:专任教师数量结构能够适应本专业教学和发展的需要,生师比不高于 18∶1,本科学位教师占比一般不低于 60%、专科一般不低于 30%,高级职称教师比例不低于学校平均水平,且为师范生上课。配足健强教师教育课程教师,学科专业课程教师能够满足专业教学需要。基础教育一线兼职教师素质良好、队伍稳定,占教师教育课程教师比例不低于 20%。在实践经历上,教师教育课程教师熟悉小学教师专业标准、教师教育课程标准和小学教育教学工作,至少有一年小学教育服务经历。其中学科课程与教学论教师具有指导、分析、解决小学教育教学实际问题的能力,并有一定的基础教育研究成果。但部分高校小学教育专业办学历史并不久,仍存在教师素质参差不齐,教师的高学历与教学水平没有完全成正比,缺乏"双师型"教师现象也是制约小学教育专业实践教学体系的因素。

除此之外,还有高校专业在实践教学管理和保障执行上力度也不够。高校小学教育专业应重视实践教学的投入机制、实践教学标准和规范、实践教学激励机制、教学质量监控保障机制等问题,但现实远未完善。比如,多数学校不能处理好教学和科研的关系。在现有的考核模式和晋级条件下,大学教师的主要精力被迫集中在科研方面,教师的理论水平也许提高了,但实践水平并未随之提高,实践教学指导能力相应也不高。因此,教学考核方法要具有激励作用,应当把教学和科研结合起来考核,只有这样,高校教师在教育教学上才能倾注更多的心血,充分发挥大学教育的知识传承功能,努力践行理论与实践教学相融合的教学方式。现行管理体制及机制不健全、制度不完善、评价不科学是制约高校小学教育专业实践教学的重要原因。

(二)高校教师缺乏对实践教学的反思

部分小学教育专业实践教学体系效果差,问题多,导致这些问题的因素从微观上看,是因为有的教师缺乏责任心和敬业精神,对教学只是应付;而担任教师教育课程的教师由于部分是硕士或博士引进,他们一毕业从一个高校到另一个高校任职,缺乏实践经验,没有经过专业技能训练。有的教师形式单一、手段落后,甚至使用的教案、教学方法多年不变,仍以灌输性教学为主。学科课程与教学论教师不能将理论性和实践性较强地融合在一起,通过不同的教学方法和手段如案例教学法、网络教学、多媒体教学等教给学生、与学生互动,没有以培养学生能力为教学目标,教学效果较差。所以完善的高校实践教学体系构建是一个过程,需要高校持之以恒地努力,把工作做细做实。

综上分析,影响小学教育专业实践教学的因素指标体系如表5-44。

表 5-44 影响小学教育专业实践教学的因素指标体系

范围	主体	影响因素	指标
外部原因	地方教育部门	政府的支持度	政府条例制度完善程度,社会氛围营造程度
	行业单位小学	行业的参与度	参与组织管理制度健全程度、配合程度、平台搭建数量与质量
内部原因	高校	实践教学体系	办学理念、特色、组织与管理制度
	高校教师	实践教学力量	教学内容、教学方式改革程度

第六章

小学教育专业实践教学体系重构的理论依据

  理论依据是人们思想和行为的前提条件之一。对小学教育专业实践教学体系重构,在理论与实践层面都会发生与其他学科的学术对话和碰撞,这样展开研究,对于发现的问题进行处理,做出决策才有依据,也才能使得重构体系实现突破与发展。找到理论证据,这是师范类专业背景下对小学教育专业实践教学体系重构之前从理论上论证重构的合理性、必要性等。因此,将借助哲学、心理学等学科的理论来探寻理论基础。

第一节　马克思主义实践观

马克思主义哲学实践观认为：实践是认识的来源，是认识发展的根本动力，是检验认识正确与否的唯一标准。这就说明实践与认识是辩证统一的关系，实践决定认识，认识对实践有巨大的反作用，两者相互作用。实践的三要素包含了实践主体、实践客体和实践中介。教育作为一种特殊的实践活动，要运用正确的科学的认识促进教育实践的发展。在高等教育的实践教学应是有目的地进行的现实的、感性的自觉活动。

一、实践是人类社会存在和发展的基础

马克思指出："全部社会生活在本质上是实践的，凡是把理论引向神秘主义方面去的神秘东西，都能在人的实践中以及对这个实践的理解中得到合理的解决。"马克思把人理解为一种对象性存在，作为人的对象性活动的实践贯穿于社会历史发展的始终。人和世界的关系在本质上属于实践的关系，人类实践活动产生了系列产物，包含理论知识也是人类在实践活动中产生的。因此，对于小学教育专业的师范生而言，要获得存在和发展的基础，就要重视实践，小学教育专业要加强实践教学工作，创造条件，让师范生在实践中获得实践性知识。

二、实践的主体是人，也只能是人

这就说明实践活动的主体是人，人在实践活动中具有主体地位。马克思认为："实践是人自觉能动地改造客观世界的对象性活动，是人类特有的本质活动。"马克思改造了传统哲学本体论的思维方式，不再寻找脱离人的存在的绝对的本体，把人从"抽象"的统治中解放出来，提出生活世界是属于人的世界，是人的生成与发展、创造意义与实现价值的

过程。教育之所以是一种特殊的实践活动,就是因为其是一种以学生为活动主体的实践活动。高等师范教育为促进师范生的发展,就要使师范生成为活动中真正的主体,发挥他们个人的主观能动性。小学教育专业开展的系列实践教学活动正是凸显小学教育专业师范生主体参与的教学过程,通过教育三习、教师教学教育技能实训、毕业论文等丰富多样的实践教学活动,让师范生去发现问题、分析问题,并尝试解决问题,有效锻炼师范生的实践能力,提高师范生的综合素质。

三、实践构成了社会发展的动力,实现人的全面发展

马克思认为劳动实践使"生产者也改变着,炼出新的品质,通过生产而发展和改造着自身,造成新的力量和新的观念,造成新的交往方式,新的需要和新的语言。"人类实践活动包含物质、精神、社会关系实践三种方式。通过这些形式的活动,人们不仅能获得知识、技能方面的提高,而且个人的思想观念、思维方式、文化修养等也在不断修正和完善,即实践在改造客观世界的同时也在改造人的主观世界。因此,高校小学教育专业在实施实践教学活动的过程中,不仅要关注小学教育专业师范生知识的获得、技能的提高,也要关注师范生获得职业情感、教育情怀,更应具有人文情怀,尊重师范生的需要和关注师范生的内在成长,让每一名师范生都能成为全面发展的人才。

第二节　能力本位教育理论

能力本位教育理论(Competence Based Education,简称 CBE 理论)的思想理念是从工作岗位中所需要的职业能力出发,按照岗位职责的需要,确定从事某种行业所应具备的职业综合能力,然后将这种职业能力进行层层分解,经过专家审核确定后,再以各项能力要求来对教学内容进行科学设计,并且要以足够丰富的教学活动作为依托,在教学活动过程中,以学生获得岗位能力为根本目标,注重激发学生的主动性和积

极性,以学生为主体,强调学生能力的获得①。简而言之,能力本位教育理论是一种"以能力为中心",其核心是从职业岗位的需要出发,确定能力培养目标的教育理论。强调教学重视能力,而不是传统的学历或者学术。

能力本位教育思想最初来源于美国二战后对退役人员的专业训练,因为当时退役军人需要就业,就必须获得岗位能力,以此就开展了针对其的岗位能力训练。之后就被运用于其他领域,如职业教育的师资培训,并在 20 世纪 60、70 年代形成以强调岗位能力为核心的能力本位教育思想。当时,因为美国的教育质量水平没有达到人们的期望值,人们开始质疑教师教学能力,迫于这样的压力,美国不得不进行师范教育改革。这种师范教育改革具有明显指向特征,就是要提高当时教师与教学有效性相关的能力。因此,1967 年,以传统学科培养教师的师范教育被以能力本位教育为主的新方案所取代。这种新方案主张对教师工作性质进行分析,并把分析的结果具体化为教师必须具备的能力标准。这种方案并在 20 世纪 70 年代初日渐成熟并开始运用到职业教育和培训中,且产生了深远影响。20 世纪 80 年代以后,能力本位教育思想被传播到欧洲、亚洲一些国家,尤其是 20 世纪 80 年代中后期及 20 世纪 90 年代初,对职业教育与培训产生了深远的影响,一些国家如新西兰在能力本位职教思想影响下,打破传统以学科体系制定,转为岗位职业能力为核心的职业教育体系,把能力本位职业教师思潮推向了一个新的高度。20世纪 90 年代,能力本位教育思想由加拿大引介登陆我国,在我国大专、中专学校的教育改革试点工作中取得较好的成效,并对我国社会人才培养带来深远影响。如今这种职教新模式已在全世界得到了广泛的传播与应用。由于能力本位教育思想显著的优越性,提倡以能力为基础建立职业教育体系,能够保证职业能力培养的实现,使得培养出来的人才适应社会的需求,引起了全世界的广泛关注,尤其是在职业教育领域中,一度成为职业教育教学改革的发展方向和国际上颇为流行的职业教育改革思潮。

"能力本位教育理论以全面分析职业角色活动为出发点,以提供产业界和社会对培训对象履行岗位职责所需要的能力为基本原则,强调学员在学习过程中的主导地位,其核心是如何使学员具备从事某一职业所

① 陈庆合,能力本位教育的四大理论支柱 [J]. 职教论坛,2004:8-15.

必需的实际能力。"在师范教育中是培养各级各类的教师。教师是一种职业,而且比较古老。说古老,是因为自从有了人类社会就有了人类的教育实践,在传播知识和传递人类文化,就产生了教师职业。所谓职业是依据人们参加社会劳动的性质、内容、形式等标准划分的社会劳动者群体。社会学者根据职业的本质、特征将其划分为专门职业和普通职业。所谓"专业"是"专门职业"的简称,即区别于普通职业并具有不可替代性的专门职业。专门职业有影响能力、奉献精神、专门权利三个基本特征。在 1992 年前,我国"教师职业"仍然是相互并立的两个概念。从许多国家的教育活动的历史演变过程来看,教师职业的发展大致分为非职业化阶段、职业化阶段、专门化阶段、专业化阶段,逐步形成了专业的职业特征,教师职业走上专业化的发展道路。20 世纪 60 年代中期,很多国家对教师质量的关注高于数量,即对教师素质的关注达到了前所未有的程度。20 世纪 80 年代以来,教师专业化则形成了世界性的潮流。根据伊继东等对专业职业基本特征的论述,教师所从事的职业具有影响能力、奉献精神、专门权利等基本特征:首先,任职前接受了专门训练,获得了专门技术和专门智慧;其次,教师职业具有较高的职业道德和社会责任感,且为社会服务,如培养专门人才、培训、为政府决策提供决策咨询、科学研究等专门的社会服务;最后,教师职业有自己的行业标准、专业自主权或控制权、专业行规等,如持教师资格证才能上岗,对从业人员的聘任、解职等方面的权限,不受专业外因素的控制。

因此,教师是一种专业职业,教师教育是一种职业教育。在历史上对教师培养产生"师范性"和"学术性"之争,就是没有把教师这一职业看作是具有专业性的。强调"学术性"派的学者则认为教师只要具有学科知识就可以了,至于教育教学的理论和技能是无须或很少需要专门培养的。强调"师范性"派则一般对二者关系的认识还比较辩证,认为教师不仅要有学科知识,还应该经过专门培养去掌握教育教学的理论和技能。职前教师教育应遵循能力本位思想,不仅让学生学到学问,更应该培养其成为具有一定职业能力的实践者。学习者职业能力需要在具体真实的情境中不断实践、互动、意义建构中得以形成和发展。小学教师教育的实践教学重视师范生知识、技能、职业态度的理解和转化,以建构师范生丰富、全面的知识经验体系,从而形成和发展综合职业能力。

职前教师教育具有职业准备性质,小学教师教育是一种职业教育,目的就是提高未来小学教师的职业精神,培养更加专业的小学教师。在特征方面,小学教师职前教育具有职业教育的特征:职业定向性、技术技能性、实践性。能力本位教育思想源于师范教育,也在师范教育中得以生根发芽。小学教育专业根据小学教师工作性质、小学教师职业进行分析,以国家颁布的《小学教育专业师范生教师职业能力标准》为依据,构建能力培养的课程体系结构,在实施的过程中,强调师范生的自主学习,强调实践教学方式方法的灵活多样和实践教学管理上的严格科学,强调实践教学要反馈及时、评价客观以便于师范生进行及时的修正和改进等优势和特点。小学教育要实现教师教育职前职后的一体化,与小学教师职业岗位接轨,突出倡导"职业能力导向教育"的关键性和重要性。

第三节　建构主义学习理论

建构主义(Constructionism)也可译为结构主义,建构主义教学理论属于认知心理学派,源自关于儿童认知发展的理论。苏格拉底(Socrates)和柏拉图(Plato)是教育上最早的建构主义者。被认为最早提出当代建构主义学习理论的学者则是瑞士著名心理学家皮亚杰(Jean Piaget),儿童认知发展理论就是他提出的。在皮亚杰之后,很多教育学家与心理学家继续深入研究建构主义理论,使其理论基础得到巩固和完善。建构主义学习理论很快就在高等教育中渗透,越来越多的高校教学活动基于建构主义理论指导来实施。建构主义学习理论是目前最具影响力的学习理论之一,其观点渗透到各级教育领域中的教育目标、教学设计、教育研究、教育政策和教育改革等方面,它对培养学习者学习的自主性、情感性、社会性和终身发展性等方面具有重要的指导意义。

建构主义学习理论观点主要体现在以下四个方面:第一,学习者对知识或信息的接受和能力的获得是其自主建构的结果,它需要学习者针对具体问题的情景对原有知识、经验、技能等进行加工调整和再创造,建构自己的理解;第二,学习者是学习活动的主体角色,教师起主导作用。学习过程是学习者根据自己的知识背景和经验结构,在他人(老师、同伴、家长等)协助下,利用必要的学习资源,通过自主学习、协作学习、探究学习、体验学习等方式，对信息进行主动地选择和加工，并积极检验、调整认知内容，主动构建知识意义的过程，教师是学生学习的帮助者、促进者、引导者；第三，人的社会属性和自然属性决定了学习活动是一种交流与协作的活动，需要在一定的文化、情景、社会实际生活和实践中，通过自主反思、主体间的交流、实际体验等完善知识的意义构建；第四，创设真实的、直观的、丰富的、生动形象的实践情景，对主体的认知、职业能力的形成和发展具有十分重要的意义。

建构主义学习理论的四个基本构成要素或四大属性为"情境""协作""交流也称为会话""意义建构"。其中，"情境"学习环境中环境必须有利于对学生所学内容的意义构建。这就对小学教育专业实践教学体系重构提出了新的要求，也就是说，在建构主义学习环境下，小学教育专业实践教学体系的重构不仅要考虑分析实践教学目标，还要考虑有利于师范生建构意义的学习情境的实践教学内容。"协作"发生在学习过程的始终、"交流"是完成意义构建的重要手段之一，"意义建构"是整个学习过程的最终目标。所谓建构是指"学生通过新、旧知识经验之间的反复的、双向的相互作用，来形成和调整自己的知识结构"。所以，小学教育专业实践教学体系重构也要注重实践教学管理、实践管理保障、实践教学评价的重构，实现建构主义的"协作""交流"。

第四节　三大理论对小学教育专业实践教学体系的影响

小学教育专业主要培养能够胜任在小学开展教学教育工作的教师，这就要求要通过实践教学环节持续加强小学教育专业师范生实践能力的培养，以三大理论构成了小学教育专业实践教学体系重构的理论基础。马克思主义实践观为小学教师职前教育提倡实践教学和实施实践教学奠定了坚实的基础。依据能力本位教育理论的优势和特征，小学教师职业性质属性，为小学教育专业实践教学体系的重构围绕职业能力为核心而建立，提供了具有可行性、合理性的重要理论依据，对职业能力导向的小学教育专业实践教学具有重要的启发意义和完善作用，尤其是在增强人才培养的针对性、适用性、有效性和标准性以及实现人才培养与小学教师职业岗位的接轨方面,在能力本位教育理论指导下,小学教育实践教学体系中实践教学目标的设定基于产出导向要以小学教师职业岗位的能力标准为导向,把师范生未来所要从事岗位的职业能力作为主要培养目标,然后对这些主要的培养目标进行层层分解确认实践教学体系的内容,同时把小学教育专业师范生参与实践教学中获得的各项能力作为标准来评估和反馈实践教学效果;建构主义学习理论为教师教育领域中职业意义和职业知识的构建、学习者与真实教育教学情境之间的互动、学习者主观能动性的发挥、教师与学生的"主导—主体"关系以及学习者之间的交流与协作关系的建立提供了理论依据,更为学习者基本职业能力和可迁移的关键能力的有效培养提供了科学、合理的依据,合理地反映实践教学效果。

本书的实证研究部分,以地方本科师范院校——B 校教育科学学院小学教育本科专业作为研究对象,以其实践教学的职业能力培养问题、体系重构为研究内容,并结合专业实践教学的实施状况,以职业能力为主线,融入职业教育优势、特色及上述三大理论中的精华,对如何重构小学教育本科专业的实践教学进行探索,为三大理论的实践研究提供经典范例。

第七章

小学教育专业实践教学体系重构的基本原则及重构流程

      加强人才培养方案研究是我国高等教育走向内涵式发展的必然要求，也是保障和提升人才培养质量的重要途径。因此，重构"产出导向"的人才培养体系，并持续改进是师范认证的关键。而围绕专业人才培养方案，建立与理论教学体系相辅相成的实践教学体系，同样，也应基于"产出导向"重构。重构（refactoring）这个概念来自 Smalltalk 圈子，没多久就进入其他编程语言阵营之中，是互联网行业的专业术语。重构就是"不改变外在行为，而提高代码质量"。重构有小重构：作为日常工作，发现问题及时调整；大重构：面对系统性能下降，制定严密的重构计划，全量调整。实践教学体系的重构，其重要工作就是消除实践教学体系中某些模块的"坏味道"，去掉无用的模块，增加有利的模块，使得体系更优，重新焕发活力，体系还是这个体系并没有推倒重建，并不改变外部可观察行为。小学教育专业培养是具有明显职业特征的小学教师，无论是教育的实践性还是学科知识的实践性，都需要师范生在实践中去体验、学习，小学教育专业的人才培养体系要呈现出实践性，实践教学与理论教学互相渗透，师范生在实践中生成实践性知识和实践智慧，养成反思精神和创新精神。小学教育专业实践教学体系是实现小学教育培养小学教师的主体之一，是突出专业的优势和构成专业特色的重要因素。它的成功与否是小学教育专业能否真正办出成效、办出特色的关键。因此，小学教育专业实践教学体系的重构要符合高校的办学规律，在重构中应遵循以下系列原则。

第一节　小学教育专业实践教学体系重构的基本原则

一、目标性原则

过去传统教学体系对实践教学的认识没有上升到重要程度时,认为实践教学是为理论教学服务的,实践教学的内容附属于理论教学的需要,主张理论教育为主体的体系。因此,在很长一段时间里,职前教师教育者一直很困扰:为什么师范生在接受系统培育之后,却依旧不会上课? 正是基于这一困惑,在《国家中长期教育改革和发展规划纲要(2010—2020 年)》中,文件清楚指明,要坚持能力为重,优化知识结构,丰富社会实践,强化能力培养,着力提高学生的学习、实践、创新能力,教育学生知识技能,学会动手动脑,学会生存生活,学会做人做事,促进学生主动适应社会,开创美好未来 [①]。这意味着在高等教育领域需要完善创新人才培养模式,坚持教育教学与生产劳动、社会实践相结合等重要实践内容,尤其是应持续强化实践教学环节。

"实践取向"是小学教育专业及其课程设置必然的和合理的价值导向选择,是基础教育课程改革、教师专业化发展、教师教育变革的呼唤与回应,更是小学教师专业性内在发展、小学教师教育现实发展的期待与诉求。小学教育专业人才培养方案要充分考虑社会及人才需求市场对未来小学教师素质的新要求,主动适应基础教育课程改革对未来小学教师教育实践能力的需求,体现出"面向基础教育、服务基础教育"的宗旨。不仅如此,小学教育专业实践教学体系的培养目标也应具有与时俱进的时代品质,要随着社会经济的发展而发展变化,随着时代发展而进行动态的调整,确保培养出的人才具有适应不断变化的社会的能力。高校小学教育专业实践教学体系的重构,要遵循专业的独特要求目的,培养学生的学习能力、实践能力、创新能力的目标而进行重构。

---

① 　国家中长期教育改革和发展规划纲要(2010—2020 年)[EB/OL]. 中华人民共和国教育部政府门户网站 (moe.gov.cn), (2010-07-29).

二、系统性原则

小学教育专业实践教学体系应根据教育的规律并结合人才培养目标来进行重构,与理论教学体系紧密相连,相辅相成,互相渗透,紧紧地围绕培养"实践应用能力与综合素质相互统一"这一核心,共同为一致的培养目标服务。按照各个实践教学环节的作用和其相互之间的内在关联,按照科学的方法来进行统筹安排,把计划实施的每个实践课程和每个独立的实践环节中的实践内容以及每个活动中的实践因素有机整合起来,做到递进贯通,发挥重要作用。遵循认识规律和教育规律,如从简单到复杂,从低级到高级的规律,循序渐进地分阶段、分层地来进行构建。在进行构建的过程中要高度重视理论知识和实践教学的彼此渗透影响,使得两者相互促进、相互加强。实践教学环节形式多样,但各有特点,在构建实践教学体系中要发挥不同环节的特色,最后构建出实践教学体系的各个环节之间互相配合、密切衔接的整体系统。系统是一门科学,要让构成系统的基本单元要素互相联系、相互促进才能使整体系统发挥最大效能。小学教育专业实践教学体系也是一项系统工程,要遵循系统性原则,构建成合理的体系。

三、实践性原则

小学教育专业实践教学体系的重构要重点突出"实践"。教师职业岗位的要求通过教师职业能力标准逐一显现出来,因此以《小学教育专业师范生教师职业能力标准(试行)》为主旨构建小学教育专业实践教学体系要通过实践来实现培养师范生职业能力。小学教育专业实践教学体系要紧紧围绕小学教育专业师范教师职业能力标准需要的各项能力——师德践行能力、教学实践能力、综合育人能力、自主发展能力等来分析实践教学体系的环节、内容和要求。实践教学体系目标的制定要符合社会发展和对小学教师职业技能的要求变化。除培养小学教育专业师范生的教学实践应用能力外,还要注重对师范生的创新能力的培养、教育情怀的培养,这样才能满足师范生自主发展的需要。在实践教学内容的选择上,应满足突出最新专业技能和职业技能的要求,如现在很重视小学教师的信息技术与学科融合,在内容上也进行微调,加强师范生这方面的融合能力。在师范生实训过程中,针对典型的工作环境,模拟小学真实的环境来展开,并且学校多与基地小学相互合作,让师范生在真实的工作环境中提高职业能力。在实践教学的各个环节都要突出实践性。

四、全程性原则

小学教育专业实践教学体系的重构必须要做到贯穿小学教育专业四年制的培养规格始终。从实践教学的层次来讲,各环节之间也有从基础到全面,从单一到综合,从基础到专业,实践内容也有从感性到理性,从易到难。实践形式从低级到高级的发展过程。实践教学应当是保持四年的连续性,是从学生入学持续到学生毕业的一个完整的过程。要按照组成实践教学的环节,从目标、内容环节、管理等方面去构建。注重增加其内在联系,使其互相关联,具有连续性地贯穿于实践教学的整个过程之中。要充分发挥实践教学体系保障培养学生实践能力养成的功能。

五、规范性原则

无规矩不成方圆,只有加强对小学教育专业实践教学体系的规范性操作,才能发挥其原设定的功能目标。需要把实践教学体系纳入小学教育专业人才培养的运行机制中。在此基础上要通过实践教学的基地建设、师资建设、教材建设等构筑实践教学体系的保证体系,通过制度建设来规范实践教学体系开展的内容与形式,通过模拟训练、现场操作等多种形式建立实践教学的考核体系与评价体系,并据此制定规范的考核以及评价方法。实践教学体系规范性文件一般涉及实践教学计划管理、实践教学过程管理、实践教学评价管理及实践教学环境建设管理等[1]。通过建立健全实践教学的各项规章制度,进一步规范实践教学的形式与内容,从而保证实践教学的质量和时间,紧紧围绕制定的有关考核要求和标准,使质量监控涵盖实践教学每一个环节。

---

① 刘晶.新建地方本科院校实践教学体系研究[D].南昌:江西师范大学,2012:31-32.

第二节　产出导向与小学教育专业实践
教学体系重构的契合点

　　师范类专业认证遵循三个基本理念：学生中心，产出导向，持续改进。这些理念对引导和促进师范类专业建设和教学改革、保障和提高师范类专业教师教育人才培养质量至关重要。产出导向（OBE理念）是师范类专业认证的核心理念之一，产出导向是提高教师教育质量，提升师范生教育实践能力的引领理念。在OBE理念下，加强小学教育专业建设，树立明确的创新实践人才培养目标，建立合理的专业实践课程体系，提升小学教育专业师范生创新与实践能力，有利于契合当前经济社会发展对小学教师的新需求，也有助于迎合当代师范生自身发展的内在需求，能进一步拓宽小学教育专业口径，并以学生为中心和更开放的态度不断提升毕业生的竞争力。从内涵上讲，小学教育专业实践教学以增强小学教育专业师范生社会适应性和小学教师职业能力为目标，置身于小学教师工作场域中，师范生以直观物化的操作方式为主要学习手段，进行任务实践，从而将知识内化为个体经验的学习活动。

　　成果导向教育已经成为目前各高校专业制定人才培养方案的主要理念，成为专业实践教学体系构建的理念，其核心目标就是在于评估师范生在实践教学体系下学习业绩的成绩，按照"实践成果要求—实践培养目标—实践课程体系—实践教学过程"的流程设计，对实践教学体系进行改革完善。OBE理念内涵关注五个问题：我们想让学生取得的学习成果是什么？为什么要让学生取得这样的学习成果？如何有效地帮助学生取得这些学习成果？如何知道学生已经取得了这些学习成果？[①]如何保障学生取得这些学习成果？为契合OBE理念内涵关注的五个问题，小学教育专业实践教学体系重构围绕以下五个问题，寻找产出导向

---

①　常建华，张秀再.基于OBE理念的实践教学体系构建与实践——以电子信息工程专业为例[J].中国大学教学，2021（Z1）：87-92+111.

与实践教学体系重构的契合点：第一，基于产出导向的本质内涵如何提升小学教育专业师范生创新与实践能力？第二，基于产出导向的时代价值如何理解"创新驱动"发展的时代背景？第三，基于产出导向的获得途径如何构建小学教育专业实践教学体系并付诸行动？第四，基于产出导向的多维评价如何开展实践教学校内、校外的综合检验？第五，基于产出导向如何建立实践教学质量保障体系让师范生获得这些学习成果？围绕这些问题，对标 OBE 理念内涵与小学教育专业实践教学体系重构的契合框架结构，如图 7-1 所示。

表 7-1　产出导向与小学教育专业实践教学体系重构的契合点

产出导向的内涵	实践教学体系重构
我们想让学生取得的学习成果是什么？	重构目标
为什么要让学生取得这样的学习成果？	重构动机
如何有效地帮助学生取得这些学习成果？	重构路径
如何知道学生已经取得了这些学习成果？	重构测评
如何保障学生取得这些学习成果？	重构保障

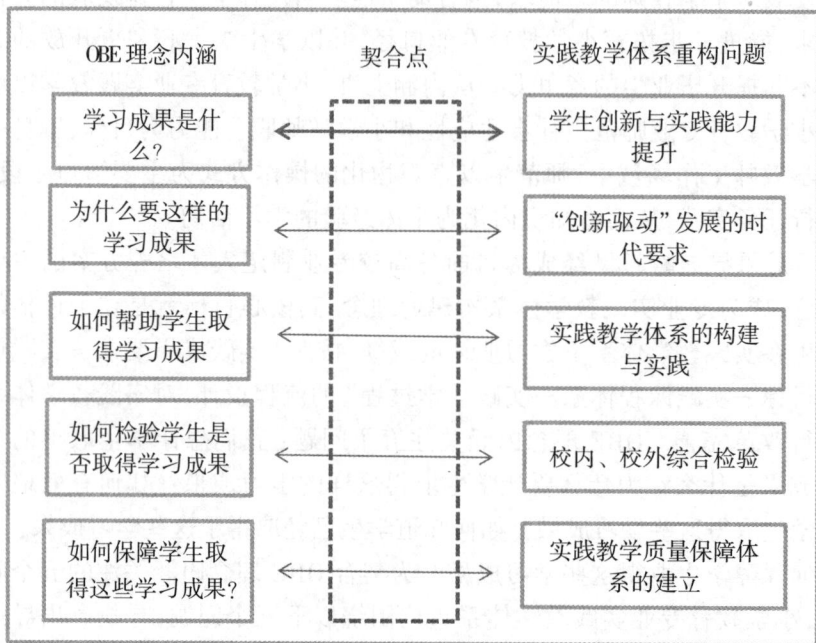

图 7-1　OBE 理念内涵与小学教育专业实践教学体系重构的契合框架图

教学体系以实施过程为路径,全面提升小学教育专业实践教学水平。小学教育专业实践教学体系重构内容与 OBE 理念的契合点具体如下。

一、重构目标:明确学习成果的本质内涵

进入 21 世纪以来,我国非常重视大学生创新精神与实践能力的培养。在《国家中长期教育改革和发展规划纲要》文件中明确要求创新人才培养模式,坚持教育与生产劳动、社会实践相结合,表现在高等教育领域,就是要强化实践教学环节,着力培养学生的学习能力、实践能力、创新能力。据此,教育部 2012 年印发《关于全面提高高等教育质量的若干意见》,提出要通过教学方式改革,创新人才培养模式,强化实践育人环节,分类制订实践教学标准,增加实践教学比重,创新实践教学形式。并且在配套文件《教育部关于大力推进教师教育课程改革的意见》中有关实践与创新素质的描述为:着力培养师范生的社会责任感、创新精神和实践能力,要求改进教学方法和手段,强化实践教育环节,提高新型教师培养质量。

师范生创新、实践能力的提升(树立能力本位的理念,能力本位理念以根据职业岗位需要分析职业角色活动为出发点,以培养学生需要的基本能力为原则,突出学生的主体地位,从培养学生的核心能力和职业能力入手,围绕人才培养目标提炼出明确的核心能力,通过课程设置映射每个核心能力的要求。能力本位理念适用于应用型本科高校的人才培养)。结合学科期望和学校定位,某一小学教育专业人才培养目标描述为:"具有良好的艺术修养、健康的审美观点和综合实践活动能力,适应 21 世纪小学教育教学改革需要的,具有创新精神和实施素质教育能力的,可从事小学教育教学工作的教师。"因此,培养规格重点是:具有创新意识、过硬教学实践能力的师范生。

产出导向理念,强调以师范生的学习成果为导向。与一般的学术型或综合性高校不同,应用型本科院校应强调对接服务区域的经济产业发展,综合国家社会及教育发展需要、教师专业标准、学校定位及发展目标,通过行业、校内外的重新调研论证,在小学教育专业人才培养方案中,明确师范生创新、实践能力的提升为小学教育专业实践教学实施的目标,支撑该学习成果目标的毕业要求则来源于《小学教育专业认证标

准(第二级)》提出的"一践行,三学会"中的"三学会",即"学会教学、学会育人、学会发展"中的六个二级指标的具体描述。实践表明,创新、实践能力是师范生从事教师职业和完成教学任务必须掌握的能力,是师范生从"准教师"走向"合格教师"的前提和基础。小学教育专业师范生创新、实践能力的培养既要注重师范生掌握基础理论和专业知识,又注重对师范生教师专业技能与实践能力的锻炼;以学生为中心的理念渗透到小学教育专业师范生培养的全过程,要将重知识传授转变为强调能力培养,尤其是在师范生实践过程中创新精神的培养,注重学生创新、实践能力的培养。

因此,创新与实践能力提升必然是小学教育专业师范生学习成果之一。

二、重构动机:理解学习成果的时代价值

为什么要让小学教育专业师范生获得创新和实践能力的学习成果?这和它们的价值有关。实践的价值主要集中在自觉和自我。自觉的意思即自我实现、自我完成、实现自我,是马斯洛需要层次理论的高层次,所以实践是一种人在和自然相处的需要,通过实践能带人接近甚至达到人的最高需要。自我即人和外部世界相处,这是一个人的内省能力和内省意识,可以帮助人们更好地认识自己和外部直接的关系,也需要外部世界通过实践向内部世界传递信息。在美国,学生的培养计划或方案通常是围绕学生能力发展设计的。闫守轩和柳士彬(2013)通过介绍美国教学设计师的培养方案的构成及其特征,归纳总结出了实践能力是核心要素和基本特征,建议我国培养方案的制定要突出学生实践能力提高这一标准。

实践能力是人类主观能动地改造世界和变革社会的全部活动的本领,是人们在社会实践过程中不断积累前人经验和智慧,并经过提升才能形成和发展起来,以小学教师的实践能力为例则包含了语言表达能力、课堂调控能力等,作为一名仍在校的小学教育专业师范生,所表现出的实践能力就是在完成学校规定的教育三习、毕业论文等环节中表现出来的能力。实践能力是成为高素质人才的重要特征之一。实践取向是相对于学术取向而言的一种价值取向,是在小学教育人才培养中展现出来的一种价值倾向性,是将实践置于小学教育专业课程的核心价值地

位,以实践为取向,通过实践途径以及实践方法,培养小学教师以"教育实践能力"为核心的实践品格。

而创新能力的培养价值则具有明显的时代价值。《中共中央关于制定国民经济和社会发展第十四个五年规划和二〇三五年远景目标的建议》中明确提出"坚持创新驱动发展",需要激发人才创新活力。同时2021年,教育部印发《小学教育专业师范生教师职业能力标准(试行)》,其中在关爱学生中提到"做学生锤炼品格、学习知识、创新思维、奉献祖国的引路人",想做好这个创新思维的引路人,教师本身得先有创新意识、创新能力。

创新能力主要是指在社会实践过程中,对新事物的好奇、探究时所产生的新观点、新方法、新工艺和新技术。作为一名小学教育专业师范生在校期间所表现出来的创新能力包括社会调查能力、创新教学方法的应用能力、创新信息收集整理能力等。培养高素质小学教师应用型人才,需要小学教育专业师范生在校期间通过实践教学,不断提升实践能力和创新能力,两者融为一体,相互作用,相互促进。实践能力是创新能力的基础、创新能力的源泉;创新能力离不开实践能力,创新能力是实践能力的升华,创新能力为实践能力的提升起到积极的推动和促进作用。

因此,小学教育专业以推进师范专业认证为契机,实施实践教学体系重构,是因为我国经济正处于高速发展时期,市场竞争异常激烈,在国家战略新需求下,具有创新、实践能力强的复合型人才才是可持续型人才,才具有强竞争力。目前,我国正在实施创新驱动发展战略,需要大量实践与创新能力强且具备较强竞争能力的复合型人才。作为人才培养的重要基地,高校应针对传统的现有小学教育专业进行改造升级、更新成新型文科专业,培养的毕业生应该具有完备的基础知识体系,具备更强的教育实践能力和创新能力。而创新能力的培养主要来自实践性教学环节。综上,小学教育专业以推进师范类专业认证为契机,实施实践教学改革,完善提升学生创新能力培养的新文科实践课程体系建设,提高人才培养质量,提升专业影响力、社会认可度与知名度。

三、重构路径:学习成果的获得路径

分析以往的实践教学体系,可以发现,实践类课程大多相对分散、孤

立,关联性、系统性较差,主要表现为:第一,公共基础课的课内实验均为验证的内容;第二,专业基础课的课内实践有验证性实践和设计性实践,但设计性实践不具备开放性和自主创新性;第三,专业课中的集中实践课程虽然具有设计性、综合性和一定的创新性,但实践效果滞后于管理与保障的松懈,难以激起学生的学习兴趣;第四,所有校内实训课的实训目的及内容注重知识学习,而不是实践与创新能力培养。①

为了提高小学教育专业人才培养能力和培养质量,就要推动小学教育专业注重内涵建设,改革培养体制机制,建立基于产出的小学教育专业实践教学体系,小学教育专业实践教学体系的重构将行业主体的要求和意见纳入其中,以学生能力发展来设计,围绕专业人才培养方案,建立起与理论教学体系相辅相成的教学内容体系,包含强调教学管理和教学实施过程,专业基础实训,包含三笔一画、普通话训练、学科课程技能实训(小学语文、数学、英语教学设计与实施);专业集中实践,包含见习实习研习、毕业论文、社会调查;专业综合实践,包含师范生教学技能体验教学综合实训与考核第二课堂;通识综合实践,包含创新创业等实践教学内容,以基础实践、集中实践和综合实践三大模块组成的实践教学体系。

培养学生的创新实践能力成为小学教育专业的核心内容,也是保证教师培养质量的关键,基于产出导向理念的设计流程,重构实践教学体系的闭环,贯通课内课外。实践教学体系在实施过程中与课堂知识教学的内容密不可分,实践教学体系通过学生的实际操作、实际体验等方式,让学生在实践中理解与吸收教师在课堂上所传授的知识与技术,通过学生对教学内容感观上的认知,实现综合素质能力和技术技能的双提升。小学教育专业实践教学体系的实践能力目标通过小组实践、实训模块化进行培养。创新能力是通过学生参加创新大赛、师范生技能大赛等进行培养。同时,在整个实践教学中,小学教育专业实践师德能力也得到培养。结合实践教学体系目标的实现,重塑反映现代小学教育专业特点的"分阶段、多层次、广关联、全方位"的实践教学内容,对于小学教育实践教学体系的理论发展和重构起到重要作用。以玉林师范学院小学教育专业培养计划中课程为载体梳理实践教学体系的内容,以期为本专

---

① 常建华,张秀再. 基于 OBE 理念的实践教学体系构建与实践——以电子信息工程专业为例 [J]. 中国大学教学,2021（2）：87-92.

业认证提供建议。

因此,小学教育专业实践教学改革要根据学生实践与创新能力提升的要求,重构实践教学体系和制定实践教学质量保障机制,坚持持续改进,不断提高本专业的实践教学水平。

四、重构测评：学习成果的多维评价

小学教育专业实践教学体系重构要注意改变以往单一、结果性评价的考核方式。在实施中,检验学生实践与创新能力是否提升的方式为：校内过程性评价和校外定性评价相结合。校内过程性评价的核心是教师实施"因材施教",一般以实践教学的实践目标为子项评价点,以课程目标为评价点。以子项评价结果及时反馈并根据学生个体的差异进行有针对性的矫正。主要目的不是为了选拔少数优秀学生,而是为了发现每个学生的潜质。对未达到要求的学生予以矫正,对已经达标的学生进行强化和鼓励,从而实现全体学生的实践与创新能力提升。课程目标评价是教师根据学生实践过程中在各项评价点的得分进行统计,计算出课程目标达成情况,并撰写实践课程教学质量报告。将该报告作为该课程实践教学的持续改进依据,对整个教学设计、教学方案进行完善和优化。校外定性评价是通过问卷调查的方式,获取用人单位对毕业满一年的学生的实践与创新能力评价。以校外定性评价结果作为本专业毕业生实践创新能力达成情况分析的部分依据。

五、重构保障：学习成果的质量保障

人才质量是强国的根本。担负与职业最接近的高等教育,质量是其命脉。构建实践教学质量保障体系是提高小学教育专业发展的重要任务。小学教育专业师范生在每个实践环节学习的时间是有限的,我们应明确师范生在每一个实践教学环节结束之后最需要取得的学习成果是什么。如对于师范生在毕业实习阶段而言,结束实习之后应该树立爱岗敬业的精神,具有一定的教学能力和掌握班级集体建设、班级教育活动组织的方法等。实践教学质量是通过学生学习成效呈现,从师范生学习成果出发,重构小学教育专业师范生学习成果的实践教学质量保障是确保小学教育专业实践教学效果,也是专业人才培养质量的关键。发达国

家在教育质量保障方面历来具有重视学习成果的传统,其建立起来的质量保障体系,包含机构、目标、管理等都是服务于学生学习成果。

因此,小学教育专业实践体系重视师范生实践创新能力的培养,应树立运用师范生发展的质量保障观,提升师范生质量保障的主体地位,设置体系化的实践教学质量保障。

第三节　基于产出导向小学教育专业实践教学体系的构建流程

过去高等教育的教学体系遵循设计"学习条件范式"原则,注重教学经费投入、教学条件和师资队伍建设,强调教学管理和教学实施过程,忽视了学生的学习成果[①]。因此,针对传统课程导向下小学教育专业实践教学体系存在缺乏互动性、缺乏创新能力培养、尚未真正建立校校协同育人的有效机制等弊端,构建了基于产出导向理念的实践教学体系。产出导向理念下,小学教育专业的实践教学成果产出为提升学生实践与创新能力,这决定了产出导向实践教学体系设计须遵循"学习成果"导向。

小学教育专业的实践教学体系重构以"学习成果"为导向,根据行业对毕业生的要求确定专业教学培养目标,并根据培养目标确定对应的教学成果要求,进而确定能支撑成果要求达成的实践课程体系。同时明确实践教学内容,合理设计实践教学方式,科学实施实践教学管理,最后通过校内和校外综合成果检验成效,以学生为中心持续改进培养目标,形成流程闭环,如图 7-2 所示。

---

① 杨根福.混合式学习模式下网络教学平台持续使用与绩效影响因素研究 [J].电化教育研究,2015(7):42-48.

```
            ┌─────────┐
            │ 行业需求 │
            └─────────┘
                 │      ┌────┐
                 │      │决定│
                 ↓      └────┘
            ┌─────────┐         ┌─────────┐
            │ 培养目标 │ ←────── │ 持续改进 │
            └─────────┘         └─────────┘
                 │      ┌────┐       ↑
                 │      │决定│       │
                 ↓      └────┘       │
            ┌─────────┐              │
            │ 成果要求 │              │
            └─────────┘              │
                 │      ┌────┐       │
                 │      │决定│       │
                 ↓      └────┘       │
            ┌─────────┐         ┌─────────┐
            │ 课程体系 │         │ 成果检验 │
            └─────────┘         └─────────┘
                 │      ┌────┐       ↑
                 │      │决定│       │
                 ↓      └────┘       │
    ┌────────┬──────────┬────────┐   │
    ↓        ↓          ↓        │   │
┌────────┐┌────────┐┌────────┐   │   │
│教学内容││教学方式││教学管理│   │   │
└────────┘└────────┘└────────┘   │   │
    │        │          │        │   │
    └────────┴──────────┴────────┴───┘
```

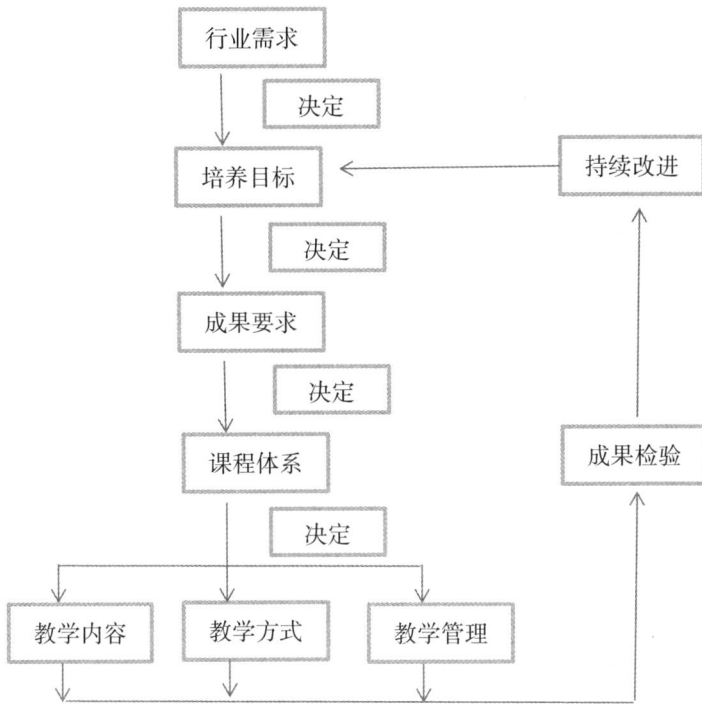

图 7-2 小学教育专业实践教学体系重构流程

第八章

小学教育实践教学体系的重构

小学教育专业的实践教学体系是一个复杂的系统工程,其构建既要满足师范专业认证的要求,也要符合小学教育专业的特殊性。基于产出导向理念,小学教育专业实践教学以学生为中心,积极探索满足专业发展需求和符合新时代实践教学规律的实践教学体系,按照"产出导向＋精准实施＋持续改进"的路线,小学教育专业实践教学体系模型由目标体系、内容体系、管理体系、保障体系、评价体系构成,前者决定了后者,最后通过反馈系统,影响目标体系持续改进。

第一节　健全小学教育专业实践教学体系的目标

一、建立定位明确的实践教学目标

目标是一个路牌,是一方罗盘,明确的目标能产生积极的作用,因此,大家在认识上都一致认同小学教育专业实践教学体系目标的重要性。在师范类专业标准出台之前,各高校小学教育专业人才培养目标没有统一的标准。在师范类专业认证的指导下,众所周知,师范类专业人才培养方案的培养目标包含了人才培养的类型、规格和层次,是要根据办学目标定位、服务面向定位、办学类型定位来明确的。只有科学的、准确的、合理的培养目标,才使得专业人才培养目标可达成,专业培养人才质量才高。小学教育专业实践教学体系重构,也以师范认证的"产出导向"理念为指引,首要坚持结果导向重构实践教学体系的目标。

坚持结果导向重构实践目标,就要学会发现问题、准确分析问题、着力解决问题。当前,在小学教育专业人才培养方案中,由于受到传统知识观念的影响,或者教育经费短缺、实践教学资源匮乏等现实困境,实践教学在课程设置上仍处于弱势地位,仍存在实践教学与理论教学相互脱节的现象。为改变这些现象,就要明确并突出实践教学的作用和意义,树立实践教育的教学理念,才能实现专业人才培养方案中理论实践课程一体化。

小学教育专业人才培养的制定是依据《小学教育专业认证标准》二、三级,有培养目标即师范生毕业后5年左右的职业发展预期、毕业要求即师范生毕业时应达到的要求这两个维度的目标任务。培养目标维度下设定了目标定位、目标内涵、目标评价三个具体指标,毕业要求维度下根据"一践行三学会"设定了二级、三级的具体指标。同一具体指标在二级、三级的认证中有不同的要求,由此形成了纵横交错、层级递进的目标任务网,为最终目标的实现铺垫了扎实可行的道路。具体而言,目标有长期目标与阶段目标、总体目标与具体目标之分。因此,针对小学教育专业的特色,要建立科学、相对独立的实践课程体系,就要同样在政策的指引下,具体制定实践教学体系目标。

要建立科学、相对独立的实践课程体系,具体制定实践教学体系目标,并不是说将实践教学目标完全从人才培养目标中脱离出来,应是在人才培养目标中分解并加以细化、丰富,着力提高实践教学在其专业人才培养过程中的地位,即在人才培养方案的总体目标基础上突出情感态度价值与能力,特别是突出技能方面的目标任务,实践教学体系目标的达成也促进小学教育专业人才培养目标的整体达成。实践教学目标是小学教育专业实践教学体系设计的起点和归宿。要重构较为全面的小学教育专业实践教学体系的目标,也可以分为总体目标和具体目标。总体目标是一种总体设计,对应小学教育专业认证标准的培养目标维度,如人才培养目标一样,通过回答面向什么区域,通过何种方式,比如全科还是分科的方式,培养什么学科,如小学数学还是语文还是全科,什么样的专业人才。具体目标是一种分化设计,则对应小学教育专业认证标准中毕业要求的一践行三学会,在情感态度与价值观方面,对应毕业要求中的践行师德,在知识与技能方面,对应毕业要求中的学会教学、学会育人、学会发展。

小学教育专业实践教学体系的目标要凸显师范生通过实践教学活动,在专业情趣、知识、能力等方面应达到的水平或标准。小学教育专业认证对人才培养目标定位是"贯彻党的教育方针,面向国家、地区基础教育改革发展和教师队伍建设重大战略需求,落实国家教师教育相关政策要求,符合学校办学定位。"[1] 通过用人单位需求调研、毕业生跟踪调研、相关专家咨询、校内外调研及学校专业培养目标合理性评价,确定小学教育专业的人才培养目标。小学教育专业实践教学体系目标的确定要完全做到统筹规划,立足高校、专业实际,合理设置,体现专业特色。以 B 校小学教育专业为例,在现行版人才培养方案中人才培养目标的描述为:本专业立足什么区域、服务什么区域内容,贯彻党的教育方针,落实立德树人根本任务,致力于培养具有良好的师德修养和人文科学素养,具有扎实的学科专业知识和教学基本功,具有终身学习和专业发展意识,具备熟练开展小学语文或数学主教学科的教学能力,具备

---

① 郭静.地方师范大学师范专业实践教学现状研究——以东中西部三所地方师范大学为例[D].临汾:山西师范大学,2017:24.

兼教其他学科的能力,能够胜任小学教育教学、教研及班级管理工作的骨干教师。

实践教学是学生掌握专业基础知识和参与社会分工进行职业劳动的衔接,着重培养学生的专业技术能力和职业道德水平。实践教学目标是实践教学体系设计的起点和归宿,目标的确立应以学生实践能力的全面培养为导向。小学教育专业的实践教学体系是一个复杂的系统工程,其构建既要满足师范专业认证的要求,也要符合小学教育专业的特殊性。B 校小学教育专业结合人才培养目标,在"以学生为中心、以产出为导向、持续质量改进"理念下,实践教学的目标不仅契合所在院校的整体培养目标定位,也体现其专业特色:小学教育专业作为学校的品牌专业在"做精做强"的同时,凸显"干得好、下得去、留得住"专业优势,契合为地方基础教育发展和师资队伍建设提供保障的需求。

结合师范类专业认证和学校的办学定位,小学教育专业实践教学目标体系包含:(1)培养学生教师职业情感与信念。引导学生初步形成从事小学教师职业的情感与信念,包括理解小学教育工作的意义和专业性,认同小学教育工作的价值,具有良好的师德规范,具有扎根基层的专业信念;形成踏实认真、不怕麻烦的工作态度;树立科学的学生观,尊重小学生、理解小学生,愿意做促进学生发展的引路人。(2)提升教学实施和研究能力。通过实践教学过程让学生获得实践知识、掌握实践技能,包含学生能够运用所学的学科和信息技术等方面的知识,创设适宜的教学情境,进行教学方案的设计、实施与评价,在小学课堂经历1~2门课程的教学活动;培养教学研究意识,参与校内外教学研究小组,获得教学研究经验,初步获得教研能力;参与教育科研活动,经历选题、综述、设计、调查、撰写等主要研究流程,具有小学教育教学创新意识、问题意识和研究能力,运用批判性思维方法,学会分析和解决教育教学问题。(3)具备班级管理的经验与方法。学生在教学实践中,能够具有协助或担任班主任工作的经验,对学生进行德育、心理健康教育等日常指导;培养学生对小学生敏锐的观察能力,能够运用语言、文字、形体等多种形式和新型社交工具,同小学生进行交流、互动;引导学生对自己班级管理过程进行评价和反思,总结班级管理的经验和方法。

二、细化各个环节的实践教学目标

为了保证小学教育专业实践教学的效果,还必须进一步细化小学教育专业各个环节的实践教学目标,包括不同年级、不同阶段、不同实践课程、不同实践活动等在知识、能力、情感态度价值观等方面的具体目标任务,以及最终应达成的知识与能力、情感态度与价值观方面的目标。以 B 校小学教育专业为例,在师范类专业认证推动下,很多实践课程大纲也随之落地,如《师范生教学技能体验教学综合实训与考核》实践课程中就细化了课程目标。

表 8-1 师范生教学技能体验教学综合实训与考核课程目标与毕业要求

课程目标	本课程将课程思政内容贯穿全过程。通过本课程的学习,师范生能够达到如下目标: 课程目标1:通过师范生教学技能体验教学综合实训与考核,学习和初步掌握小学各科教学的一般规律,初步学会对学生进行课堂思想政治教育的方式,掌握一定的学科教学技能,具有较好的教育教学能力,为后期教育实习打下良好的基础。 课程目标2:通过师范生教学技能体验教学综合实训与考核,不断提高学生的教师技能,专业知识和基本技能综合运用于教学实践中,培养独立从事小学教育教学的工作能力。 课程目标3:不断自我提升与发展,培养学生教学反思的意识,不断提高教学质量。在体验与反思的经历中掌握面向未来教师岗位的关键教学技能和实践知识。
本课程主要支撑3个毕业要求指标点	毕业要求指标点【教学知识】遵循小学生认知发展特点,运用教育学、心理学知识、学科教学知识和信息技术进行教学设计、实施与评价,具有一定的教学能力,获得积极的教学体验;形成相对完善的小学语文或数学学科教学知识体系。 毕业要求指标点【教学技能】具备扎实的小学教师基本功,具有良好的"三字一画"、语言表达和信息技术运用能力。 毕业要求指标点【反思改进】具有反思意识,掌握教育教学反思的基本方法和策略,能够分析和解决教育教学中的实际问题。

同时,也要加强实践教学体系各个环节的相互联系,使得课程实践、第二课堂实践、各种教师技能实训(比赛)、教育见习、教育实习、教育研习、创新创业活动等环节融为一体。毕业论文选题来自社会实践真实需求,具有实践性和操作性。

三、重视实践教学情感态度目标

2014 年 9 月 9 日，习近平总书记在同北京师范大学师生代表座谈时强调全国广大教师要做"四有"好老师即全国广大教师要做有理想信念、有道德情操、有扎实知识、有仁爱之心的好老师，为发展具有中国特色、世界水平的现代教育，培养社会主义事业建设者和接班人作出更大贡献。要做"四有"好老师，离不开教师的情感教育能力。小学教育专业师范生是还没有走出校园的未来小学教师，同样需要拥有积极的教师情感教育能力。因为拥有积极的教师情感教育能力，是教师职业的独特要求，是现代学校教育和课堂教学的必然要求，所以，提升小学教育专业师范生职业情感，也是小学教育专业实践教学体系的目标之一。

什么是师范生职业情感？江西师范大学张意忠教授的观点为：师范生职业情感指的是师范生在面对未来的工作时，也就是对于未来自己要从事的教育工作者这一职业是否能够满足自己的需要而产生的体验与感受，他认为师范生的职业情感是离不开敬业、爱生、责任、自尊、乐业这五方面的因素。从其描述和认为的观点，可以看出师范生职业情感是一种态度体验，即面对未来要从事教师这一职业，是否满足自己需求而产生的态度体验。小学教育专业师范生要成为一名合格的未来教师，其职业情感就是一个重要的衡量标准。

教师的教育工作不仅仅是教师，还有育人的工作，因此，教师职业素质包含了良好的教师技能和积极的教师职业情感。小学教育专业师范生是小学"准教师"，其职业情感是包含在教师职业素质之中的。小学教育专业师范生拥有了积极的职业情感，走向工作岗位后才能更好地从事小学教育工作，才可以以自己的热情情感培育出具有优秀品德的小学生。小学教育专业各种各样的教育实践如师范生教师职业技能训练活动、教育见习、实习等实践活动，这是培养小学教育专业师范生职业情感最为直接的途径之一。因此，在实践教学体系中，要重视各个实践环节的情感态度目标。

第二节　优化小学教育专业实践教学体系的内容

一、均衡人才培养方案中实践教学的学分比重

优化小学教育专业实践教学体系的内容,要坚持实践教学目标导向。坚持实践教学目标导向,就要深刻把握实践教学目标内涵,增强目标意识,科学制定实践教学体系的内容,要科学制定实践教学体系的内容,首先是要在人培上大幅提高实践教学学分所占比例。如果不从学分上保证,实践教学内容体系难以实现重构,毕竟,巧妇难为无米之炊。在修订人才培养方案时,就要充分考虑理论实践课程一体化,均衡人才培养方案中实践教学的学分比重,最低满足严格执行《教育学类教学质量国家标准》中的要求:在总学分中,实践课程所占比例不应低于 25%。

二、构建系统的小学教育专业实践教学内容体系

系统一词,来源于古希腊语,是由部分构成整体的意思。系统思想源远流长,最早提出系统论思想的是美籍奥地利人、理论生物学家 L.V. 贝塔朗菲。系统论的基本思想是把研究和处理的对象看作一个整体系统来对待。换言之,系统各要素是相互联系,也是相互作用。构建系统的小学教育专业实践教学内容体系,就要了解其包含哪些要素,各要素之间的联系是什么。教师的职业特征是具有专业性,因此,实践教学是教师教育专业的重要组成部分。合理的实践教学内容体系是小学教育专业人才目标实现的必要条件,依据小学教育专业认证标准制定的人才培养目标、小学教育专业实践教学目标体系,将小学教育专业实践教学内容按照模块化划分梳理各要素,有助于优化和完善实践教学内容。鉴于此,要计划对小学教育专业师范生的教师职业技能、创新和实践能力方面进行系统的培养,可以从高校课内实践和高校课外实践模块、集中教育实践模块进行构建小学教育专业实践教学内容体系,而且

要充分考虑纳入社会实践、科研实践、第二课堂等实践。特别是科研实践，这对于小学教育专业师范生毕业走向工作岗位后的教师专业发展影响很大，因为，随着时代的发展，教师队伍越来越需要"研究型教师"，小学教师要专业发展，离不开科研能力。作为小学教师职前教育阶段，小学教育专业师范生要培养科研意识，培养科研能力，都离不开科研实践。大学生创业项目的申报是培养小学教育专业科研能力的一种有力措施，但是毕竟项目数有限，为让小学教育专业大多数师范生得到科研实践，以 B 校小学教育专业为例，就成立了教师协同育人工作坊，师范生通过工作坊，挂靠教师的科研项目，开展科研实践研究，这让师范生在一次次严谨的学术研究中，在文献检索、研究方法、逻辑思维等各方面得到全面的锻炼，这也与马克思主义实践理论使得人全面发展的观念相谋合[1]。下面以 B 校小学教育专业实践教学内容体系为例进一步分析小学教育专业实践教学内容体系。

在公共实践模块，主要参与通识类、公共课的实践，整体发展人文素养，主要包含安全教育、军事与国防教育课程、思政类课程的实践以及就业创业类课程实践。通过此模块的实践，完善小学教育专业师范生的知识结构、开阔其视野、发展其综合能力，在实践中调动师范生学习的积极性，促进其进行实践学习，注重创新与实践能力的培养。

专业基础实践模块中，第一，构建小学教师教育职业基础实训平台，主要包含让师范生初步掌握应用信息技术优化学科课堂教学的方法技能，发展师范生信息技术融合学科能力；"三字一话"是指钢笔字、毛笔字、粉笔字、普通话(含教师口语)技能训练，这是夯实小学教育专业师范生从教的基本功。为适应新基础教育的需要，体现师范特色的传统教学技能"三字一话"增加一字"四字一话"，即在实训中也要加强电子白板书写；专业教学教育能力，主要指小学教师的教学能力和育人能力。教学能力主要包括进行教学设计、课堂管理和课程开发；育人能力主要包括班主任工作、小学生心理辅导、少先队工作。第二，学科教学技能实训，主要针对小学教育专业以后要从事小学学科教学工作而开展的语文、数学等学科的微格训练，包含了说课、模拟上课等实训实践。除此之外，还有教师职业素养(艺术)实训，这一方面主要通过选修来实现，让小学教育专业师范生"一专多能"发展，遵从师范性。

① 董新良，闫领楠，赵越.教师教育课程一体化构建：问题、理念及对策——以地方高师院校为例[J].教师教育研究，2020，32（1）：1-7.

公共实践 —— 通识类公共课实践

专业基础实践
- 教师职业基本技能
  - 现代教育技术
  - 四字一话
  - 微课制作
  - 专业教学教育能力
- 学科教学技能实训 —— 说课、讲课、评课
- 教师职业素养发展（艺术）实训选修 —— 音乐、舞蹈、美术

集中实践环节
- 社会实践
  - 寒暑假社会实践
  - 社团实践
  - 四点半课堂实践
- 教育见习
  - 师德体验
  - 班级见习
  - 课堂观察
  - 观摩课研讨
  - 少先队活动见习
  - 教研活动见习
- 师范生综合技能考核
- 教育实习
  - 见习
  - 教学实践
  - 班级管理实践
  - 少先队活动实践
  - 班队活动实践
  - 教研活动实践
  - 教育调查实践
- 教育研习 —— 基础教育热点研讨，撰写教育教学科研小论文
- 毕业论文 —— 撰写本科论文

创新创业实践
- 学科竞赛 —— 师范生技能大赛
- 科研训练 —— 教师协同育人工作坊
- 大学生创新创业项目
- 第二课堂

（实践教学内容体系）

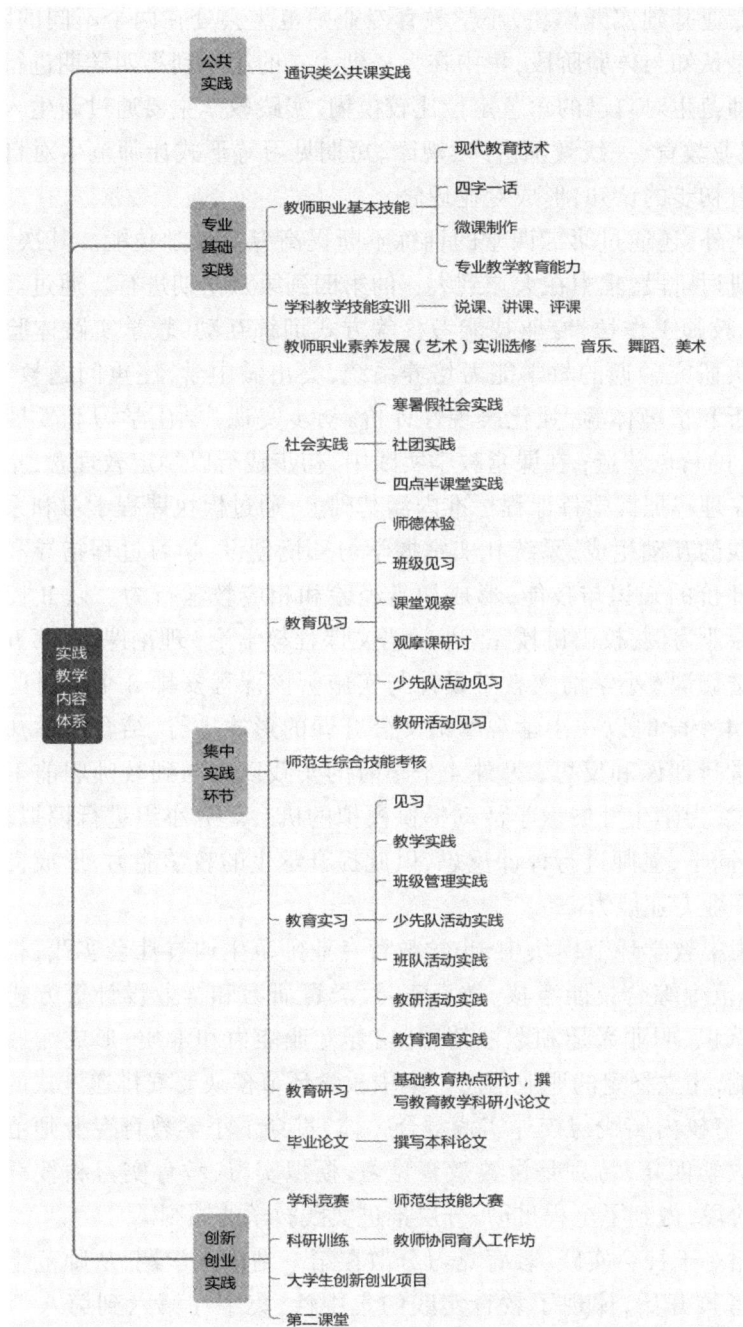

图 8-1 含公共实践、专业基础实践、综合实践教学、创新创业实践的小学教育专业实践教学内容体系

专业基础实践模块,小学教育专业师范生会处在两个不同的阶段,首先是认知与体验阶段,集中在大一到大二的第一到第四学期进行。本阶段师范生对自己的角色定位比较模糊,实践教学主要通过新生入学教育、职业教育、一线教师讲座、观摩、短期见习等形式让师范生对自己的职业有初步的认知,形成专业理念。

此外,还通过第二课堂的训练不断提高专业教学技能。其次,是观摩与研讨阶段,集中在大二到大三的第四到第六学期进行。通过观摩式见习、教师工作坊、专业技能考核等方式训练互动、教学实践体验与问题解决研究融通的教学能力培养系统,突出做中学,注重问题教学、案例分析和情境体验,强化表现性评价,初步实现"学生学习和发展的促进者"的角色塑造;在课堂教学实践中,初步践行以学定教理念,指导师范生在理解把握学科课程标准内涵基础上,通过模块课程学习和系列教学实践的互动生成,系统扎实掌握学习环境创设、学习过程指导和学习成果评价的知识与技能,形成初步经验和相应教学行为。以 B 校小学教育专业为例,校内讲授完《小学语文课程教学论》理论课,在第五学期开出选修课《小学语文教学设计与实施》,该课程安排 8 个学时的实践教学,4 个学时以在小学观摩语文公开课的形式进行,结合所学知识听课并进行评课和反思;另外 4 个学时的实践以参与到教师职前工作坊的形式,为学生开展教学活动提供模拟的机会。分小组进行模拟教学,同组、同学、老师进行评课反思,以此提升学生的教学能力,形成良好的教师职业专业能力。

集中教学环节模块中,小学教育专业师范生通过社会实践、教育见习、师范生综合技能考核、教育实习、教育研习和毕业设计等方式加深职业认识、职业兴趣和职业情感,培养专业能力和素质,形成娴熟的职业技能,建立稳定的职业信念。集中教学环节模块要安排递进式的实践环节,将校内实践与校外实践融合一体,贯穿了小学教育专业师范生的整个大学四年,特别是设置教育见习、模拟实习、教育实习和教育研习四个阶段,做到了全程贯彻、分层推进实践教学的原则。

相对于社会实践、教育见习分散在第一到第六学期,从师范生综合技能考核开始,体现了教育实践的集中性,集中在第六到第八学期进行。在大三下学期开始师范生综合技能考核的集中性实践,在此期间组织专业教师进行技能考核,并作为学生能够开展下一步教育实习的判断标准,内容包括即兴演讲、课件制作、说课、教学设计四个方面。通过这些形式让小学教育专业师范生能有效掌握小学教育专业必备的职业能力,为下一阶段教育实习作铺垫。教育实习要求小学教育专业师范生进行不少于 18 周,最好一学期的集中实习(包含顶岗实习、支教实习等形式),任务包括小学各科教育教学见习、实操活动、班级管理、心理辅导、少先队活动等,教育实习以一个学期集中进行,让小学教育专业师范生完整实践了小学一个学期的常规工作。除此之外,在教育实习的同时开始强化教育研习,此阶段注重实践与反思,通过专题课程、科研活动、实习课题的研讨与反思,小学教育专业师范生学会从学生学习、课程教学、学科理解等不同角度,收集分析自身实践活动信息,自我诊断,自我改进。在见习、实习、研习全过程,在校内校外双导师指导下,是小学教育专业师范生形成认知与体验、观摩与研讨、实践与反思的渐进式实践过程。最后,在毕业论文阶段,小学教育专业师范生掌握研究一般方法,结合教育实践的经历体验展开研究,初步学会批判性分析与创新性研究解决教育教学问题。

创新创业实践教学模块所包含的学科竞赛,如以教师协同育人工作坊为平台展开的科研训练、大学生创新创业项目分散学生的整个大学阶段,这是小学教育专业实践教学体系必不可少的模块,是培养学生创新创业意识和创新创业能力,特别是创新能力的具体途径,注重学生创新能力的提升和预期发展。

含公共实践、专业基础实践、综合实践教学、创新创业实践的小学教育专业实践教学内容体系包括了课内实践和课外实践环节,课外实践环节包括学科竞赛、创新创业训练、第二课堂与社会实践等实践活动,课内实践环节包括校内、校外环节。课外实践环节牵引课内实践环节的优质实施,课内实践环节支撑课外实践环节的顺利完成。课内实践环节包括校内课程实践和校外基地实践。校内课程实践环节明确了各类课程在小学教育专业学生"创新与实践"能力培养过程中的实践课程目标,集中实践环节加强小学教育专业师范生小学教师实践能力培养,创新创业实践课程体现综合运用知识解决实际问题的能力培养。

小学教育专业实践教学内容体系四个模块相互联系,互相依存,是一种以学生为中心,以培养小学教育专业创新与实践能力为核心的内容体系,可为小学教育专业师范生提供知识融合、技术交叉和开放共享的平台,能为其提供能力扩展、深挖潜力和自主创新的条件。这有利于实践教学和理论教学紧密衔接,以实践教学为基础,以教师教育实践和学科竞赛相互促进,以基地实习为提升,实现学生知识培养、能力强化和素质提升的逐层深化。

因此,构建能力导向、广博专精的小学教育专业实践教学内容体系,确保学做深度融合,要从如下特点来构建:第一,夯实基础,强基固本。基于实践教学活动平台,强化基础性课程的实践,实现师范生树立起优秀的师德师风,师范生技能的提升,培养小学教育专业师范生实践能力。第二,强化实践,拓展能力。创新小学教育专业的"教育见习""教育实习"和"教育研习"课程均单独作为一门实践课程设立,实践课程设置均有明确的实践课程教学目标,并注重小学教育专业学生实践能力和创新能力的提升,实现三习实践课程序列化。同时强化三习实践中每一环节的实践内容,拓展师范生实践能力。第三,立足自主,鼓励创新。注重对小学教育专业学生的创新思维训练,激发其自主创新意识,引导其自主开展科研训练实践和探索。小学教育专业的"学科竞赛、大学生创新创业"课程实践,在学院统一部署指导下,小学教育专业学生自主选题、自定方案、独立实践、开放实践的方式开展;"科研训练"课程主要以教师协同工作坊为平台,学生自主选择参加教师科研项目、自由参加等形式开展,除此之外,还有毕业论文设置源于基础教育的一部分课题开展探究性研究。第四,产教融合,校校合作。提供社会实践环境,落实学校与用人单位联合培养,以行业需求为标准,培养小学教育专业学生行业岗位适应能力和行业岗位的工作能力,实现校校联合培养的有机结合。小学教育专业的"教育见习""教育实习"均由基地小学选拔骨干教师承担指导教学任务,并对照课程目标开展实习项目和内容;"毕业论文"也采取由小学选拔骨干教师作为指导教师或和校内导师联合指导等形式进行,课题及指导过程也应对照毕业设计的教学目标实施。

传统模式的实践教学体系,设计遵循"学习条件范式"原则,以培养规格确定实践课程体系,关注实践课程体系的自我完善,关注知识点的覆盖面,忽视了师范生的学习成果,导致部分师范生缺乏主动性、创新性。基于师范类专业认证背景下,要关注师范生实践能力的培养是一个动态、渐进、完整的过程,构建小学教育专业实践教学体系,要基于产出导向为标尺,改变实践教学与理论教学分离的做法,将实践教学纳入全程的课程体系之中。要"全面设计师范生大学四年需要实践体验的内容,充分考虑和教育理论教学的有机衔接,强化师范生的职业性、技能性的学习训练,合理配置在课程设置和各个实践教学环节中"。

三、均衡融合小学教育专业实践教学内容

教育是一种人的社会活动,依据马克思主义实践观,小学教育专业培养师范生的教育活动在本质上是实践的,必须坚持实践取向。实践取向的小学教师培养必须均衡融合小学教育专业实践教学内容。小学教育专业实践教学的内容从大的方面来划分,主要包括师德体验、教学实践、班级管理实践和教科研实践四方面,但就前面四校小学教育专业实践教学调查情况来看,在培养小学教育专业人才培养实践教学方面,还是存在重教学实践、班级管理实践,轻师德体验、教科研实践的现象,特别是易忽视不易显现的师德体验。新时代师范专业人才的培养不能仅靠教学实践这一内容来实现,反而是要师德体验、班级管理实践、教研实践等全方位、多层次的实践教学内容体系来实现。小学教育专业要完善实践教学内容体系,就要均衡实践的各项内容,积极提高除学科教学实践之外的其他实践内容的比重,包括师德熏陶与践行、班主任工作实践、教育教学科学研究、少先队或共青团活动组织与策划、家访及家校合作实践等等。因为,前面已经论述了科研实践,在这里就师德体验实践展开论述。

随着经济的发展,全民素质的提高,家长现在评价教师好坏的标准首要还是看教师的道德修养。师德是教师最重要的素质,关系到学校甚至国家的发展。教书育人,育人者必须先行为示范。加强对小学教育专业师范生的师德教育,对于提升培养质量,提升其教学水平,推进基础教师教育事业有着重要的作用。师德教育是教师之魂,是师范生"自立"的合法性基础。加强小学教育专业师范生师德教育是小学教师专业化的必然要求,是社会的必然要求,也是小学教师内涵式发展的时代要求。对小学教育专业师范生进行师德教育,除了要开设常见的教师职业道德课程,还要渗透在实践教学体系中,让师范生在实践中用"养成"教育实现师范生师德教育。因为师德仅仅停留在理念的层面,不经过实践,就无法内化为师范生的知识,也就不能有执行的实际能力。

融合是均衡师德体验在实践教学内容比重的一种有效方法,具体来讲,就是在学科教学的课程讲授、技能训练与实践活动中,不能单纯让小学教育专业师范生学习、锻炼如何传授给学生一门学科的知识,而应该在其中融入道德教育内容,如宣讲与学科教学内容相关的优良品德。同样,在班级管理实践、教研实践中也可以创造性地融入师德体验。在

教育见习、实习实践课程也可以很好地融合师德体验。如在教育见习中，践行师德见习，可以带领师范生去参观、观摩有良好家风家教或本身是教师、教育家的名人的故居、母校以及他们创办或就职的学校，感受有形建筑、物件中隐含的无形师德师风，也可以去小学观察学习普通教师于日常教育教学工作中自然流露出的爱岗敬业、教书育人、关爱学生、为人师表等教师职业道德。

小学教育专业教学实践、班级管理实践、师德实践、教研实践各项内容间的互相融合，是完善小学教育专业实践教学内容体系的一种良好途径，尤其是置于真实教育教学情境中的教育见习、教育实习融合实践教学各项内容。

四、规范且落实实践教学形式

师范专业实践教学的内容离不开实践教学的形式，根据已有文献的梳理，小学教育专业实践教学形式在模式上有常规实践，如教师职业技能专项训练、说课讲课等模拟教学、教育见习、教育实习、教育研习等；教育实习又呈现置换培训、实习支教、顶岗实习等模式；鉴于全国疫情这几年，远程观摩、线上见习等线上实践模式也得以发展。总之，实践教学内容重构要实现理论实践贯通、职前职后贯通、课内课外贯通、校内外贯通、线上线下贯通的"五经贯通"育人途径。在时间安排上，参照小学教育专业认证标准，累计时间不少于18周，且实践教学内容贯穿于师范生培养全过程。规范且落实实践教学形式，对于优化小学教育专业实践教学内容也起着关键作用。规范且落实实践教学形式，不是完全更新已有的实践方式和方法或单纯地延长实践时长，而是要思考如何在已有形式各方面的落实与规范，特别是重点关注小学教育三习的落实与规范。

小学教育专业教育见习、教育实习、教育研习，存在问题最大的应该是教育研习，其次是教育见习。由于，当前无论是教育部门还是高校都没有明确教育研习的定义和范畴。教育研习产生的背景是在21世纪初，在基础教育改革背景下，传统的"传道、授业、解惑"者的教师角色已经适应不了社会与经济的发展需求。因而，顺应教师专业化发展，作为教师职前教育的"重理论，轻实践，忽视研究"的师范生培养模式应随之改革，教育研习的产生背景是为了培养师范生的教学研究能力，是为了纠正长期以来我国在教师培养中存在着重师范生教学能力培养,轻师范生教研能力培养的倾向。关于教育研习的内涵,不同的学者有不同看法,因此,关于教育研习,何时,何地,如何实施,不同的学者提法是不一样的。有学者认为应该分散实施教育研习,有学者认为教育研习须在教育实习之后,有学者认为是同步教育实习,针对教育实习中的问题进行研讨即教育研习,有学者认为教育研习就是毕业论文前奏。可见,教育研习在不同高校、不同师范专业实施展现不一样。本书认为小学教育专业教育研习应该规范依据小学教师岗位素质要求,对小学教育专业师范生成长过程中应该有所关注并有效解决的一些关键、核心和要害问题,或者基础教育改革呈现的现象,进行理论探讨、实践求证和有所作为的活动,在理论与实践的互动中提高反思能力和研究能力,应在师范生实习以后进行阶段性的实践训练。

对于内容过于笼统的小学教育专业教育见习方面,在规范上应细致化见习内容,即按照学生知识发展规律,构建递进的见习内容。因为小学教育专业教育见习一般都是分学期贯穿在师范生的大学四年,因此,针对每个阶段设立不一样的教育见习内容,满足师范专业认证提出的"整体设计、分段实施、前后衔接、阶梯递进"的实践教学形式安排,提高教育见习的效果,让教育见习不再"走形式"。

五、提高实践教学内容质量

随着教育和现代技术的不断发展,一些新的教学方法、新理念、新实践开始进入课堂。调查显示,演示法、案例教学法、示范教学法等受到学生的青睐和欢迎。演示法是教师通过展示实物、直观教具或实验使学生获得知识和巩固知识的方法。案例分析法是学生通过对具体案例的分析以及判断,提高自身自主学习能力、分析决策能力和实践应用能力的有效方法。示范教学法则是教师向学生示范如何根据规定的标准和正确的程序完成特定的工作任务,学生观察之后按照教师示范的,而不是说的去做。三种教学方法形象生动多样,非常直观且实践性强,互动维度丰富更能引起学生的兴趣,调动学生主动学习的积极性。所以,小学教育专业应适应时代的要求和学生的需求,改革实践教学方法,鼓励通识课、专业课以及实践课各类教师根据具体的教学内容在充分发挥传统教学方法优势的同时,努力研究和运用基于项目、问题、案例等的教学方法,如案例教学法、示范教学法、混合式教学法等,用学生更容易、更能快速接受的教学方法促进其知识的获得,同时给予学生更多实践操作的机会,从而提高实践教学内容质量。以《小学班主任工作》为例,可以改变一贯的理论讲授,通过多种教学方式增加班主任工作技能的实操性,实现课程结构充足。在教育实习教师指导方面,如能推进安排高校导师驻校指导,则对师范生进行更为有效监管,实践教学内容的落实质量得以进一步提高。

第三节　规范化小学教育专业实践教学体系的管理

通过调查研究发现,和专业实践教学目标设置比较,专业实践教学目标的实现与达成存在的问题更为突出。分析造成这个问题的原因,一方面原因是高校在设计实践教学目标体系的蓝图中,由于实践目标达成路径比实践目标定位更具难度,因而实践目标达成路径的设计存在更多的缺陷与不完善;另一方面原因,也是更重要的一方面是,实践目标达成路径受到多种因素影响,在具体实施过程中,由于受观念认识不到位、保障支持不足够、组织管理不完善等诸多因素的影响,实践教学目标任务未能按照预设路径进行,因此未能满足预期要求。

为保证实践教学目标、过程与结果的统一,健全了小学教育专业实践教学体系的目标,优化了小学教育专业实践教学体系的内容,还必须规范化小学教育专业实践教学体系的管理,才能保证实践教学目标的落实,实践教学内容的实施,从而达到预期的效果。根据小学教育专业认证二级标准,合作与实践部分对实践管理的描述是:教育实践管理较为规范,能够对重点环节实施质量监控。管理与保障是相互依存的关系,在这节先重点围绕管理包含组织管理、制度管理展开论述,下一节围绕应对整个小学教师的培养进行校内校外有效的监控质量保障展开论述。根据小学教育专业标准对实践教学的要求,制定各环节相应的管理制度,落实管理部门的职责且管理到位,严格按照实践教学体系有条不紊地开展实践教学,才能取得预期成果。因此,小学教育专业要结合学校的实际情况,行政部门的状况和专业状况,加强专业实践教学体系的管理。

一、构建"校—院—系(教研室)"三级的实践教学管理

PDCA 质量控制理论就是研究动态系统如何在量变环境下,维持稳定或平衡状态的科学。"统计质量控制之父"休哈特最早提出 PDC 循环,他认为管理活动应该遵循"计划(plan)—执行(do)—检查(check)"这样一套比较科学的管理体系[1]。1952 年美国学者戴明在其著作《质量统计控制的基本原则》将休哈特的理论进一步完善和丰富,在休哈特循环基础上加上"改进(action)"这一环节,认为质量管理应该遵循"计划(plan)—执行(do)—检查(check)—改进(action)"这样的科学管理体系[2]。高等本科院校在实践教学组织管理系统的设计模式上,从系统理论角度出发,建立实践教学管理模式[3]。完善自身的实践教学组织管理模式,完善自身的组织结构,才能提升实践教学质量的管理效率。因此,要梳理高校实践教学质量组织系统中的各相关部门管理职责,厘清各部门之间的关系,使教学管理体系运作更加顺畅。

按照《教师教育课程标准(试行)》《教育部关于加强师范生教育实践的意见》和《小学教育专业认证标准》的规定,实践教学管理规范,学分比例和时间安排、上课时数达到要求,小学教育专业结合专业与学院、学校的情况,构建任务明确、权责清晰、相互协调、相互促进的"校—院—系"三级的实践教学管理体系,在具体运行过程中,各级作用才能充分发挥出来。

---

① Shewhart W A.Economic Control of Quality of Manufactured Product[M]. Economic Control of Quality of Manufactured Product.Van Nostrand, 1931: 94–99.

② Deming W E.Elementary Principles of the Statistical Control of Quality: A Series of Lectures[J].Acta Dermato Venereologica, 1952（2）: 142–150.

③ 杨慧.小学教育专业实践教学质量保障体系研究——以安徽省农村小学全科教师培养为例 [D].淮北：淮北师范大学，2019：55.

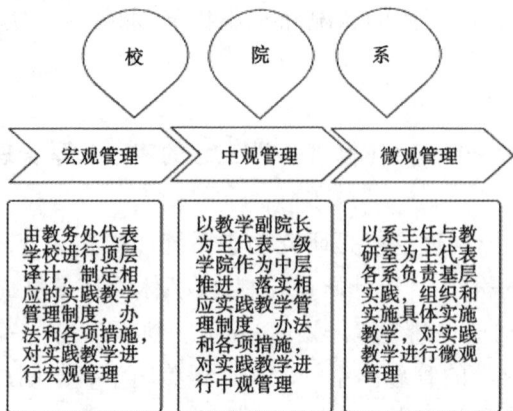

图 8-2　校一院一系（教研室）三级的实践教学管理体系

第一个层次是高校。高校这一层次承担着实践教学管理的决策、组织及调度的职能。涉及校长、分管教学的副校长、校长办公会议和一般代表学校行使教学管理职能的部门教务处。学校教务处是牵头部门，代表学校对实践教学进行顶层设计，制定相应的实践教学管理制度、办法和各种措施，如出台高校校外实践教育基地建设方案、校外指导教师聘用管理办法等。在小学教育专业实践教学内容体系中，公共实践类如军训、创新创业实践活动由学校部门统一组织。同时，教务处的主要职责还要作为一个协调中介，在自己的管理职责内，充分协调各职能部门，使各职能部门职责内的实践教学管理工作有序开展。

第二个层次是学院。本科实践教学管理的基层责任单位就是学院。学院不仅要制定下辖专业的人才培养方案，落实实践教学各环节的工作展开，还要对实践教学的效果进行检查，并对各专业及教师的实践教学质量进行督查。学院层面同时也是出台管理制度层面，主要在学校制度文件指导下，出台培养计划、实习基地协议、对教育见习实习工作的管理等。

第三个层次是系（教研室）。系一级教学单位作为最小的管理组织，要遵照学校一级与院二级实践教学管理机构所传达的管理规定，应用于自身实际，对其下辖专业实践教学具体组织实施并对实践教学环节进行质量控制，对安排实践教学的指导教师进行管理。

表 8-2　B 校小学教育专业实践教学管理文件一览表

序号	文件名称
1	B 校实验室管理规范（试行）
2	B 校教学安全管理规定
3	B 校本科教学各主要教学环节质量标准
4	校本科教学质量监控办法
5	B 校实习教学工作实施办法
6	B 校实践教学基地管理办法
7	B 校实践教学基地协议管理实施细则
8	B 校教育实践管理办法
9	B 校教师教育专业"双导师"管理办法
10	B 校优秀实习指导教师及优秀实习生评选办法
11	B 校大学生创新创业教育学分认定与管理办法
12	B 校"第二课堂"成绩单制度实施管理办法
13	B 校本科生毕业论文（设计）工作管理办法
14	B 校本科生毕业论文（设计）学术不端行为检测及处理办法
15	B 校本科生毕业论文（设计）和优秀指导教师评选办法
16	B 校教育科学学院各类实践教学实施方案
17	B 校教育科学学院教育实践"双导师制"管理办法
18	B 校教育科学学院教育实践基地遴选标准及实践基地管理制度
19	B 校教育科学学院"第二课堂"学分认定方案
20	B 校教育科学学院本科生毕业论文工作实施细则

　　构建切实有效的实践教学体系,离不开高校强有力的组织管理。依级设立实践教学管理领导小组及管理办公室,建立实践教学组织管理模式,建立实践教学管理的相关制度。实践教学管理规范有序,教育实践主要环节的质量监控才能行之有效。以 B 校小学教育专业为例,一系列组织管理文件,对实训课程、实践教学、顶岗实习、毕业设计、学科竞赛等做了详细的规定,使实践教学管理做到有章可依、有规可循,保证了实践教学的质量。

二、明晰"专业—基地"间组织管理职责

随着大学开放办学的趋势所及,以及实践取向理念的深入。师范专业在职前培养都是积极开展教育见习、实习等实践活动,高校都需要联合基地实施,协同培养师范生实践能力,而专业—基地之间缺乏有效的沟通交流与组织协调,由此导致了实践类课程之间管理职责不明等问题。

针对现状调查中发现的小学教育专业—基地之间组织联系不紧密的问题,建议要规范培养工作的各项流程与环节,明确双方在师范生培养工作中的具体职责,尽量详细规定每一事项的负责岗位与负责人,使师范生在遇到困难与问题时明确寻求帮助的方向和对象。要按制度规定严格执行落实,杜绝职责范围划分不明晰、杜绝出现问题之后的推诿塞责。

以教育实习为例,高校在组织管理上首先要明确师范生的学生身份,即使在小学进行实习实践,师范生也是小学的学生、是小学指导老师的学生,师范生应摆正自我地位,接受高校与基地小学的双向管理。在教育实习上对师范生的组织管理,高校是有责任的,而且是责任最大者,因此高校自觉承担自己的管理责任,行使管理权力,要和专业指导教师明确不能把管理权责都压在基地小学那里,另一方面,高校又要充分给予基地小学管理的权力,并明确他们可以安心使用划分好的那部分组织管理权力,小学管理人员及指导老师也明确要按照实习实践手册对师范生进行严格组织管理。明晰高校专业与基地小学的管理职责,共同制定师范生实习实践规章制度及管理条例,并按照制度严格执行,实践教学管理才不会出现混乱现象。

第四节　加强小学教育专业实践教学的保障体系

本节主要以高校内外部组织来探讨实践教学体系的保障,这里的外部组织包含了地方教育行政部门以及实践基地,内部组织则是高校。关

于实践教学质量保障的研究成果并不少,而体系中针对小学教育专业的实践教学质量保障体系研究并不多,且随着时代的更新,基于小学教育专业认证标准,科学而理性地完善小学教育专业实践教学质量保障体系,将提升专业培养小学教师的质量。

一、建立地方政府、高校、小学"三位一体"的协同培养机制

早在 2014 年 8 月,教育部在《关于实施卓越教师培养计划的意见》中便正式提出要"建立高校与地方政府、中小学'三位一体'协同培养新机制",即 U-G-S 实践教学共同体,并要求三方协同制定培养目标。所谓"U-G-S"(University-Government-School)教师教育模式是指:以培养新时期国家和社会需求的教师和促进学生发展为导向,要求高校(U)、政府(G)以及中小学(S)三方主体充分发挥各自优势,通力合作,重构开放性教师教育环境,通过教育资源共享,更好地实现未来教师和教师教育者共同发展的育人目标。此模式的推行对激发各教育主体参与教育教学活动的自觉性,并解决传统高校师范生教育培养模式壁垒具有积极作用,是推动中国教师供给侧结构性改革并落实国家发展对创新教师培养模式的实践举措[①]。

地方政府、高校、小学"三位一体"协同培养机制的建立,不仅可以优化高校小学教育专业人才培养模式,而且地方政府和教育部门对教育调控也可以促使基地小学对高校实践教学的支持力度,有利于提高高校培养小学教师的质量。而且地方政府行政部门的参与,对促进高校支持地方基础教育具有重要意义,高校发挥自己的科研优势,帮助小学实现科研反哺教学,也能切实保障实践基地小学得到同等的回报。具体来说,在地方政府和教育部门联合下,对高校承办各种小学教师的培训、支持小学教师开展基础教育研究都有很好的促进作用。再者,联合地方政府行政部门对基地小学提供小学建设基金、教师指导津贴、教师职后培训机会等多种形式实在的利益回报,小学教师就会更有动力去指导且管理师范生。

地方政府、高校、小学"三位一体"协同培养机制的建立,就要找出

三者组织成员间的共同愿景。共同愿景可以为共同体成员的行动提供无限的创造力和强大的驱动力,使成员在接纳彼此异质性特征的基础上建立对话与合作的关系,打破单向性、割裂性甚至对立性的状态,从而共同保障师范专业实践教学目标的达成。因此,完善地方政府、高校、小学"三位一体"的协同培养机制,可以通过"联合工作室""虚拟教研室"等方式成立协同培养领导小组、工作小组,明确各方职责及各种活动的组织方式,推动地方政府行政部门和小学全程、全方位参与专业建设。如联合地方教育部门、基地小学积极参与小学教育专业人才培养,制定三方协同培养小学教师的目标,一来提高了用人单位的参与积极性,让协同育人开展顺畅,二来地方教育部门、基地小学积极参与小学教育专业人才培养方案,就使得小学教育专业实践教学体系目标从一开始就建立得较为完善、目标定位清晰,实践教学内容体系不过于片面性、理论性,从源头上就对小学教育专业实践教学进行了质量保障。

二、建设稳定与合作的实践基地

实践教学体系包含了实践教学各个环节所构成的系统,同时也涉及实践教学师资、基地、教材等构成的教学系统。小学教育专业认证标准对于基地的条件,在数量与稳定性上都有要求,二级在稳定性上要求教育实践基地相对稳定,能够提供合适的教育实践环境和实习指导,满足师范生教育实践需求。数量上要求每20名实习生对应不少于1个教育实践基地,三级在稳定性上要求长期稳定的教育实践基地,实践基地具有良好的校风,较强的师资力量、学科优势、管理优势、课程资源优势和教改实践优势。在数量上除了每20个实习生不少于1个教育实践基地的条件,还要求示范性教育实践基地不少于三分之一。当前,能开办小学教育专业的高校,基地数量都满足要求,因为一级标准就要求实习生数与教育实践基地数比例小于20：1,但在稳定性与合作性方面,则不是全部的小学教育专业实践基地都符合条件,反而大多是没有合作而不稳定的。基地小学作为提供最真实教育教学场景以帮助小学教育专业师范生快速代入小学教师角色之中的重要保障因素,小学教育专业在实践教学的基地建设上除了保数量,也要保质量。因此,高校在遴选教育实践基地时,就要出台明确的遴选标准,明确基地小学的建设和管理规章制度,能达标的基地小学才能进入遴选机会,如果小学不能给予师范生教育实践之所需、不能保障师范生教育实践的质量，那么高校就应该思考该实践基地是改革完善、还是移除名单，即不能一味地追求基地数量的增长，而是选择实践基地的类型多样，更加关注愿意在师范生实践教学和教育教学能力培养方面发挥重要作用的基地。如果小学本身办学质量还高，具有明显的师资优势、管理优势、课程资源优势和教改实践优势，更能切实保障师范生在此类基地进行实践活动时能够学有所获。同时，为促进小学积极作为教育实践基地，不是单向付出，高校应积极找出双方需求的契合点，两者时刻保持联系的关系，建立长效稳定的合作机制。

三、建立激励的"双导师"指导教师制度

2007 年，教育部在部属师范院校免费师范生培养中提出了"双导师制"培养模式改革。2016 年，教育部在《关于加强师范生教育实践的意见》明确提出要在师范生中全面推行教育实践"双导师制"。无论从教育部出台的指导意见还是小学教育专业认证的具体评价细则来看，小学教育专业在教育实践中必须加强"双导师"制度的建设。

小学教育专业"双导师制"的提出，是为了提升小学教育专业师范生的培养质量，形成高校、小学在师范生培养上的合力，从而形成多方共赢的局面。在前面第一章也分析过，在中师模式下非常重视师范生的各种技能培养，但是职业理论水平又低，当小学教育纳入高等教育体系后，受知识观的影响，在很长一段时间内，小学教育专业变成了重理论基础教育，忽视师范生实践技能的培养，去师范化导致师范生职业理论水平上来了，但实践技能水平下去了。而"双导师"制度的提出则对解决上述矛盾问题具有积极的意义，能够很好促进师范生理论与实践的深度结合。首先，从高校小学教育专业的师资队伍构成上看，大部分教师出身于教育背景，但无论是硕士还是博士学历的教师，小学教学经验匮乏，如果单靠高校教师实施实践教学，则效果较低，反而，小学教师具有丰富的一线教学教育经验，他们长期在一线小学从事教学教育，有着丰富的实践经验，依托"双导师制"，引进小学教师参与小学教育专业实践教学，可以开展丰富多彩的实践教学活动，从而解决小学教育专业实践课程单一、实践教育难开展等困境。

"双导师制"能促进师范生在一线教师指导下很快适应义务教育的

教育教学。有学者通过研究指出，"双导师制"在以下四个方面可以发挥积极的作用：（1）深化师范生的教师职业认同感；（2）促进师范生教师师德养成；（3）促进师范生职业素质培养；（4）提供未来就业选择。概言之，"双导师制"对师范生职业技能与素质的养成及未来的就业均有积极的正向作用。"双导师制"能促使小学教育专业对《普通高等学校师范类专业认证实施办法（暂行）》等教育部相关文件的落实，对专业的师资力量建设有良好的效果，因为"双导师制"为小学教育专业教师与小学教师之间的合作与交流提供了良好的机制，通过这个机制平台，小学教育专业教师可以进一步完善实践知识结构，再提升理论知识结构。

"双导师制"还可以优化专业课程体系建设，提升专业培养师范生质量。最后，"双导师制"对用人单位即小学也有积极的影响作用，一是让小学教育专业师范生即自己未来用的人，尽早接触到小学实际的教学情境，缩短由师范生成为合格小学教师的成长适应期，使其迅速进入工作状态；二是小学如果需要用人可以提前进入高校选拔，培养优秀的小学教师后备力量，增强自身的师资力量培养与储备。因此，"双导师制"的实施对高校和小学都有益处，使得双方共赢。

针对"双导师制"在高校导师与小学导师两方存在的问题，除了在遴选环节筛选出教学经验丰富且有热心、有责任心的教师，建立激励、奖励等机制激发其指导的意愿之外，也要从根源上不断发展指导教师队伍。小学教育专业认证标准要求教师教育课程教师熟悉小学教师专业标准、教师教育课程标准和小学教育教学工作，至少有一年小学教育服务经历。其中学科课程与教学论教师具有指导、分析、解决小学教育教学实际问题的能力，并有一定的基础教育研究成果。因此，高校要根据实践教学的要求，制定师资队伍建设，加强对现有师资的建设。如小学教育专业要鼓励高职称、高学历的教师参与实践教学工作，鼓励各级教师到小学一线挂职，参与小学基础课程建设，参与实践教学，不断提高自身的实践指导能力，努力使得自己成为双师型新时代教师。同时，也可以通过引进人才引进机制，引进一批实践能力强、理论素养也不低的专业教师补充已有师资队伍的缺陷，使得高校实践指导水平变强。而基地小学则是通过计划系列培训，提高小学教师薪资待遇或给予额外物质酬劳，减少其日常教育教学工作量或将指导工作折算为工作量等措施，让小学教师愿意悉心辅导师范生，将教育教学经验教训倾囊传授给师范生。不断完善"双导师制"结对机制,明确导师的责权利,推进"双导师制"落实,需要高校与小学努力成为"协作式"实践教学共同体。

四、建立完善的其他物质资源供给

小学教育专业实践教学的保障体系比较广泛,除了建立稳定的实践基地、建立高质量的"双导师制"来指导师范生进行实践,其他保障支持还包含经费的投入、实践设备设施、教材教辅资源等物质条件。在小学教育专业认证标准二级中经费保障规定"生均教育实践经费支出不低于学校平均水平",三级则要求更高"生均教育实践经费高于学校平均水平";在设施保障上二级要求"教育教学设施满足师范生培养要求。建有小学教育专业教师职业技能实训平台,满足'三字一话'、微格教学、实验教学、艺术教育等实践教学需要。信息化教育设施能够适应师范生信息素养培养要求。建有教育教学设施管理、维护、更新和共享机制,方便师范生使用",三级要求"教育教学设施完备。建有小学教育专业教师职业技能实训平台和在线教学观摩指导平台,满足'三字一话'、微格教学、实验教学、艺术教育、远程见习等实践教学需要。信息化教育设施能够支撑专业教学改革与师范生学习方式转变。教育教学设施管理、维护、更新和共享机制顺畅,师范生使用便捷、充分。"在资源保障上,二级要求"专业教学资源满足师范生培养需要,数字化教学资源较为丰富,使用率较高。生均教育类纸质图书不少于 30 册。建有小学教材资源库和优秀小学教育教学案例库,其中现行小学课程标准和教材每 6 名实习生不少于 1 套",三级要求"专业教学资源及数字化教学资源丰富,使用率高。教育类纸质图书充分满足师范生学习需要。建有小学教材资源库和优秀小学教育教学案例库,有国内外多种版本小学教材,其中现行小学课程标准和教材每 6 名实习生不少于 1 套。"所以,对于小学教育专业教育实践基地,应投入充足的资金补贴。一方面,政府部门要对实践基地的建设予以重视,出台专项拨款政策,提高财政支持力度;另一方面,高校要建立师范生在实践基地进行实践活动的经费保障机制,确保生均教育实践经费支出不低于或高于学校平均水平。实践基地的经费补贴应主要用于以下三个方面,一是基地指导教师的指导费用,二是师范生的交通及食宿补贴,三是基地学校的场地补助。与实践基地相比,高校由于是师范生求学的主要阵地且并非基础教育一线场景,因此需要建设更加全面、多元、足量的物质资源保障系统,其中包括教学实验室、技能实训教室、自主研训室等平台,教具、多媒体、录音录像等设施设备,国内外教育类图书及中小学各科目教材、课程标准、教育教学案例等纸质版及电子版(音频、视频、文本)资料等。这些物质资源的投入,不仅要满足数量上的需求,也要建立管理、维护、更新和共享的长效机制以提升其质量。高校可以建立类似于用户使用效果反馈的监测机制来调研师范生对这些资源的使用率和满意度,以此提供改善物质资源保障系统的思路,使其更加契合师范生的需求,并促使师范生充分利用起来,以发挥这些物质资源的价值。

第五节　完善小学教育专业实践教学体系的评价

评价具有诊断、调节和导向的功能,小学教育专业实践教学评价是根据小学教育专业实践教学的目的,运用系统的方法收集和分析资料,对小学教育专业实践教学现象或教学活动及成效进行价值性评判,并为小学教育专业实践教学决策提供依据的过程。"持续改进"原则贯穿整个师范类专业认证标准,强调聚焦师范生核心能力素养要求,要求对师范生的实践教学活动进行全方位的跟踪与评价,形成"评价—反馈—改进"过程,改进实践教学工作,调整实践教学管理与评价模式。科学的评价不仅具有激励功能、导向功能、改进功能、决策功能,而且也是考查素质教育成果最有效的方法。实践教学活动活动要想发挥出理想作用,还需要完善的考核评价体系加以推进。合理科学的评价机制的构建是小学教育专业实践教学体系不可或缺的关键环节,因为它是实践教学效果的考评和信息反馈的中枢机构,不仅可用以检验小学教育专业师范生在实践教学中的开展情况,衡量出师范生的实践能力,同时也能够根据评价结果不断调整办学思路、修订计划、改进实践教学工作,从而完善实践教学体系,真正做到培养合格的人才。

一、考评落实真正多方评价

从现状调查结果的问题剖析中得知,在小学教育专业教育见习、实习的考核评价中,存在着一定程度上考核主体设置完整,但是实际实施主体缺失的现象。小学教育专业在师范生实践教学考核评价实施方案的制定中仍应强调多方评价,包含自我评价、同伴互评、小学生评价、指导教师评价、实践基地评价、教育行政部门评价等多方主体的评价,但是,应对这些考核主体所起的作用进行精准定位,设置一个更合理的评价方案来实施。比如,教育实习的量化成绩,只需要双方指导教师的评价即可,但是同伴评价、自我评价、学生评价、实践基地评价的评价主体应该设置在一个综合评价或者过程中一个维度的评价即可。考核内容贴近对学生的综合素质做出全面评价,师范生在实践教学环节的表现以及存在的不足之处全面展现出来。将学生自我鉴定、小学生评价、实践单位的评价、教师评价以及学生在实践过程中的表现密切结合起来,帮助师范生不断强化认识,构建出有效的实践教学体系。

二、考评方式要讲究科学化

科学的评价是产出导向师范教育实践教学体系完整过程不可或缺的一部分,包括过程与结果、认知与情感范围的持续评价,可以激发师范生的学习责任感。产出导向评价强调"以学生为本",评价结果对学生有价值,关注问题的解决,注重实效性,主要措施为以下两点:

第一,重视过程性考评。随着教育改革的进行,目前,对学生评价已经由终结性评价转化为形成性评价,高校对师范生理论教学的考核评价比较规范,大多按照认证标准要求采用过程性评价与成果考核评价相结合的方式,即由各占一定比例的平时成绩与期末考试成绩组合而成,比如三七比例或者四六比例。然后对师范生实践教学的考核评价,则出现要么还是总结性评价,要么就是过程性评价与成果考核评价相结合的方式,实施方式出现偏差。成果考核评价具有快速、高效、简洁等优势,而过程性评价需要评价主体付出更多精力来实施,因此,高校对师范生实践教学过程性评价有的几乎处于边缘位置,形同虚设,或者过程性考核评价只是走走过场,随意性太大。对于高校小学教育专业实践教学来说,师范生在最终的教学展示、公开课上的表现或者材料的呈现都太过于片面,师范生的教育教学水平不能以一次性的终结性评价予以定性,应该更加注重师范生发展成长的过程性,因此不能因过程性评价的难度大、次数多等缺点而将其"冷落",而要真正落实过程性评价的质量,实行多次评价和随时性评价,使之与终结性评价发挥的作用相当。每一次过程性评价应作为下一阶段评价的参考,使得师范生在整个实践学习环节的评价一环扣一环,而在这层层过程性评价中,师范生得到反馈和改进措施。因此,高校小学教育专业在各个实践教学环节要从一开始就要设计好评价思路,如确定实践教学评价的内容范围、评价的目的,评价结果的呈现,要制定有细则有操作性的过程性评价量表,师范生整个实践过程评价材料全面系统,能够真实地反映师范生实践过程。

第二,相对性评价、绝对性评价与个体内差异评价三种评价相融合。相对性评价即常模参照性评价,是将师范生个人与师范生群体或教师群体内的其他人(如同学、一线教师、成熟教师等)作对比进行评价;绝对性评价即目标参照性评价,是将师范生与师范生群体之外的客观标准进行比较,如人才培养方案预设的目标、实践性课程标准规定的要求、社会外界对职前教师所提的标准等;个体内差异评价是对师范生个人的变化与不同进行评价,如将自己的过去与现在做比较、将自己的不同方面做比较,从而测量进步或退步的程度。在师范生实践教学的各个环节中,以上三种评价方式经常各有侧重,例如,在高校内实施的实践性课程中,高校导师对师范生的评价大多采用相对性评价,因为高校老师是一对多,面对整个班级,因此对师范生个人的评价大多是置于师范生群体的整体水平中来看的;在实践基地的实践活动中,小学导师和师范生是一对一,小学导师只能看到师范生个人在实习实践期间的变化,因此对师范生的评价大多采用的是个体内差异评价。综上,在高校内实施的实践性课程中,高校导师对师范生的评价应该更加关注师范生的个体内差异评价,对师范生个人在这门课初始时候与最终考核中的变化作对比、对师范生个人在这门课中不同方面(如考勤参与、作业完成、小组合作等)的表现情况做比较;在实践基地的教育实践活动中,除了小学一线导师关注师范生个人的个体内差异评价外,小学领导、管理人员、对接教师以及高校的带队老师、驻校与巡回指导老师应该从实习实践小组的整体情况出发对师范生个人进行相对性评价。此外,绝对性评价的应用程度较低,而绝对性评价由于是独立于师范生个人或群体之外的客观标准,受人的主观性因素的影响较少,更加客观科学,因此要重视绝对性评价,在师范生实践教学的各个环节之中都应该将师范生的表现结合人才培养目标、课程标准要求等客观标准进行评价。

除此之外,考核考评手段上也可以科学化,如推进师范生自主研训与考核数字化平台的建设,强化师范生教学基本训练与考核。

三、考评结果要用于改进

"持续改进"是师范类专业认证的一个核心理念,完善师范生实践教学体系的评价,除了落实考核评价制度,还需要建立实践教学考评结果持续改进机制,实践教学考核评价不能只是实现了为了考评而考评的功效。实践教学考核考评只是一种检验师范生实践成果的手段,其最大目的应是通过考核考评方式监测师范生在实践过程中实践能力的发展状况,应以促进师范生在实践学习过程中有所收获,有所成长。考评结果用于改进化具体可以从以下三个方面着手:

第一,注重在平时师范生的日常教育教学实践活动中每一环节的考核考评评价,而且这种评价要有针对性,指导教师,不管是小学或者高校指导教师的每一次指导建议或意见,同组同学的每一次建议或意见、小学生的每一个反映或反馈都是对师范生实践表现的一次考核考评,这种评价考评具有散点性,但是师范生能依据这些评价结果在实践的每一处细节、每一件小事中改进,进行反思改进、经验总结,有效及时地解决自己在教育教学实践过程中出现的点滴问题,就能达到考评结果改进的效果。

第二,在综合评价上要建立奖惩机制,针对考评结果进行相应的奖励与惩罚,从而促进考核与评价目的的达成。对于在教育教学实践活动中表现良好、取得进步、达到人才培养目标要求的师范生,应该给予"优秀师范生""优秀实习生"等荣誉称号;对于在教师技能大赛中表现突出以及在教育研习、教育实习中取得优秀科研或教学成果的师范生,应该评定"特等奖""一等奖"等奖项,或予以学分、奖金等各种形式的奖励。当然,对于考评不合格、达不到培养目标最低要求的师范生,要采取惩戒措施,例如重新考核、重修相关课程、延长实习实践的时间,甚至延期毕业等,以敦促师范生改进。如若仍不达要求,要坚决予以淘汰,通过严格考核保障教师队伍的质量。

第三,建立毕业生持续跟踪反馈机制,注重社会群体、用人单位的评价反馈,并将评价结果用以改进现有的师范生实践教学体系。师范专业认证标准对师范专业的目标任务要求不仅设定了师范生在毕业时应达到的要求,还设定了师范生毕业五年后在专业领域应取得的成果要求,因此对师范生实践教学的考核评价也不能局限于师范生在校期间或毕业时的表现,而应该关注到师范生毕业进入社会后大众对其教育教学实践活动的评价。通过对已毕业师范生开展定期的问卷调查、对师范生用人单位展开访谈调查等形式了解师范生在校时的实践教学质量是否能够满足当今社会的需求,并根据调查结果完善下一轮师范生的培养机制,推动师范生实践教学质量的持续改进与提升。

基于产出导向理念,明确提升师范生创新实践能力是小学教育专业实践教学环节的培养目标,构建新的实践教学内容;通过修订课程大纲,强化实践教学模块的途径,完善实践教学体系载体的核心课程;规范管理制度,完善评价机制,创造实践环节的保障条件,从而重构实践教学体系的闭环,使得实践教学体系持续改进以达到小学教育专业培养高质量应用型人才目标。因此,为了培养具有创新实践能力的应用型人才,小学教育专业实践教学体系重构,不仅是单纯实践内容的补充或者删除,而是以推动创新发展为主题,依据师范认证的标准,坚持以"学生中心、产出导向、持续改进"为核心理念,重构的实践教学体系闭环,从而达到持续发展的目的。

第九章

结语与反思

师范类专业认证工作以认证标准规范和引导师范专业办学,有效扭转了师范教育投入不足、生源质量下滑、课程教学内容陈旧、学科专业和师资薄弱等问题,推动教师教育振兴发展成效初步显现。师范类专业认证"学生中心、产出导向、持续改进"的先进理念,引领了师范专业的发展,推动了人才培养质量提升。在师范类专业认证背景下,小学教育专业要平衡"师范"与"学科"矛盾,如因为是教育学类专业过多开设教师教育课程或者坚持开展占比过大的学科课程都不可取;平衡追求培养与课程体量的矛盾,因为小学教育专业归类教育学类,在《国标》中规定了教育学类专业总学分的范围,而且在现代教育背景下,也提倡把时间还给学生,让学生有时间进行积极反思,因此在课时、学分有限前提下,在师范专业认证过程中,小学教育专业就得考虑生源的分科化,考虑小学教师的职业的综合性,自己在培养模式上是全科或分科培养小学教师,关于小学语文、数学学科知识如何开设,考虑兼教学科开设的比例;平衡高校教师学历与培养人才教学需求的矛盾,因为高校小学教育专业高学历的教师如博士大多是教育学类博士,他们的教育专业知识很强,理论化,但是在小学教育专业教学中又出现学科整合化、实践化,因此,高校小学教育专业在师范类标准的指引下,对于教师队伍进行了整合。综上所述,师范类专业认证背景下小学教育专业及实践教学体系建设成效显著。

一是保证了小学教育专业人才培养质量达标。通过认证,小学教育专业面向社会经济发展对小学教师的需求,合理设置人才培养目标,明确人才培养标准,完善小学教育专业课程体系,加强实践教学,对小学教育专业实践教学体系进行重构,落实教师主体责任,强化资源条件支持,有效保证了小学教育专业人才培养质量。

二是完善了小学教育专业系列实践教学管理办法的文件,制定并严格执行教育实践评价与改进制度,持续优化教育实践模式,不断提高教育实践成效。以 B 校小学教育专业为例,通过《B 校实践课程建设指标体系及评分标准》明确实践教学的建设指标和评分标准,依照《B 校督导工作条例(草案)》定期对实践教学的实施效果进行考核,保证实践教学的质量。

三是建立小学教育专业持续改进的质量保障体系。通过认证,小学教育专业建立人才培养质量评价的常态机制。专业认证的结果是有周期性的,因此各校小学教育专业须将专业认证评价结果用于教学改进,进行持续整改,形成"评价—反馈—改进"的闭环,建立持续改进的质量保障机制,保证小学教育人才培养质量持续提升。

四是深入引入基础教育行业专家全程、深度参与师范生培养,有效联通行业需求与师范教育,得到高度认可。在整个师范类专业的准备、认证过程,不管是人才培养方案的制定,人才目标定位的佐证材料,合作与实践部分的调研等,高校都积极去和行业单位包含地方教育行政部门、小学等进行交流沟通,在这过程中,使得三者关系更严密。

附录一

B 校小学教育本科专业现行人才培养方案

一、专业简介（略）

二、培养目标

本专业立足 XX、服务 XX 乡村教育振兴战略,贯彻党的教育方针,落实立德树人根本任务,致力于培养具有良好的师德修养和人文科学素养,具有扎实的学科专业知识和教学基本功,具有终身学习和专业发展意识,具备熟练开展小学语文或数学主教学科的教学能力,具备兼教其他学科的能力,能够胜任小学教育教学、教研及班级管理工作的骨干教师。

师范生毕业后 5 年左右的职业发展预期:

预期目标 1【职业道德和教育情怀】:坚持正确的政治方向,践行社会主义核心价值观;坚持依法执教,遵守法律法规和专业伦理;坚守"以生为本"从教信念,具有"服务乡村"的教育情怀;成为有理想信念、有道德情操、有扎实学识、有仁爱之心的"四有"好老师。

预期目标 2【学科知识与教学技能】:具有先进的教育教学理念和较强的教学实践能力,掌握教育学、心理学的基本理论和方法;熟练运用小学语文或数学学科的基本理论、思想方法和技能，能结合实际科学地进行教学活动设计、实施与评价，胜任小学语文或数学学科的教学工作，具备兼教其他学科的能力。

预期目标3【综合育人和班级管理】：以立德树人为己任，善于挖掘学科的育人价值，能运用教育实践活动、学校文化、校园活动的育人方法，发挥学科育人功能；理解小学生身心发展的规律和特点，能胜任班队管理工作，有效组织课外主题教育，并具备家校沟通合作能力。

预期目标4【终身学习和专业发展】：具有强烈的终身学习和专业发展意识，有清晰的职业发展规划，能够紧跟时代和区域教育发展需求，通过自主学习、在职培训、自我反思等途径和方式，提升教学创新能力，成长为区域或学校骨干教师，实现可持续的教师专业发展。

三、毕业要求

通过专业学习，本专业毕业生应具有良好的思想政治素养，具有扎根广西乡村小学教育的意愿，具有较好的科学、文化素养；具有较扎实的学科基础知识；掌握小学教育教学的基本理论，具有初步的小学教育教学能力和一定的教学研究能力；具有一定的班级管理能力，能够结合小学生发展需要开展综合育人活动；初步掌握反思的方法与技能，具有终身学习与专业发展意识，具有较好的团队协作精神和沟通合作能力。

本专业毕业生应达到以下要求。

（一）践行师德

毕业要求1【师德规范】坚持以习近平新时代中国特色社会主义思想为指导，践行社会主义核心价值观，增进对中国特色社会主义的政治认同、思想认同、理论认同和情感认同；贯彻党的教育方针，具有"立德树人"的使命感；遵守小学教师职业道德规范，具有依法执教意识，立志成为"四有"好老师。

1.1【理想信念】认同习近平新时代中国特色社会主义思想，掌握习近平总书记关于教育的重要论述，坚定社会主义理想信念，能够在教书育人实践中践行社会主义核心价值观。

1.2【立德树人】贯彻党的教育方针,理解立德树人的内涵,树立立德树人的理念,掌握立德树人途径与方法,能够在教育实践中实施素质教育,依据德智体美劳全面发展的教育方针开展教育教学,培养学生的核心素养。

1.3【师德准则】具有依法执教意识,在教育实践中能履行应尽义务,自觉维护学生与自身的合法权益。理解教师职业道德规范内涵与要求,在教育实践中遵守《新时代中小学教师职业行为十项准则》。

毕业要求 2【教育情怀】热爱教育事业,具有乡村教育情怀,乐于从教,认同乡村教师工作的价值;了解小学教师的职业特征,理解教师是学生学习的促进者及成长的引路人,能够引导小学生健康成长,创造条件帮助学生自主发展。

2.1【职业认同】理解小学教育工作的意义和价值,热爱小学教育事业,具有职业理想和敬业精神,具有积极的情感、端正的态度和正确的价值观,乐于从教,扎根乡村。

2.2【关爱学生】了解学生成长和身心发展规律,具有以学生发展为中心和师生平等的理念,关心学生身心健康,尊重学生的人格和个体差异,公平对待每一名学生,为学生创造发展的条件和机会。

2.3【用心从教】树立爱岗敬业精神,能够在教育教学活动中履行教育教学工作,具有爱心、责任心,工作细心、耐心,潜心教学。

2.4【自身修养】具有健全人格和积极向上的精神,能积极应变、比较合理地处理问题;具有一定的人文底蕴、科学精神和审美能力。语言规范大方、举止文明礼貌,符合教师礼仪要求与教育教学场景要求。

(二)学会教学

毕业要求 3【学科素养】具有一定的人文与科学等通识知识,形成较广博的知识基础;具有合理的学科专业知识结构和学科素养。具备一定的其他学科基本知识,对学习科学相关知识有一定的了解。

3.1【学科知识】掌握小学语文或数学学科的基本知识、基本原理和基本技能,理解学科体系、思想与方法,具有良好的学科专业素养;熟悉兼教学科的基本知识、基本原理与技能,融合小学各学科基础知识。

3.2【学科品质】具有小学教师必备的人文与科学素养,积淀小学教育所需的人文底蕴、科学品质与审美情趣,形成一定的综合性知识结构。

3.3【学科整合】具备一定的跨学科知识与能力,了解主教学科与其他学科、社会实践、生活实践的联系,感受学科整合在小学教育中的价值,能根据实际实施小学综合实践活动。

毕业要求4【教学能力】具有准确分析、把握所教学科课程标准和教材的教学能力,形成相对完善的小学语文/数学和兼教学科教学知识体系。具有良好的"三字一话"和信息技术运用能力。运用学科教学知识及现代教育技术,进行教学设计、实施和评价,具有初步的教学研究能力。

4.1【教学知识】遵循小学生认知发展特点,运用教育学、心理学知识、学科教学知识和信息技术进行教学设计、实施与评价,形成相对完善的小学语文/数学和兼教学科教学知识体系。

4.2【教学技能】具备扎实的小学教师基本功,具有良好的"三字一话"、语言表达和信息技术运用能力,具有一定的教学能力,获得积极的教学体验。

4.3【教学研究】了解小学教育研究的基本方法,具有教学反思的习惯,能够在教学实践中针对教学重难点问题开展教学研究,能够撰写学科教学论文,具有初步的教学研究能力。

（三）学会育人

毕业要求5【班级指导】树立德育为先的理念,明晰小学德育原理与方法;认清小学班级组织与建设的规律与方法,能够设计、开发与组织小学班级教育活动;能够组织开展德育和心理健康教育等教育活动,获得积极体验。

5.1【育德意识】树立德育为先的理念,明晰小学德育工作的原理与方法,能有意识、有针对性地开展德育工作。

5.2【班级管理】掌握班级集体建设、班级教育活动组织的方法。掌握学生发展指导、综合素质评价、家校沟通、社区合作的工作要点及方法。熟悉校园安全应急管理相关规定,掌握面临特殊事件发生时保护学生的基本方法。

5.3【心理辅导】了解小学生身体、情感发展的特点和差异性,能够对小学生进行积极心理辅导,开展有效的心理健康教育活动。

毕业要求6【综合育人】了解小学生身心发展特点和养成教育规律。

理解学科育人价值,能够结合课程教学进行育人活动。了解教育实践活动的育人内涵和方法,感受学校文化、校园活动的育人内涵,能够通过观摩并积极参与组织主题教育、少先队活动和社团活动,促进学生全面、健康发展。

6.1【学科育人】理解小学语文或数学学科的育人价值,掌握学科育人的基本知识与技能,理解小学生身心发展规律,掌握学科育人的途径与方法,能结合小学语文、数学等学科教学进行育人活动。

6.2【实践育人】理解实践育人内涵,感受学校文化、校园活动的育人内涵,掌握实践育人的方法;能够组织主题教育、少先队活动、社团活动、劳动教育以及课外活动。

（四）学会发展

毕业要求7【学会反思】具有终身学习与专业发展意识,了解国内外义务教育改革热点问题;能做好学习和职业生涯规划;在专业学习和教育实践中,具有对自身的思维和行动进行反思与改进的能力;具有一定的问题意识和创新意识,能够运用批判性思维方法分析并解决教育教学中的基本问题。

7.1【发展规划】能够适应小学教育改革和发展需要,结合个人实际制定专业发展规划,具有终身学习意识,不断提高专业素质。

7.2【反思改进】具有反思意识,掌握教育教学反思的基本方法和策略,能够分析和解决教育教学中的实际问题。

7.3【学会研究】初步掌握教育教学科研的基本方法,能用科学的方法分析研究小学教育教学实践问题,并尝试提出解决问题的思路与方法,初步具有撰写教育教学研究论文的能力。

毕业要求8【沟通合作】理解学习共同体对教师群体和自我专业发展的积极作用;初步掌握在综合性实践活动中交流合作的方法和技能,并获得积极体验。

8.1【合作学习】初步掌握良好的倾听、表达、沟通等技能;理解学习共同体的特点与价值,经历小组互助与合作学习,能够在小组互助和合作学习中获得积极体验,促进自身专业发展。

8.2【沟通技能】初步掌握一定的沟通、交流与合作方法与技能,在教育教学实践中能与学生、家长、领导、同事等进行有效沟通并获得积极体验。

表1　毕业要求对培养目标支撑的矩阵图

毕业要求	培养目标1	培养目标2	培养目标3	培养目标4
1. 师德规范方面	√	√		
2. 教育情怀方面	√		√	
3. 学科素养方面		√		
4. 教学能力方面		√		
5. 班级指导方面			√	
6. 综合育人方面			√	
7. 学会反思方面		√	√	√
8. 沟通合作方面		√		√

注:"√"表示毕业要求对培养目标有支撑关系。

四、毕业合格标准和授予学位

1. 遵守《高等学校学生行为准则》,符合本专业毕业要求。参加第二课堂中思想政治教育实践活动,获得合格认定。

2. 学生最低毕业学分为160学分。

其中,必修课程99学分,包括:公共课程38学分、通识教育课程10学分(其中劳动教育1学分,美育类课程2学分)、学科专业课程24学分、教师教育课程27学分;选修课程48学分,包括:公共课程1学分、通识教育课程7学分、学科专业课程32学分、教师教育课程8学分;实践教学环节13学分。

3. 学生体质健康达标,修满体育课学分。

4. 普通话水平测试通过二级乙等及以上等级(申请小学语文教师资格证需二级甲等及以上等级)。

5. 基本学制4年,允许学生在4～6年内完成学业。

6. 授予学位:教育学学士学位。

五、核心课程

教育学原理、普通心理学、课程与教学论、儿童发展与教育心理学、教育科学研究方法、班主任工作、小学语文教学论 / 小学数学教学论、高等数学 / 现代汉语。

六、实践课程及其教学要求

实践课程：师范生教学技能体验教学综合实训与考核；教育实习；教育研习；教育见习；毕业论文；小学语文教学设计与实施 / 小学数学教学设计与实施；小学教师口语实训；书法实训等。

实践教学要求：

（1）利用校内外实践资源和平台，主动了解国内外基础教育改革与发展前沿动态；通过师范技能训练类第二课堂，实现课内学习与课外自训相结合；对照专业核心能力素质要求，加强师范技能训练，将教育教学知识学习、技能训练与反思研究有机结合，提升师范生教育教学核心能力。

（2）利用校、院两级校外实践基地，进行 1 学期的教育教学综合实习实践，具备将理论知识综合运用于教育教学实践的能力；掌握小学教学、管理以及调研的基本技能和素养，进一步提升师范生核心能力素养和小学学科从教能力；并通过课堂教学技能测试。

（3）通过研习类第二课堂和毕业论文训练，增强问题意识和研究意识，掌握开展科学研究和教育教学研究的基本方法。

七、课程体系结构与学分（时）分布

表 2　课程体系结构及学分学时比例表（一）

课程类别	课程类别	学分及比例		学时及比例	
		学分	占总学分比例	学时	占总学时比例
公共基础课程	必修	38	23.8%	720	29.1%
	选修	1	0.6%	16	0.6%
	小计	39	24.4%	736	29.7%

续表

课程类别	课程类别	学分及比例		学时及比例	
		学分	占总学分比例	学时	占总学时比例
通识教育课程	必修	10	6.2%	190	7.6%
	选修	7	4.4%	96	3.9%
	小计	17	10.6%	286	11.5%
学科专业课程	必修	24	15%	384	15.5%
	选修	32	20%	512	20.7%
	小计	56	35%	896	36.2%
教师教育课程	必修	27	16.9%	432	17.4%
	选修	8	5%	128	5.2%
	其中:师德教育类课程	5	3.1%	80	3.2%
	其中:信息素养类课程	1	0.6%	16	0.6%
	小计	35	21.9%	560	22.6%
集中性教育实践	必修	13	8.1%	—	—
	选修	0	0	—	—
	小计	13	8.1%	—	—
合计		160	100%	2478	100%

注:集中性教育实践环节学时为周数,不计入本表。

表 3 课程体系结构及学分学时比例表(二)

课程类型		学分 / 学时			
		学分	比例	学时	比例
理论教学	公共基础课程	26.5	16.6%	440	17.8%
	通识教育课程	12.5	7.8%	222	9%
	学科专业课程	42	26.3%	672	27.1%
	教师教育课程	25	15.6%	400	16.1%
	小计	106	66.3%	1734	70%

续表

课程类型		学分 / 学时			
		学分	比例	学时	比例
实验(实训)教学	课内实验 / 实践	36	22.5%	664	26.8%
	独立设置实验实训课	5	3.1%	80	3.2%
	小计	41	25.6%	744	30%
集中性教育实践		13	8.1%	—	—
总计		160	100%	2478	100%

注：学分和学时占总学分比例(%)和占总课时比例(%)保留1位小数。

表4 课程体系结构及学分学时比例表(三)

课程类型＼学期	各学期修读学分(语文方向)							
	1	2	3	4	5	6	7	8
公共基础课程	13	8.5	11	2.5	3	0.5	0	0.5
通识教育课程	3	2	1	2	2	2	0	5
学科专业课程	3	7	9	15	10	12	0	0
教师教育课程	2	7	5	7	10	4	0	0
集中性教育实践课程	0	0	0	0	0	4	5	4
总计	22	24.5	26	25.5	25	22.5	5	9.5

表5 课程体系结构及学分学时比例表(四)

课程类型＼学期	各学期修读学分(数学方向)							
	1	2	3	4	5	6	7	8
公共基础课程	13	8.5	11	2.5	3	0.5	0	0.5
通识教育课程	3	2	1	4	0	2	0	5
学科专业课程	3	8	8	13	13	11	0	0
教师教育课程	2	7	5	7	10	4	0	0
集中性教育实践课程	0	0	0	0	0	4	5	4
总计	22	25.5	25	25.5	26	21.5	5	9.5

八、课程教学计划

表 6 公共基础课程教学计划表

课程类别	课程性质	序号	课程代码	课程中文名称	学分	总学时	周学时	讲授学分	讲授学时	实践学分	实践学时	开课学期	考试	考查
公共基础课程	必修	1		中国近现代史纲要	3	48	3	2	32	1	16	2	√	
		2		思想道德修养与法律基础	3	48	3	2	32	1	16	1	√	
		3		毛泽东思想和中国特色社会主义理论体系概论	3	48	3	2	32	1	16	3	√	
		4		习近平新时代中国特色社会主义思想概论	3	48	3	2	32	1	16	3	√	
		5		马克思主义基本原理	3	48	3	2	32	1	16	5	√	
		6		形势与政策 I	0	8	2	—	4	—	4	1		√
		7		形势与政策 II	0.5	8	2	—	4	—	4	2		√
		8		形势与政策 III	0	8	2	—	4	—	4	3		√
		9		形势与政策 IV	0.5	8	2	—	4	—	4	4		√
		10		形势与政策 V	0	8	2	—	4	—	4	5		√

续表

课程类别	课程性质	课序号	课程代码	课程中文名称	学分	总学时	周学时	讲授		实践		开课学期	考核方式	
								学分	学时	学分	学时		考试	考查
		11		形势与政策VI	0.5	8	2	—	4	—	4	6		√
		12		形势与政策VII	0	8	2	—	4	—	4	7		√
		13		形势与政策VIII	0.5	8	2	—	4	—	4	8		√
		14		大学英语I	4	64	4	3	48	1	16	1	√	
		15		大学英语II	4	64	4	3	48	1	16	2	√	
		16		大学英语III	4	64	4	3	48	1	16	3	√	
		17		公共体育I	1	32	2	0.5	8	0.5	24	1		√
		18		公共体育II	1	32	2	0.5	8	0.5	24	2		√
		19		公共体育III	1	32	2	0.5	8	0.5	24	3		√
		20		公共体育IV	1	32	2	0.5	8	0.5	24	4		√
		21		计算机应用基础	3	64	4	2	32	1	32	1	√	
		22		军训与国防教育	2	32	2		32		2w	1		√
公共基础课程小计					38	720	26	432	12	288				

续表

课程类别	课程性质	序号	课程代码	课程中文名称	学分	总学时	周学时	讲授		实践		开课学期	考核方式	
								学分	学时	学分	学时		考试	考查
	选修	1		中国共产党历史	1	16	2	0.5	8	0.5	8	4		√
		2		中华人民共和国史	1	16	2	0.5	8	0.5	8	4		√
		3		改革开放史	1	16	2	0.5	8	0.5	8	4		√
		4		社会主义发展史	1	16	2	0.5	8	0.5	8	4		√
公共基础选修课程修读要求：1分（其中必修0学分,选修1学分）														
公共基础课程修读要求：39分（其中必修38学分,选修1学分）														

表 7 通识教育课程教学计划表

课程类别	课程性质	序号	课程代码	课程中文名称	学分	总学时	周学时	讲授		实践		开课学期	考核方式	
								学分	学时	学分	学时		考试	考查
通识教育课程	必修	1		入学教育	0	16					16	1		√
		2		大学语文	2	32	2	1	16	1	16	1	√	
		3		安全教育	0	24	2		24			a		√
		4		劳动教育	1	32		0.5	16	0.5	16	8		√
		5		大学生职业生涯规划和就业指导	2	38	2	1.5	30	0.5	8	8		√
		6		大学生心理健康教育	2	32	2	1.5	24	0.5	8	2—8		√
		7		科技创新与创业基础	1	16	2	1	16			1—2		√
		8		科技创新与创业教育	2	—				2		8		c 认定
				通识教育必修课程小计	10	190		5.5	126	4.5	64			
	选修	9		美育类	2	32	2	2	32					√
		10		自然科学与技术类	2	32	2	2	32			b		√
		11		国际视野类	2	32	2	2	32					√
		12		讲座类	1	—		1						√
				通识教育选修课程小计	7	96		7	96					

续表

课程类别	课程性质	序号	课程代码	课程中文名称	学分	总学时	周学时	讲授		实践		开课学期	考核方式	
								学分	学时	学分	学时		考试	考查
				通识教育课程小计	17	286		12.5	222	4.5	64			

普本生通识教育课程修读要求：17学分（其中必修 10 学分，选修 7 学分）

备注：a：每学期第一周和最后一周上课，每学期 3 节。

b：人文社科类专业学生需修读美育类通识选修课 2 学分，自然科学与技术类通识选修课 2 分，讲座类通识选修课 1 学分，国际视野类通识选修课 2 学分，共计 7 学分。

c：《科技创新与创业教育》2 个学分由"第二课堂"学分认定。

说明：1.《公共体育》课程实行俱乐部制。2. 讲座类通识选修课。学生须从学校开出的讲座类通识选修课中选修 1 学分，完成 8 个讲座的听座的听课任务。

B校小学教育本科专业现行人才培养方案

表8 学科专业课程教学计划表

课程性质		序号	课程代码	课程名称	学分	总学时	周学时	讲授		实践		开课学期	考核方式	
								学分	学时	学分	学时		考试	考查
学科专业必修课程	专业基础课程	1		现代汉语★	3	48	3	3	48			1	√	
		2		古代汉语	3	48	3	3	48			2	√	
		3		古代文学	3	48	3	3	48			4	√	
		4	语文	现当代文学	3	48	3	3	48			3	√	
		5		外国文学	2	32	2	2	32			4	√	
		6		基础写作	2	32	2	2	32			2	√	
专业理论课程		7		文学概论	3	48	3	3	48			6	√	
		8		文字学	2	32	2	2	32			5	√	
		9		儿童文学	3	48	3	3	48			4	√	
必修课程小计					24									

必修课程修读要求：24学分

续表

课程性质		序号	课程代码	课程名称	学分	总学时	周学时	讲授 学分	讲授 学时	实践 学分	实践 学时	开课学期	考核方式 考试	考核方式 考查
学科专业理论课程	选修 专业发展课程 英语	10		综合英语	2	32	2	2	32			3		√
		11		英语语音与诵读	2	32	2	2	32			4		√
		12		英语阅读与写作	2	32	2	2		2	32	5		√
		13		小学英语口语	2	32	2	2	32			5		√
		14		小学英语说唱演	2	32	2	2	32			6		√
		15		小学英语活动设计	2	32	2	2		2	32	5		√
	选修课程小计				12									
	选修课程修读要求：8学分													
	必修 专业基础课程 数学	1		高等数学Ⅰ★	3	48	3	3	48			1	√	
		2		高等数学Ⅱ	3	48	3	3	48			2	√	
		3		小学数学基础知识	3	48	3	3	48			2	√	
		4		解析几何	2	32	2	2	32			3	√	
		5		初等数论	2	32	2	2	32			4	√	
		6		概率与统计	2	32	2	2	32			4	√	
		7		数学思想方法研究	2	32	2	2	32			6	√	
		8		小学数学方法研究	3	48	3	3	48			5	√	
		9		小学数学解题方法	2	32	2	2	32			4	√	
		10		数学史	2	32	2	2	32			5	√	

B校小学教育本科专业现行人才培养方案

续表

课程性质	序号	课程代码	课程名称	学分	总学时	周学时	讲授 学分	讲授 学时	实践 学分	实践 学时	开课学期	考核方式 考试	考核方式 考查
学科专业课程（必修）	11		生命科学基础	2	32	2	2	32			3		√
	12		科学技术史	2	32	2	2	32			4		√
	13		自然科学教育	2	32	2			2	32	5		√
	14		机器人活动设计	2	32	2	2	32			5		√
	15		科技制作活动	2	32	2	2	32			6		√
	16		小学科学实验研究	2	32	2			2	32	6		√
必修课程小计：				24									
必修课程修读要求：24学分													
选修（学科专业发展课程 / 专业理论课程）	1		武术	2	32	2	2	32			3		√
	2		健美操	2	32	2	2	32			4		√
	3		体育（球类）	2	32	2			2	32	3		√
	4		小学音乐活动指导	2	32	2	2	32			2		√
	5		乐理视唱	2	32	2	2	32			2		√
	6		声乐	2	32	2			2	32	3		√
选修课程小计：				12			14			32			
选修课程修读要求：8学分													

续表

课程性质		序号	课程代码	课程名称	学分	总学时	周学时	讲授		实践		开课学期	考核方式	
								学分	学时	学分	学时		考试	考查
学科专业理论课程	专业选修 专业发展课程	7		钢琴基础	2	32	2			2	32	3		√
		8		儿歌弹唱	2	32	2			2	32	4		√
		9		舞蹈基础	2	32	2			2	32	4		√
		10		儿童舞蹈编创	2	32	2			2	32	5		√
		11		美术简笔画	2	32	2			2	32	3		√
		12		少儿舞蹈	2	32	2			2	32	3		√
		13		文献检索与综述	2	32	2	2	32			6		√
		14		融合教育	2	32	2	2	32			5		
		15		教育热点问题研究	2	32	2	2	32			6		√
		16		微课制作	2	32	2			2	32	5		√
		17		舞台与化妆	1	16	1			1	16	5		√
		18		小学教师礼仪	2	32	2			2	32	6		√
		19		社会科学基础知识	2	32	2	2	32			4		√

B 校小学教育本科专业现行人才培养方案

续表

课程性质		序号	课程代码	课程名称	学分	总学时	周学时	讲授		实践		开课学期	考核方式
								学分	学时	学分	学时		
学科专业选修课程	专业发展课程	20		自然科学基础知识	2	32	2	2	32			5	考试
		21		人际沟通艺术	2	32	2	2	32			6	√
		22		农村留守儿童问题研究	2	32	2	2	32			6	√
		23		乡村教育研究	2	32	2	2	32			4	√
		24		农村校本课程开发	2	32	2	2	32			5	√
	理论课程	25		少先队活动设计	1	16	1			1	16	6	√
专业选修课程小计:					46								

专业选修课程读要求至少 24 学分

学科专业课程修读要求：56 学分（其中必修 24 学分，选修 32 学分）

小学教育专业专业认证背景下构重的系体学教育实践教学

表 9　教师教育课程教学计划表

课程类别	课程性质	序号	课程代码	课程名称	学分	总学时	周学时	讲授		实践		开课学期	考核方式	
								学分	学时	学分	学时		考试	考查
教师教育课程	必修（教师教育理论课程）	1		普通心理学★	2	32	2	2	32			2	√	
		2		教育学原理★	2	32	2	2	32			3	√	
		3		儿童发展与教育心理学★	2	32	2	2	32			4	√	
		4		教师职业道德与专业成长	1	16	1	1	16			5	√	
		5		教育科学研究方法★	2	32	2	2	32			5	√	
	必修（教师职业能力训练课程）	6		普通话训练与教师口语艺术	2	32	2	1	16	1	16	1		√
		7		现代教育技术	1	16	1	1	16	1	16	4		√
		8		小学生心理健康辅导	2	32	2	2	32			4		√
		9		课程与教学论★	2	32	2	2	32			3	√	
		10		小学语文教学论★	2	32	2	2	32			语4	√	

续表

课程类别	课程性质	序号	课程代码	课程名称	学分	总学时	周学时	讲授 学分	讲授 学时	实践 学分	实践 学时	开课学期	考核方式
教师教育课程	必修课程	11		小学数学教学论★	2	32	2	2	32			数4	考试 √
		12		小学语文课程标准与教材研究	2	32	2	2	32			语5	√
		13		小学数学课程标准与教材研究	2	32	2	2	32			数5	√
	教师职业能力训练课程	14		班主任工作★	1	16	1	1	16			6	考查 √
		15		小学教师口语实训	1	16	1			1	16	2	√
		16		书法实训Ⅰ	1	16	1			1	16	1	√
		17		书法实训Ⅱ	2	32	2			2	32	2	√
		18		小学综合实践活动设计	2	32	2	1	16	1	16	6	√
教师教育必修课程小计					31								

教师教育必修课程修读要求 27 学分

续表

课程类别	课程性质	序号	课程代码	课程名称	学分	总学时	周学时	讲授 学分	讲授 学时	实践 学分	实践 学时	开课学期	考核方式 考试	考核方式 考查
教师教育课程 选修	教师教育知识拓展课程	19		教育思想与教学艺术研究	1	16	1	1	16			6		√
		20		小学教育哲学	2	32	2	2	32			5		√
		21		中外教育简史	2	32	2	2	32			2		√
		22		教育名著选读	1	16	1	1	16			4		√
		23		学校管理	2	32	2	2	32			5		√
	教师职业能力拓展课程	24		小学英语课程与教学论	1	16	1	1	16			语5		√
		25		小学语文教学设计与实施	2	32	2			2	32	语5		√
		26		小学数学教学设计与实施	2	32	2			2	32	数5		√
		27		小学科学课程与教学论	1	16	1	1	16			数5		√
		28		课堂教学观察	1	16	1	1	16			3		√
		29		小学生品德发展与道德教育	1	16	1	1	16			6		√
教师教育选修课程小计					16									

续表

B校小学教育本科专业现行人才培养方案

课程类别	课程性质	序号	课程代码	课程名称	学分	总学时	周学时	讲授		实践		开课学期	考核方式
								学分	学时	学分	学时		考试	考查
				教师教育选修课程修读要求9学分										

教师教育课程修读：35学分（其中必修27学分，选修8学分）

注：教师教育类课程包括学科教育与教学论课程，师范技能类课程，师德教育类课程，教育信息素养类课程以及教育学、心理学课程，

其中师德教育类课程指教师职业道德教育课程、心理健康与道德教育课程、师德体验教育实践课程，教育信息素养类课程仅指现代教育

技术应用课程（含理论课与实践课）。

表 10　集中性教育实践教学计划表

课程类别	课程性质	课程代码	课程名称	学分	学时（周）	开课学期	考核方式	
							考试	考查
集中性教育实践	必修		教育见习	2	4	第二学期开始见习，时间为三天，主要进行小学日常管理和教学的观摩；从第三学期开始，每次一周，见习内容结合该学期开设的小学教学设计与实践开展实践活动，指导老师由任课老师担任。第六学期选课，录入成绩。		√
			教育实习	4	18	第七学期选课，录入成绩。		√
			教育研习	1	1	第七学期选课，录入成绩。		√
			师范生教学技能体验教学综合实训与考核	1	2	第六学期选课，录入成绩。		√
			毕业论文	4	12	第八学期选课，录入成绩。		√
			社会调查	1	2	第六学期选课，录入成绩。		√
集中性教育实践小计				13				
集中性教育实践修读要求：13 学分（其中必修 13 学分，选修 0 学分）								

附录二

小学教育本科专业实践教学体系调查问卷及访谈提纲

小学教育本科专业实践教学体系调查问卷

亲爱的同学:

您好! 首先,感谢您加入本项调查当中。本问卷旨在了解目前小学教育专业实践教学体系方面存在的问题,为提高小学教育专业实践教学的效果提供现实参考依据。调查结果仅供研究之用,本问卷采取不记名的方式开展,不会泄露您的任何个人信息及想法意见,请您根据实际情况,认真填写此问卷。最后,在此对您的合作表示诚挚的谢意!

一、个人基本信息

您的学校:＿＿＿＿＿＿＿＿

您的年级:1 大一　2 大二　3 大三　4 大四

您是否免费师范生:1 是　　　2 否

您实习的学校是:1 城市学校　2 农村学校

二、实践教学体系实施评价

题目	非常 不符合	不符 合	一般 符合	比较 符合	非常 符合
a. 您认为本专业实践教学非常重要					
b. 您清楚在实践中要达到的目标					
c. 您认为教育实习完成后您能胜任小学教育工作					
d. 本专业实践教学内容与理论知识的结合度高					
e. 本专业实践教学内容与岗位能力契合度高					
f. 本专业实践教学活动的时间充足					
g. 本专业"将实践贯穿整个学程,每个学期都安排一定时间的实践教学内容"					
h. 本专业实践教学的组织管理井然有序					
i. 在每次实践之前都有相关老师开展详细的指导					
j. 本专业实践课程(主要是校外实践课程)中实行了"双导师制"(即由高校教师和小学教师共同指导)					
k. 高校内实践教学的设施设备能满足您的需求					
l. 基地学校在实践教学所提供的实践条件能满足您的需求					
m. 在实践教学基地取得实践效果					
n. 校内实践课程考核评价方式非常合理					
o. 校外实践课程考核评价方式非常合理					
p. 您对专业实践教学环节的总体评价是非常满意					

三、实践教学实施情况

1.您认为本专业开设的(高校课堂内实施的)实践性课程有哪些?(可多选)(　　)

A 三笔字　　B 普通话/教师语言　　C 说课　　D 微课

E 微格教学　F 舞蹈　　　G 音乐

2.在实践性课程中,教师教学时是否充分利用了模拟课堂、现场教学、情境教学、案例分析等多样化的教学方式?(　　)

A 是,教学方式非常多样

B 一般,教学方式不多样,也不单一

C 否,教学方式较单一

3.您认为本专业开设的师范生实践性课程的内容包括哪些方面?(可多选)(　　)

A 师德体验　　B 教学实践　　C 班级管理实践　D 教研实践

4.您参加实习见习的管理者是谁(可多选)(　　　)

A 大学指导教师　B 基地指导教师　　　C 专业主任或辅导员

D 小组长　　　　E 基地领导　　　　　F 专业领导

5.您所见习实习的内容包括哪些?(可多选)(　　)

A 班主任工作　　　　B 学科教学　　　C 该校教师的教科研工作

D 师德展示与宣讲　　E 少先队活动

6.您认为校外实践(主要是教育见习实习)对您的哪些方面有所帮助?(可多选)(　　)

A 巩固小学教育教学知识　　　　　B 提升小学教育教学能力

C 让我更加热爱小学教育教学工作　　D 没有任何帮助

7.实习学校的指导老师给予您的实践机会(包括上课教学、开展班会、组织各项活动、参与教研讨论等等)(不包含批改作业),您认为需要增加吗?(可多选)

A 需要增加上课教学的时间　　　B 需要增加开展班会的时间

C 需要增加教研讨论的时间　　　D 需要增加组织各项活动的时间

E 不需要增加时间

8. 教育实习完成后哪些人负责对您的实习情况进行考评？（可多选）（　　）

A 小学指导教师　　B 高校指导教师　　C 自我评价　　D 小学领导

E 同学互评

9. 通过教育实习,您对小学教师这一职业有何想法？（　　）

A 很喜欢,很希望毕业后当一名小学教师

B 不喜欢,希望尝试其他职业

C 一般,只要能找到工作就行

10. 您在校期间参与过科研课题吗？　　　（　　）

A 有　　B 无

11. 您认为本专业在专业实践教学中所出现的最大问题是（　　）

A 经费太少　　　　　　　B 管理不够完善

C 缺乏与小学的合作　　　D 缺乏双师型教师

12. 高校指导教师对您教育实习进行考评通常的做法是？（　　）

A 看是否完成教育实践的要求和任务,根据其完成情况进行考评

B 平时教育实习过程的表现和实践结束的考核结合进行评价

C 只看平时教育实践表现进行评价

D 不进行考评

13. 小学指导教师对您教育实习进行考评通常的做法是？（　　）

A 看是否完成教育实践的要求和任务,根据其完成情况进行考评

B 平时教育实习过程的表现和实践结束的考核结合进行评价

C 只看平时教育实践表现进行评价

D 不进行考评

14. 您认为学校提供给您的指导教师是否经验丰富并给予您以全面、及时、有效的实践指导？（　　）

A 是,不能　　　B 是,能　　C 不是,不能

15. 大学里的指导老师在您实习期间主要采取哪种方式对您进行有效指导？（可多选）（　　）

A 驻校指导　　　B 巡回指导　　C 远程指导

16. 您认为本专业对实习实践的组织管理如何？（　　）

A 非常严格,严格按照组织管理相关制度执行

B 一般,有组织管理制度但未严格执行

C 完全自由,放任不管

17.您所实习的学校对实习实践的组织管理如何？（　　）

A 非常严格,严格按照组织管理相关制度执行

B 一般,有组织管理制度但未严格执行

C 完全自由,放任不管

18.您对本专业组织的社会实践活动满意吗？（　　）

A 很满意,有助于理解理论知识,扩大知识面

B 比较满意,虽然理论和实践有差距,但有助于接触社会,积累经验

C 不满意,实践活动往往形同虚设,敷衍了事

D 不感兴趣,无所谓

小学教育专业师范生实践教学情况访谈提纲(小学教育专业师范生版)

1.通过小学教育专业的实践教学,您觉得获得什么样的能力或知识？会对您后续的教师生涯有哪些作用？

2.您是否每个学期都参与了小学教育专业实践活动？一般是什么形式的实践活动？

3.您认为实习指导老师(包含高校、小学的指导老师)是否重要？您认为他们在指导实践上存在什么问题？

4.您认为见习实习等实践活动前的准备工作是否重要(例如：实习动员会)？您在实践之前,您的专业领导或者指导老师是怎么开展指导的？

5.您针对专业技能提高开展的实践活动有哪些？您比较喜欢哪些？少了哪方面的内容？

6.您每周会花多少时间进行教师技能训练？您了解到您专业的校内实践场所有哪些？校外实践基地有哪些？设备有哪些？资源有哪些？您希望有什么改进？

7.谈一谈您对教育三习等实践活动安排的看法？（包含安排的时长、内容是否合适）您在实践的最大收获是什么？感觉自己最欠缺的是什么？

小学教育专业师范生实践教学情况访谈提纲（小学指导教师版）

1.您指导实习生是经过学校选拔的吗？是自愿指导还是被安排指导？

2.您的学校对指导师范生有无奖励或激励机制？

3.您对实习生指导实践的内容主要包含了哪些方面？（教学还是班主任工作，还是家校沟通？）

4.您认为您指导的实习生经过一段实习实践后，在教育教学基本知识与能力、情感与态度上有什么变化？

5.您带的实习生的高校指导老师与您经常就实习生的实习实践进行沟通交流吗？

6.教育局或者学校有定期组织专题研究、定期培训之类的活动提高您的指导水平和能力吗？

7.关于小学教育专业实践活动或者师范生等，您还有什么建议？

小学教育专业师范生实践教学情况访谈提纲（高校指导教师版）

1.您认为当前的师范生是否认真按照专业要求进行了实践？

2.您认为培养一个好的小学老师还需要开设哪类实践活动？实践活动的类型及内容的安排是否需要有所增加？

3.您认为带师范生在小学实习实践遇到的最大困难是什么？

4.您认为您指导的实习生经过一段实习实践后，在教育教学基本知识与能力、情感与态度上有什么变化？

5.您经常与小学领导或小学指导教师对实习生的实习实践进行沟通交流吗？

6.关于小学教育专业实践活动或者师范生等，您还有什么建议？

参考文献

【著作、教材、报纸类】

[1] 戴立益 . 教师教育创新与师范专业认证 [M]. 上海：华东师范大学出版社,2020.

[2] 林家好 . 师范类专业认证视域下高校教学质量保障体系的研究与实践 [M]. 吉林：吉林大学出版社,2022.

[3] 刘慧,孙建龙 . 小学教育专业认证：理论与实践 [M]. 天津：天津人民出版社,2022.

[4] 教育部教师工作司 . 教师工作系列丛书：小学教师专业标准（试行）解读 [M]. 北京：北京师范大学出版社,2013.

[5] 董晓红,赵子豪,赵舒婷,等 . 地方应用型本科高校实践教学体系研究 [M]. 北京：经济科学出版社,2020.

[6] 董丽娟 . 转型高校实践教学体系的科学构建与实施研究——以河北科技师范学院为例 [M]. 秦皇岛：燕山大学出版社,2021.

[7] 王菠 . 成果导向学前教育专业教育实习课程设计 [M]. 重庆：西南师范大学出版社,2021.

[8] 杨秀玉 . 教育实习：理论研究与对英国实践的反思 [M]. 北京：中国社会科学出版社,2017.

[9] 教育部高等学校教学指导委员会 . 普通高等学校本科专业类教学质量国家标准 [M]. 北京：高等教育出版社,2018.

[10] 顾明远 . 教育大辞典 [M]. 上海：上海教育出版社,1990.

[11] 马云鹏 . 课程与教学论 [M]. 北京：中央广播电视大学出版社,2005.

[12] 刘益春 . 教师教育创新的理论与实践探索 [M]. 长春：东北师范大学出版社,2008.

[13] 陈永明 . 教师教育学 [M]. 北京：北京大学出版社,2012.

[14] 王道俊,郭文安 . 教育学 [M]. 北京：人民教育出版社,2009：1.

[15] 教育部师范教育司 . 教师专业化的理论与实践 [M]. 北京：人民教育出版社,2003：36.

[16] 刘维俭,王传金 . 教师职前教育实践概论 [M]. 南京：南京师范大学出版社,2006：27-39.

[17] 伊继东,刘六生,赵枝林 . 教师教育改革与发展研究 [M]. 云南人民出版社,2007：27.

[18] 陈建宗 . 教师职业学 [M]. 河南人民出版社,2004：8-31.

[19] 刘彦文 . 高等职业教育原理与教学研究 [M]. 中国轻工业出版社,2009：7.

[20] 欧阳河 . 职业教育基本问题研究 [M]. 北京：教育科学出版社,2006.

[21] 项见军 . 教育学原理 [M]. 北京：高等教育出版社,2019.

[22] 本书编写组 . 马克思主义基本原理[M]. 北京：高等教育出版社,2021.

[23] 王贤德 . 推进地方师范院校高质量教师教育简史 [N]. 中国社会科学报,2022-06-24（004）.

【学位论文类】

[1] 王丽宁 . 我国高校师范类专业认证政策研究 [D]. 沈阳：沈阳师范大学,2019.

[2] 杨慧 . 小学教育专业实践教学质量保障体系研究 [D]. 淮北：淮北师范大学,2019.

[3] 沈丽 . 本科院校小学教育全科专业实践教学体系研究 [D]. 西宁：青海师范大学,2019.

[4] 许朝惠 . 基于职业能力导向的小学教育本科专业实践教学研究 [D]. 昆明：云南师范大学,2015.

[5] 唐京伟 . 国际化视野下的中国小学教师本科化战略研究 [D]. 长春：东北师范大学,2005.

[6] 兰田.小学教育专业本科课程设置现状与反思 [D]. 长沙：湖南师范大学,2013.

[7] 宁国庆.我国高校实践教学的回顾与思考 [D]. 喀什：喀什师范学院,2013.

[8] 张串串.师范专业认证背景下师范生实践教学体系研究 [D]. 宜昌：三峡大学,2021.

[9] 吴钰濛.高校师范类专业认证课程设置研究 [D]. 重庆：西南大学,2021.

[10] 刘莉.师范类专业认证背景下西藏高校本科师范专业实践教学现状研究 [D]. 拉萨：西藏大学,2020.

[11] 李然.师范类专业认证背景下小学教育专业培养方案的文本研究 [D]. 石家庄：河北师范大学,2020.

[12] 王芸.我国师范类专业认证实践研究 [D].南宁：广西师范学院,2017.

[13] 张涛.新建地方本科院校专业实践教学现状与对策研究 [D].石家庄：河北师范大学,2020.

[14] 付琳娜.地方高师院校实践教学的现状与对策研究 [D]. 长春：长春师范大学,2017.

[15] 叶叶."教育见习、研习、实习一体化"实践模式的问题与管理对策研究 [D]. 上海：华东师范大学,2013.

[16] 刘晶.新建地方本科院校实践教学体系研究 [D]. 南昌：江西师范大学,2012.

[17] 矫沂儒.地方高师院校教师职前教育实践教学存在问题与改进策略研究 [D]. 长春：东北师范大学,2014.

[18] 李宇莎.专业认证标准下小学教师协同培养研究 [D]. 杭州：杭州师范大学,2022.

[19] 李腊梅.高师院校小教专业本科教育实践中的"双导师制"研究 [D]. 重庆：重庆师范大学,2021.

[20] 常丽娟.应用型本科院校小学教育专业教育实习评价现状及对策研究 [D]. 石家庄：河北师范大学,2019.

[21] 郭瑶.本科小学教育专业教育实践课程设置研究 [D]. 北京：中央民族大学,2015.

[22] 樊丽.小学教育本科专业课程设置研究 [D]. 西安：陕西师范大

学,2014.

[23] 陈威."实践取向"小学教育专业课程设置研究[D].长春:东北师范大学,2013.

[24] 陈灿.从传统走向现代:我国小学教师培养模式改革研究[D].长沙:湖南师范大学,2011.

[25] 郭静.地方师范大学师范专业实践教学现状研究[D].临汾:山西师范大学,2017.

[26] 曹小倩.完善西藏高校学前教育专业实践教学体系的策略研究[D].拉萨:西藏大学,2021.

[27] 张玲玲.地方综合性大学师范生教学实践能力培养研究[D].扬州:扬州大学,2020.

[28] 韩冰冰.小学卓越教师协同培养路径探究[D].南京:南京师范大学,2019.

[29] 温倩玉.地方师范院校教师教育类课程的教学现状研究[D].临汾:山西师范大学,2018.

[30] 陈旭.高师院校教育实习现状、问题与对策研究[D].成都:四川师范大学,2015.

[31] 林婷.美国教师教育专业认证标准研究[D].湘潭:湖南科技大学,2021.

[32] 刘孟文.新建本科转型院校实践教学体系构建研究[D].新乡:河南师范大学,2016.

[33] 刘文娟.基础教育课程改革背景下高等师范院校小学教育本科专业课程体系的建构[D].济南:山东师范大学,2008.

[34] 曾玉云.美国卓越教师职前培养项目研究[D].湘潭:湖南科技大学,2019.

[35] 汪曼琳.全日制教育硕士(小学教育)课程培养针对性的调查与分析[D].上海:上海师范大学,2018.

[36] 王振波.我国高等师范教育学费制度研究[D].开封:河南大学,2009.

[37] 李敏.澳大利亚师范类专业认证发展研究[D].开封:河南大学,2021.

[38] 杨昆昆.产出导向下高师院校教师教育课程评价改革研究[D].长春:东北师范大学,2021.

[39] 吉先菊.地方院校公费师范生反思能力培养研究 [D].长沙：湖南师范大学,2020.

[40] 张金丽.专业认证背景下学前教育本科生教育实践能力培养研究 [D].哈尔滨：哈尔滨师范大学,2020.

[41] 王迎.本科教育学专业课程教学改革及制度保障研究 [D].沈阳：沈阳师范大学,2020.

[42] 冯茹.面向教育硕士的教学案例开发研究 [D].长春：东北师范大学,2019.

[43] 杨晓雨.师范类专业认证背景下地方高师院校课堂教学改革研究 [D].信阳：信阳师范学院,2019.

[44] 杨艳妹.汉语国际教育专业实践教学体系研究 [D].乌鲁木齐：新疆师范大学,2022.

[45] 梁楚颖.农村小学全科教师培养现状研究 [D].南宁：广西师范大学,2021.

[46] 齐跃丽.本科职业大学实践教学质量保障体系研究 [D].西安：陕西师范大学,2021.

[47] 赵志敏.本科院校学前教育专业人才培养现状、问题及对策研究 [D].天津：天津职业技术师范大学,2018.

[48] 郭丽.高职本科学前教育专业实践教学体系研究 [D].昆明：云南师范大学,2017.

[49] 赵秀云.小学教育专业实践教学问题与对策研究 [D].济南：山东师范大学,2012.

[50] 张皓.学前教育专业全程教育实践课程的建构研究 [D].重庆：西南大学,2012.

[51] 陆冬梅.从"知之"到"乐之"：教师的专业成长之路 [D].上海：华东师范大学,2010.

[52] 熊林杉.专业化视域下不同层次学前教育专业培养目标的研究 [D].天津：天津职业技术师范大学,2022.

[53] 曲艺.小学教师专业化的现状分析与对策 [D].大连：辽宁师范大学,2008.

[54] 余秋月.教师评价对教师专业发展的影响及其反思 [D].上海：华东师范大学,2006.

[55] 郑璐璐.小学卓越教师培养的现状与出路 [D].南京：南京师范

大学,2019.

[56] 黄巨臣.我国高校本科人才培养方案问题研究 [D].厦门:厦门大学,2019.

[57] 朱贺.物理教师职前教育中专业素质培养方面存在的问题及分析 [D].西安:陕西师范大学,2008.

[58] 吴国英.高校人文社科专业实践教学体系的构建研究 [D].天津:天津大学,2010.

[59] 赵婷婷.小学教育专业学生职业能力培养策略研究 [D].昆明:云南师范大学,2018.

[60] 王晓云.中学教师专业化的现状分析与对策 [D].大连:辽宁师范大学,2006.

【期刊类】

[1] 唐汉琦,欧飞飞.回顾与反思:新中国小学教师培养模式的发展变迁与改革趋向 [J].当代教育论坛,2021(5):48-56.

[2] 刘秀峰.辉煌与消逝:中等师范教育发展的回溯与反思 [J].教育发展研究,2017,37(10):56-62.

[3] 钟启泉,王艳玲.从"师范教育"走向"教师教育"[J].全球教育展望,2012,41(6):22-25.

[4] 马云鹏.从小学教育专业定位看卓越小学教师培养 [J].东北师大学报(哲学社会科学版),2018(3):150-154.

[5] 马云鹏,解书,赵冬臣,等.小学教育本科专业培养模式探究 [J].高等教育研究,2008(4):73-78.

[6] 李俊义.全科与分科:小学教师职前培养模式的二元相持及并存之道 [J].教师教育学报,2020(2):52-60.

[7] 张峰,邓长平.小学教育本科专业课程设置与实施的若干问题思考 [J].菏泽学院学报,2021,43(3):67-73.

[8] 路书红,黎芳媛.挑战与应对:专业认证时代我国教师教育专业发展研究 [J].当代教育科学,2017(5):68-71.

[9] 田腾飞,任一明.高校师范专业认证的总体设计及实践探索 [J].重庆师范大学学报(社会科学版),2018(3):69-74.

[10] 王薇.国际教师教育质量保障体系的构建及其启示 [J].教师教

育研究, 2017（3）: 114.

[11]常珊珊,曹阳.专业认证背景下我国师范类专业发展机制研究: 国际经验与本土建构 [J]. 高教探索, 2020（2）: 41-47.

[12]常建华,张秀再.基于 OBE 理念的实践教学体系构建与实践——以电子信息工程专业为例 [J]. 中国大学教学, 2021（Z1）: 87-92+111.

[13]刘灿群.小学教育专业校内外一体化实践教学体系构建研究——以湖南科技大学小学教育专业为例 [J]. 湖南科技学院学报, 2022, 43（5）: 122-124.

[14]于海杰,敬贺,赵晓宇.核心素养视角下小学教育专业实践教学体系建构探析 [J]. 赤峰学院学报(自然科学版), 2022, 38（1）: 105-108.

[15]杨立红,杨民.大理大学小学教育专业实践教学发展路向探思 [J]. 大理大学学报, 2021, 6（7）: 110-115.

[16]杨松柠."协同育人"机制下实践教学"双导师制"模式的构建——以大庆师范学院小学教育专业为例 [J]. 黑龙江教师发展学院学报, 2020, 39（9）: 24-27.

[17]姚琳.应用型本科院校小学教育专业实践教学探析 [J]. 高教学刊, 2020（1）: 128-131.

[18]李怡.地方高校小学教育专业学生专业实践能力培养策略探讨 [J]. 文山学院学报, 2019, 32（2）: 102-105.

[19]裴培,郑小云.基于师范类专业认证标准下的小学教育专业实践教学体系构建——以亳州学院为例 [J]. 昌吉学院学报, 2019（2）: 106-111.

[20]夏永庚,黄曦彦.小学教育专业"多层次、全方位"实践教学体系构建研究 [J]. 上海教育科研, 2019（2）: 63-67.

[21]雷婷婷."教学做合一"视野下的高校教师教育改革启示——以江苏省 T 学院小学教育专业为例 [J]. 现代教育科学, 2018（11）: 11-15.

[22]蒋蓉.美国小学教师培养: 现状、特点与启示 [J]. 贵州师范学院学报, 2017, 33（11）: 76-80.

[23]钟铧.教学能力分阶段集中培养的实践教学模式探究——以小学教育专业为例 [J]. 教师教育学报, 2017, 4（3）: 50-58.

[24] 郭婧 . 本科小学教育专业实践教学改革探析 [J]. 宁德师范学院学报（哲学社会科学版），2016（2）：113–115.

[25] 史凤贤，于萍 . 基于 "U–S" 合作的小学教育专业实践教学的探究——以辽宁科技学院小学教育专业为例 [J]. 辽宁科技学院学报，2016，18（3）：71–72+75.

[26] 韩凤娥 . 关于小学教育专业教学实习的思考 [J]. 辽宁科技学院学报，2016，18（2）：67–69.

[27] 刘冬华，陈莉欣 . 小学教育专业 "三位一体" 实践教学模式的探索与实践 [J]. 教育教学论坛，2016（4）：158–159.

[28] 邹强 . 小学教育本科专业课程设置与实施现状的调查分析——以湖北省属 6 所高校为例 [J]. 湖北第二师范学院学报，2014，31（5）：65–69.

[29] 秦积翠，王小卫，陈婷 . 高师院校教育见习的现状与对策探析 [J]. 教育教学论坛，2014（3）：209–211.

[30] 王定华 . 我国高校师范类专业认证的缘起与方略 [J]. 中国高等教育，2019（18）：20–22.

[31] 刘河燕 . 基于师范类专业认证的教师教育课程内容改革研究 [J]. 现代大学教育，2019（4）：24–29+112.

[32] 邵怀领 . 基于专业认证标准的小学卓越教师 "435" 教育实习模式探索与实践 [J]. 河南教育（高教），2019（2）：105–107.

[33] 卢艳军，张晓东，徐涛 . 成果导向理念下专业人才培养方案设计 [J]. 黑龙江教育（高教研究与评估），2021（8）：79–80.

[34] 李娟娟 . 核心素养：中国师范院校教师教育改革的新走向 [J]. 郑州师范教育，2019，8（1）：19–22.

[35] 苏文兰 . 地方师范院校教师教育课程改革的走向与实践 [J]. 肇庆学院学报，2018，39（1）：82–85+95.

[36] 朱桂琴，赵彦丽 . 论教师职前实践教学共同体的对话逻辑 [J]. 信阳师范学院学报（哲学社会科学版），2016，36（5）：47–50.

[37] 刘义兵，付光槐 . 教师教育一体化发展的体制机制创新 [J]. 教育研究，2014，35（1）：111–116.

[38] 张以科 . 教师资格认定考试改革背景下师范生专业技能培养研究 [J]. 教育与教学研究，2017，31（12）：66–69+81.

[39] 周仕德，江炜莹 . 我国高校小学教育本科课程设置的实证研

究——以国内22所高校人才培养方案样本为例[J].现代教育科学,2016（9）:80-90.

[40] 周仕德.从教育学教科书看我国60年来的教师叙写[J].华东师范大学学报(教育科学版),2014,32（3）:119-124.

[41] 张文军,钟启泉.教师教育课程改革的国际趋势[J].教育发展研究,2012,32（10）:1-6.

[42] 刘灿群.小学教育师范生教学实践能力培养的行动研究——以H大学小学教育专业为例[J].当代教育理论与实践,2023,15（1）:70-74.

[43] 陈爱梅.师范专业教育实践中存在的问题及对策[J].汉江师范学院学报,2022,42（3）:43-47.

[44] 王丹,孟祥龙.论师范类专业认证与师范教育高质量发展[J].河南大学学报(社会科学版),2022,62（3）:117-122+155.

[45] 徐明波,张小菊.小学教育专业卓越教师实践课程体系改革探索——以湖北师范大学为例[J].湖北师范大学学报(哲学社会科学版),2022,42（2）:143-148.

[46] 王多明.小学教育专业认证标准视域下的师德培养策略[J].昌吉学院学报,2022（1）:90-94.

[47] 姚便芳,万正维."能量递增式"课程思政体系建设的实践探索——以成都大学小学教育专业为例[J].长春教育学院学报,2021,38（12）:33-39.

[48] 生玉秋,蒙惠芳,陈小燕.高校小学教育专业教学实践中存在的问题及应对[J].黑龙江教育(理论与实践),2021（11）:71-72.

[49] 夏小庆,曹长德.从标准对照到校本创生——安庆师范大学小学教育专业建设的实践探索[J].安庆师范大学学报(社会科学版),2021,40（4）:124-128.

[50] 贺珊刚.实践取向的师范教育课程教学改革中的行动研究——以小学教育专业教育学课程教学为例[J].大学,2021（23）:102-104.

[51] 薛松,万红霞,崔鸿.专业认证背景下教师教育课程创新与实践研究[J].黑龙江高教研究,2021,39（6）:83-87.

[52] 陈威.从教育实践意蕴的转型看小学教师教育的实践取向[J].黑龙江高教研究,2014（7）:84-86.

[53] 路晨.师范专业认证背景下小学全科教师人才培养方案的改革实

践——以重庆师范大学为例 [J]. 天津市教科院学报,2021（1）:69–74.

[54] 杜剑华,刘冰,李小龙. 基于师范专业认证的小学教育专业实践教学体系的构建——以白城师范学院小学教育专业为例 [J]. 白城师范学院学报,2021,35（1）:89–93.

[55] 达娜古丽·波拉提,杨淑萍. 师范类专业认证视角下教师教育实践类课程体系研究——以 Y 大学为例 [J]. 教师教育论坛,2020,33（11）:83–89.

[56] 姚炎昕. 实践取向:小学教育专业课程建设的路径选择 [J]. 湖南第一师范学院学报,2020,20（4）:31–36.

[57] 闫江涛. 论卓越教师培养中的小学教育专业实践教学理性 [J]. 平顶山学院学报,2020,35（4）:104–109.

[58] 钟铧,安石英. 教学能力培养的实践教学模式双重建构——基于小学教育专业认证的现实背景 [J]. 大学教育,2020（8）:1–4.

[59] 于海杰,王浩. 核心素养视角下教师教育专业课程体系建构初探——以 CF 学院小学教育专业为例 [J]. 赤峰学院学报(自然科学版),2020,36（7）:112–115.

[60] 宋彩琴,杜含荣. 师范类专业认证背景下小学教育专业人才培养模式探究 [J]. 湖南第一师范学院学报,2020,20（1）:36–39.

[61] 卢丽华,钟雨彤. 小学教师教育变革七十年:历程、经验与发展趋势 [J]. 继续教育研究,2020（1）:21–23.

[62] 蔡晓华. 新时代地方高校提升小学教育专业人才培养质量的思考与探索 [J]. 陕西教育(高教),2019（12）:62–63.

[63] 张庭辉. 理论与实践融合的教师教育课程体系探索——以广西科技师范学院小学教育专业为例 [J]. 成都师范学院学报,2019,35（8）:26–30.

[64] 朱飞,牛春雨,刘进宝,等. 地方一般本科院校"以学生为中心"立体化实践教学体系建设探析 [J]. 河北北方学院学报(社会科学版),2019,35（3）:73–76.

[65] 夏泽胜. 论高师院校小学教育专业认证的标准建构 [J]. 上海教育评估研究,2017,6（5）:20–24.

[66] 陈国庆. 小学教育专业实践课程体系的建构 [J]. 教育与职业,2016（11）:102–105.

[67] 贺建权,袁华斌,尹琪. 地方本科院校实践教学质量保障体系

研究 [J]. 高教学刊,2016（9）: 44-45.

[68] 杨凤林. 教师教育专业实践教学课程体系的构建与实施——以小学教育专业为例 [J]. 赤峰学院学报（自然科学版）,2015,31（8）: 273-275.

[69] 李新华. 新建应用型本科院校实践教学体系重构研究 [J]. 中国成人教育,2014（22）: 165-166.

[70] 张欣韵. 地方本科院校实践教学体系构建刍议 [J]. 扬州大学学报（高教研究版）,2013,17（1）: 84-87.

[71] 黄俊官. 论高师学生教育科研能力的培养 [J]. 中国成人教育,2013（4）: 138-140.

[72] 包玉香,邓恺. 新建地方本科院校实践教学基地建设的思考 [J]. 九江学院学报（哲学社会科学版）,2011,30（1）: 104-106.

[73] 丰向日,杨宝忠. 基于实践的小学教育专业课程体系的构建 [J]. 宁波大学学报（教育科学版）,2011,33（2）: 5-9.

[74] 刘文. 试论本科小学教育专业实践课程的有效建构 [J]. 教育探索,2009（2）: 16-18.

[75] 曹慧英. 高师本科小学教育专业实践课程体系的构建 [J]. 课程·教材·教法,2007（9）: 69-73.

[76] 王昌善. 论我国本科学历小学教育专业的培养目标 [J]. 邵阳学院学报,2006（3）: 121-123.

[77] 黄幼岩,吴言明. 新时期我国小学教师培养模式探讨 [J]. 现代教育科学,2006（4）: 17-19.

[78] 刘久成. 建构本科小学教育专业课程体系的思考 [J]. 扬州大学学报（高教研究版）,2004（1）: 88-90.

[79] 纪国和. 高师院校小学教育专业课程设置与新基础教育课程改革协调发展的研究与思考 [J]. 辽宁教育研究,2003（9）: 68-70.

[80] 刘树仁. 关于构建小学教育专业（本科）课程体系的实践与思考 [J]. 黑龙江高教研究,2001（3）: 85-87.

[81] 张成武,王道坤. 实践教学的内涵和基本形式 [J]. 现代企业教育,2009（5）: 241-242.

[82] 李晓梅,王红,王鹤岩. 马克思主义基本原理概论课实践教学的理论基础 [J]. 齐齐哈尔大学学报（哲学社会科学版）,2012（3）: 168-170.

[83] 涂珍梅. 浅谈高师实践教学体系的构建 [J]. 华南师范大学学报

（社会科学版），2006（3）：148-150.

[84] 葛金辉，曲元海 . 高等师范院校创新实践教学体系的研究与探索 [J]. 现代教育科学，2011（7）：164-166.

[85] 蒋莉 . 能力本位职业教育思潮 [J]. 职教论坛，2004（22）：62-63.

[86] 闫建璋，毛荟 . 师范生教育实践环节及保障机制探析 [J]. 教育理论与实践，2017，37（19）：34-37.

[87] 卢洁莹 . 以人为本：职业教育课程的价值追求——基于"能力本位"职业教育课程理论的批判 [J]. 职业教育研究，2006（1）：34-35.

[88] 唐玉光 . 试论教师教育的专业性 [J]. 教育研究，2002（7）：62.

[89] 周川 . 专业散论 [J]. 高等教育研究，1992（1）：69.

[90] 胡重光，王建平 . 六年制本科小学教师培养的理论探析 [J]. 当代教育论坛，2015（5）：48-54.

[91] 李刚，李树英 . "全科型"小学教师素质结构的多元理解——基于中美芬三国课程方案的比较研究 [J]. 教育发展研究，2021，41（Z2）：59-67.

[92] 林添胜 . 小学教育专业实践取向人才培养模式研究——以莆田学院为例 [J]. 荆楚理工学院学报，2021，36（1）：76-80+85.

[93] 牛震乾，唐梦灵 . 近二十年我国小学教育本科专业建设：回顾与展望 [J]. 天水师范学院学报，2019，39（5）：97-102.

[94] 高艳 . 新增小学教育本科专业课程设置的比较 [J]. 兴义民族师范学院学报，2018（3）：76-79.

[95] 唐重振 . 专业教学质量新标准背景下的地方高校行政管理专业人才培养模式改革实现途径研究 [J]. 教育教学论坛，2018（22）：131-133.

[96] 吴岩 .《普通高等学校本科专业类教学质量国家标准》有关情况介绍 [J]. 重庆与世界，2018（4）：48-49.

[97] 贾玉霞 . 论小学教育专业课程体系改革 [J]. 教育理论与实践，2017，37（36）：12-14.

[98] 国务院办公厅关于深化高等学校创新创业教育改革的实施意见 [J]. 中华人民共和国国务院公报，2015（15）：51-54.

[99] 兰惠敏 . 中外小学教育本科专业课程设置的比较与启示 [J]. 外国中小学教育，2014（2）：47-51.

[100] 张佳伟, 卢乃桂. 寻找学术性与师范性融合的空间——高水平综合性大学发展教师教育的优化路径 [J]. 教育研究, 2023, 44 (2): 150-159.

[101] 张君诚, 卓增蓉, 龚兵丽. 回归与提升: 新建地方本科院校师范教育新思考与新实践 [J]. 三明学院学报, 2021, 38 (4): 82-87.

[102] 曹玉珠, 谢鸿全. 工程教育与师范教育专业认证体系比较研究 [J]. 上海教育评估研究, 2019, 8 (2): 11-15.

[103] 刘丽群, 刘景超. 师范院校百年发展中的"师范"坚守与时代流变 [J]. 大学教育科学, 2018 (6): 105-110.

[104] 林思涵. 高等院校小学教育本科专业教师培养方案研究 [J]. 内江师范学院学报, 2015, 30 (5): 128-132.

[105] 陆道坤, 吴小玮. 20 世纪前半叶我国高等师范教育学费与服务期制度研究及启示 [J]. 中国高教研究, 2008 (3): 78-82.

[106] 胡艳. 高等师范专科学校在我国师范教育中的地位探讨 [J]. 兰州大学学报, 2005 (6): 96-103.

[107] 耿红卫, 梁梦晓, 巴涵梦. 专业认证背景下高校师范生实践创新能力的培养路径研究 [J]. 信阳师范学院学报 (哲学社会科学版), 2023, 43 (2): 89-92+97.

[108] 张晓亮, 沈军, 胡方. 中小学素质教育质量保障: 内涵、特征与推进策略 [J]. 长江师范学院学报, 2022, 38 (6): 120-128.

[109] 易凌云, 卿素兰, 高慧斌, 等. 坚持把教师队伍建设作为基础工作——习近平总书记关于教育的重要论述学习研究之四 [J]. 教育研究, 2022, 43 (4): 4-17.

[110] 庞海芍. 素质教育/通识教育在中国的实践历程与未来发展 [J]. 教学研究, 2022, 45 (2): 1-9.

[111] 游牧, 王顺昌, 储昭霞, 等. 师范类专业认证背景下生物科学专业人才培养模式改革与实践 [J]. 玉溪师范学院学报, 2021, 37 (6): 116-121.

[112] 于博荣, 杨莉丽, 张慧姣, 等. 基于 OBE 理念构建化学分析实验的有效教学探究 [J]. 广州化工, 2021, 49 (8): 189-190+213.

[113] 曹晔. 职业教育教师队伍建设"十三五"回顾与"十四五"展望 [J]. 中国职业技术教育, 2021 (10): 11-17.

[114] 鲁彩苹. 师范专业认证背景下课程教学目标体系的重建——

以《大学写作》为例 [J]. 西北成人教育学院学报,2021（2）：46-49.

[115] 何芸 . 师范专业认证视角下小学教育专业课程体系的优化研究 [J]. 科教导刊（上旬刊）,2020（13）：44-45.

[116] 周晓静,何菁菁 . 我国师范类专业认证：从理念到实践 [J]. 江苏高教,2020（2）：72-77.

[117] 刘莉莉,陆超 . 高校师范类专业认证的历史必然与制度优化 [J]. 教师教育研究,2019,31（5）：40-45.

[118] 张伟坤,熊建文,林天伦 . 新时代与新师范：背景、理念及举措 [J]. 高教探索,2019（1）：32-36+110.

[119] 教育部发布高等教育领域首个教学质量国家标准 [J]. 中国大学生就业,2018（5）：4-5.

[120] 牛佳 . 试论高等师范院校实践教学体系的构建 [J]. 内蒙古农业大学学报(社会科学版),2010,12（5）：122-124.

[121] 教育部关于进一步深化本科教学改革全面提高教学质量的若干意见 [J]. 中国大学教学,2007（3）：9-11.

[122] 张守成 . 师范专业认证背景下教育实践"三习"综合改革探析 [J]. 山西青年,2023（4）：67-70.

[123] 张晓亮,沈军,胡方 . 中小学素质教育质量保障：内涵、特征与推进策略 [J]. 长江师范学院学报,2022,38（6）：120-128.

[124] 徐捷,何红雨 . 师范类专业认证背景下师范生职业技能"八证书"制度的构建——以桂林师范高等专科学校为例 [J]. 桂林师范高等专科学校学报,2022,36（5）：68-73.

[125] 黎大志,彭琪珺 . 问题与对策：中国高校师范类专业认证实践审视——基于教育政策执行的视角 [J]. 现代大学教育,2022,38（4）：94-100+112.

[126] 马艳芳 ."U-G-S 教师教育共同体"的实践优势、冲突与优化 [J]. 齐鲁师范学院学报,2022,37（1）：17-21+52.

[127] 董钰萍 . 基于"三习一体化"的学前教育专业实践教学模式构建 [J]. 宁波教育学院学报,2021,23（6）：10-13.

[128] 刘梦华,高文涛 . 教师专业化背景下师范生的师德教育：内涵、意义与实施路径 [J]. 扬州大学学报(高教研究版),2021,25（5）：39-43.

[129] 李琼,杨格丹,李敏辉 ."以学生为中心"的融合交互教学模式

研究——以清华大学深圳国际研究生院为例 [J]. 现代教育技术,2021,31（10）：110-117.

[130] 郭珍,郭承育,赵维元,等.基于师范专业认证的化学专业实践类课程教学体系建设 [J]. 青海师范大学学报(自然科学版),2021,37（3）：88-93.

[131] 赵琪,赵伟.师范认证视角下对"双导师制"培养模式的思考 [J]. 大学,2021（30）：80-82.

[132] 郭多华,张晓丹,周兰,等.高师院校本科师范生教学实践能力培养的全程化探索 [J]. 成都师范学院学报,2021,37（4）：63-69.

[133] 李渺,张忆.卓越教师专业成长的几个关键词——基于中学教育专业认证标准第二级与第三级之比较 [J]. 湖北工程学院学报,2020,40（3）：5-9.

[134] 王海燕.师范类专业认证下小学全科教师实践课程研究——以罗定职业技术学院为例 [J]. 太原城市职业技术学院学报,2020（1）：50-53.

[135] 黄晓懿,钟林.产教融合视角下实践教学主体分析及影响因素指标体系构建——以高职院校会计专业为例 [J]. 行政事业资产与财务,2019（12）：91-92.

[136] 郑东辉,陶含怡.师范生实训课程体验教学法探究 [J]. 宁波大学学报(教育科学版),2019,41（1）：83-88.

[137] 杨必武,尚继武,朱凯.师范生教育研习的问题与改进策略 [J]. 湖北工程学院学报,2018,38（1）：82-85.

[138] 边小月.论师范生职业情感的培养——以临沂大学师范教育为例 [J]. 现代交际,2016（2）：166+165.

[139] 冯明,冯剑桥.大学生实践能力和创新能力内涵及培养途径 [J]. 物流工程与管理,2014,36（9）：271-272.

[140] 李长玉.实施实践取向职前教师教育的若干策略 [J]. 教师教育论坛,2014,27（8）：50-54.

[141] 梁晓俐,王晓凤.构建人才培养模式服务农村基础教育——地方高师院校小学教育专业服务农村基础教育的探索与实践 [J]. 辽东学院学报(自然科学版),2012,19（4）：289-294.

[142] 张会杰.本科实践教学研究现状及启示 [J]. 大学(学术版),2012（2）：42-47.

[143] 罗晓杰,谢利民.职前教师教育研习类课程开发与实施的探索与反思 [J].教师教育研究,2011,23（3）:40-43.

[144] 李振平.论教师的职业境界 [J].继续教育研究,2008（11）:38-39.

[145] 施茂枝,谭德君.“四性”耦合:小学教育专业特色的建构 [J].集美大学学报(教育科学版),2010,11（1）:1-6.

[146] 邵军,王纪安,王世震.高等职业教育实践教学体系建设原则探析 [J].职业时空,2007（21）:78.

[147] 陈庆合,能力本位教育的四大理论支柱 [J].职教论坛,2004:8-15.

[148] 刘建华.能力本位:职业学校教学的基本价值趋向 [J].现代教育,2012（Z1）.

[149] 徐超,张静.党史百年历程中劳动教育资源的价值挖掘与育人实践路径 [J].九江职业技术学院学报,2023（1）:26-30.

[150] 顾媛媛.思想政治教育专业实践教学体系构建——以 OBE 理念为视角 [J].教育教学论坛,2023（9）:121-124.

[151] 晏燕.我国师范专业认证实施过程中面临的困境分析 [J].曲靖师范学院学报,2023,42（1）:123-128.

[152] 陈艺蕾.习近平青年观对高校学生社会实践活动的引领 [J].西部素质教育,2023,9（2）:61-64.

[153] 徐苏燕.“新师范”背景下教师教育实践课程改革探索 [J].广东第二师范学院学报,2022,42（6）:50-60.

[154] 谷俊松,肖英娥.师范类专业认证的三重逻辑 [J].教育评论,2022（11）:28-33.

[155] 管培俊.以人才引领发展理念建设教师队伍人才高地 [J].教育研究,2022,43（9）:118-129.

[156] 郭翠菊.课程思政融入教育实习与毕业论文的正当性 [J].黔南民族师范学院学报,2022,42（4）:34-39.

[157] 王建平.基于卓越的小学教师培养实践的现状分析与未来展望 [J].教育导刊,2022（8）:62-68.

[158] 蔡龙,何勇毅.基于 OBE 教育理念的土木工程专业人才培养模式的探索与实践 [J].科技风,2022（21）:35-37.

[159] 徐祖胜,景丽英,张立明.我国师范类专业认证工作的亮点、

难点和痛点 [J]. 哈尔滨学院学报, 2022, 43（7）: 120-124.

[160] 王多明. 基于 OBE 教育理念的小学教育专业人才培养策略 [J]. 昌吉学院学报, 2022（3）: 96-99.

[161] 万平. 基于"标准"的小学语文教育专业实践教学改革探析 [J]. 三门峡职业技术学院学报, 2022, 21（2）: 35-40.

[162] 乔磊, 苏德. 地方院校教师教育转型发展的困局与破解 [J]. 当代教师教育, 2022, 15（2）: 43-48.

[163] 艾丛潞. 马克思人的全面发展理论视域下素质教育的本质回归 [J]. 教育与教学研究, 2022, 36（5）: 13-24.

[164] 严佩升, 唐伟. 师范专业认证背景下高校二级学院教学质量保障体系完善对策——以 Z 高校地理科学与旅游学院为例 [J]. 现代职业教育, 2022（19）: 108-110.

[165] 杨华萍, 马亚林. 基于 OBE 理念的创新创业课程体系构建——以滇西应用技术大学为例 [J]. 创新创业理论研究与实践, 2021, 4（24）: 158-160.

[166] 黄路阳, 姚娜. 小学跨学科融合教育教师职前培养：意义、问题与对策 [J]. 当代教师教育, 2021, 14（4）: 54-59.

[167] 成云, 周涵. 高师院校教师教育实践课程体系构建的反思与优化 [J]. 黑龙江高教研究, 2021, 39（10）: 86-91.

[168] 刘雪梅. 专业认证背景下高校英语师范专业教师发展路径研究 [J]. 当代教育理论与实践, 2021, 13（4）: 142-146.

[169] 张庆守. 新时代教师队伍建设的新定位新要求新任务 [J]. 中国高等教育, 2021（8）: 15-18.

[170] 乐伶俐. 以实践为导向的师范生教育教学能力培养路径探析 [J]. 衡阳师范学院学报, 2021, 42（1）: 125-128.

[171] 孙德芳. 小学教师本科培养的中国道路 [J]. 中国教育科学（中英文）, 2020, 3（4）: 60-70.

[172] 原新梅. 师范类专业认证与汉语国际教育专业培养方案的修订 [J]. 国际汉语教育（中英文）, 2020, 5（2）: 25-32.

[173] 杨雄, 杨晓萍. 转向与变革：专业认证视域下学前教育专业质量建设路径探析 [J]. 河北师范大学学报（教育科学版）, 2020, 22（2）: 64-72.

[174] 夏小红, 胡兰. 学前教育本科专业实践课程实施的问题与对

策 [J]. 景德镇学院学报, 2019, 34（1）: 56-62.

[175] 周琴, 周敏. 基于反思性实践的师范生"教育见习、研习、实习一体化"实践模式的探讨 [J]. 教育现代化, 2018, 5（45）: 260-262+265.

[176] 李宇. 四川地方师范院校专业发展的困惑及应对策略 [J]. 内江师范学院学报, 2018, 33（7）: 96-99.

[177] 路书红, 黎芳媛. 专业认证视角下的师范专业发展探析 [J]. 教育发展研究, 2017, 37（22）: 65-69+84.

[178] 王莉, 郑国珍. 全科教师培养背景下小学教育专业实践教学的价值及其优化 [J]. 安徽广播电视大学学报, 2017（1）: 81-86.

[179] 许朝惠, 谢笑天. 小学教师职前教育与职业教育有机结合的可行性探析 [J]. 当代职业教育, 2014（11）: 97-99.

[180] 刘佳龙. 能力本位视阈下职教师资培养的理论探索 [J]. 中国成人教育, 2013（10）: 13-15.

[181] 张欢欢, 黎晓萍, 赵芳, 等. 实践教学体系研究文献综述 [J]. 文教资料, 2013（1）: 143-146.

[182] 时伟. 高师院校实践教学体系的生成与运行 [J]. 教师教育研究, 2012, 24（5）: 1-6.

[183] 刘正峰. 研究性教学与实践性教学: 我国高校教学改革的法律分析 [J]. 现代教育管理, 2011（3）: 79-83.

[184] 吴敏, 赵荣辉. 高职院校工科类专业实践教学体系重新构建研究——以岳阳职业技术学院为例 [J]. 黄冈职业技术学院学报, 2008（2）: 21-24.

【网站类】

[1] 教育部关于印发《普通高等学校师范类专业认证实施办法(暂行)》的通知——中华人民共和国教育部政府门户网站(moe.gov.cn)

[2] 教育部关于大力推进教师教育课程改革的意见——中华人民共和国教育部政府门户网站(moe.gov.cn)

[3] 教育部办公厅关于印发《中学教育专业师范生教师职业能力标准(试行)》等五个文件的通知——中华人民共和国教育部政府门户网站(moe.gov.cn)

[4] 教育部关于印发《幼儿园教师专业标准(试行)》《小学教师专业

标准(试行)》和《中学教师专业标准(试行)》的通知——中华人民共和国教育部政府门户网站(moe.gov.cn)

[5] 教育部关于加强专科以上学历小学教师培养工作的几点意见——中华人民共和国教育部政府门户网站(moe.gov.cn)

[6] 关于印发《三年制小学教育专业课程方案(试行)》的通知——中华人民共和国教育部政府门户网站(moe.gov.cn)

[7] 学费全免就业有编广西定向培养农村小学全科教师(www.gov.cn)

[8] 教育部关于印发《普通高等学校本科专业目录(2012 年)》《普通高等学校本科专业设置管理规定》等文件的通知——中华人民共和国教育部政府门户网站(moe.gov.cn)

[9] 中共中央、国务院关于全面深化新时代教师队伍建设改革的意见 _ 中央有关文件 _ 中国政府网(www.gov.cn)

[10] 教育部等五部门关于印发《教师教育振兴行动计划(2018—2022 年)》的通知——中华人民共和国教育部政府门户网站(moe.gov.cn)

[11] 教育部关于大力推进高等学校创新创业教育和大学生自主创业工作的意见——中华人民共和国教育部政府门户网站(moe.gov.cn)

[12] 教育部等部门关于进一步加强高校实践育人工作的若干意见——中华人民共和国教育部政府门户网站(moe.gov.cn)

后 记

根据国家中长期教育改革和发展规划纲要中所述，"提高高等教育人才培养质量，牢固确立人才培养在高校工作中的中心地位，着力培养信念执着、品德优良、知识丰富、本领过硬的高素质专门人才和拔尖创新人才。加强实验室、校内外实习基地、课程教材等教学基本建设……支持学生参与科学研究，强化实践教学环节"，纲要明确提出要加强实践教学环节。

自 2017 年 10 月 26 日，教育部印发了《普通高等学校师范类专业认证实施办法（暂行）》，由此正式在全国范围内开始实施师范类专业认证。本人所在的高校小学教育专业也开始着手认证工作，但是基于当时对于标准理念的不理解，2018 版的人才培养方案开始改革，也是在模仿的过程中摸索，对于专业实践教学体系的审视也没有找到很好的改革措施。2020 年教改项目《基于"产出导向"的小学教育专业实践教学体系重构》的立项，促成本人带领组员认真收集资料，用心研究小学教育专业认证标准，并在外出的学习中增长了见识，同时也获得了开展专业认证的做法。经过三年时间的不断改革，专业的人才培养方案不断完善，专业实践教学体系也逐渐构建完善，特别是教育三习按照专业认证标准要求做好课程大纲，使得实践教学实施有效果，并在 2022 年 6 月顺利通过了线上认证。本人参与了所在学校其他师范专业认证联络员工作，也对本专业认证过程的系列工作全程参与，特别是主抓合作与实践部分。在这一过程，对于专业认证的理念逐渐清晰，对于专业实践教学实践体系如何重构也逐渐明朗。本著作的撰写收集材料一年多，撰写了 2 年，这个过程也伴随着专业成长，完成专业认证工作。

　　本著作在师范类专业大背景下,基于学者们已有的研究成果,详细梳理了高校小学教育本科专业的历史发展,也回顾了高校实践教学的历史沿革。对已经通过专业认证、结束专业认证、准备专业认证的高校小学教育专业的实践体系进行问卷及访谈调查,剖析小学教育专业实践教学体系现状可能呈现的问题及问题成因,基于师范类专业认证的理念,即提高小学教育专业师范生的实践能力和职业能力,提出如何对小学教育专业实践教学体系进行具有实效性、可操作性的重构,从而提升人才培养的质量,进而为高校小学教育本科专业的发展提供建议,特别对于还没有展开专业认证的高校小学教育专业而言,可引发更多的启示和思考。

　　当然,本人也深知自己水平有限,研究中存在着很多缺陷和不足,本著作在撰写中也有很多不足之处,敬请各位批评和指正,但亲历了专业认证,也为了推进项目研究进行了大量材料的收集,其中有辛苦也有汗水,拨开了专业建设上的很多迷雾,激发了带领专业建设的期待之情。

　　本著作还有一些问题值得深入研究。一方面,是对于师范类专业认证后的持续改进研究较少。师范类专业认证不是结论定终身,重要的是秉持持续改进的理念针对不足进行专业的改进。小学教育专业实践教学在专业认证过程中,对于不同的高校而言多多少少存在不同程度的问题,持续改进的措施是什么,是否有效,如何在持续改进的指引下调整实践教学的评价指标,在本著作都没有展开论述。另一方面则是对教育三习的研究没有达到预期的深入研究。教育三习是小学教育专业师范生提升专业素养和能力的重要途径,也是整个小学教育专业实践教学体系的关键环节、核心环节。在师范类专业认证背景下,小学教育专业要一如既往地关注职前小学教师的践行师德素养、教育实践能力,要重点创新人才培养模式。因此,应在系统分析本科小学教育专业教育三习课程研究成果及教育三习的内涵基础上,积极探究在教育三习中基于产出导向理念,学习成果对小学教育专业师范生教育实践能力养成的中介作用机制,深入分析环境、同伴互助与教师在教育三习中对学生的影响作用,还有在教育三习中让师范生养成反思性实践习惯,在这种反思性实践行动中实现职前教师专业发展。在后续的研究中,会向这两方面继续开展研究。

　　最后,本学院所在的领导班子和全体教师,不仅积极推进了专业建设,也为本著作提供了很多的建议。特别感谢参与 2020 年度广西高等教育本科教学改革工程项目《基于"产出导向"的小学教育专业实践教学体系重构》(2020JGZ143)项目组全体成员,对本著作在撰写过程中的大力帮助。